# 人性的弱點
# 人性的優點

珍藏全集

戴爾·卡耐基 著
Dale Carnegie

趙虛年、劉超 譯

非凡出版

# 目錄

## 4. 使人心平氣和地接受批評的九條規則

# 目錄

## 6. 如何面對批評帶來的煩惱

# 人性的弱點

How to win friends and influence people

# 前　言

## 戴爾·卡耐基的成功之道 *

### 洛維·湯姆士

紐約《太陽報》刊登着這樣一則廣告：

**學習如何有效地講話，
準備做個及格的領導者。**

去年冬天，一個寒冷的夜晚，2500 位男女擠進紐約賓夕法尼亞酒店的舞廳。七點半前，這家寬敞的舞廳已經座無虛席，八點鐘時，還有人往裏面擠。

連走廊都擠滿了人，遲一步進來的，要找個站立的地方也難。他們忙完一整天的工作後，還要來這裏站一個半小時，是為了什麼？觀賞時裝表演或看大明星登台演出？

不，都不是，這些人是被報紙上的一則廣告吸引來的。兩天前，他們從紐約的《太陽報》上看到了頭版那則令人注目的全版廣告。

信不信由你，身處這個世界最繁華的都市，在社會不景氣，

---

\* 編按：本文為 1936 年原著首印時的導言。導言作者洛維·湯姆士 (Lowell Thomas, 1892-1981) 為美國著名作家、播音員、旅行家。卡耐基曾在上世紀 10 年代擔任過湯姆士的私人經理。兩人私交甚篤。

甚至有 20%的人口依賴救濟金生活的情況下，竟有 2500 人因為看到那則廣告，從家裏趕去賓夕法尼亞酒店。

這則廣告不是刊登在普通小報上，而是登在紐約市最夠資格的《太陽報》上。《太陽報》的讀者大部分是上流社會的人，一般是高級職員、老闆和企業家等，他們每年的收入從 2000 到 5 萬美元不等。

這些人從四方八面趕來，參加當時最實用、最新穎的「人際關係」訓練課——由戴爾‧卡耐基演講研究會及人類關係講習會主辦。

2500 位工商精英為什麼來這裏呢？

是由於社會不景氣所產生的求知慾？

顯然不是。因為 24 年來，這個研究會的課程，每一季在紐約市舉辦時都擠得水洩不通。

期間，有 1.5 萬名以上的商人和專業人士接受了戴爾‧卡耐基的訓練。甚至一些規模宏大、保守、不輕易聽信別人的機構，如西屋電氣公司、麥克勞希爾出版公司、布魯克林聯合煤氣公司、布魯克林商會、美國電氣工程師協會和紐約電話公司等，也在機構內部為他們的普通職員和高級職員舉辦了這種訓練課程。

這些人離開小學、中學或大學已經幾十年了，再來接受這項訓練，這是對我們的教育缺失的一項明顯發現。

他們要研究、學習些什麼？這是一個重要的問題，為了找出這個答案，芝加哥大學、美國成人教育協會和聯合青年會學校曾

耗時兩年，付出 2.5 萬美元的代價，做了一次調查。

調查顯示，成人最關注的是健康，其次是想學習一些關於人與人之間交往的藝術。他們不是希望成為一個演說家，也不要聽那些高深的心理學，他們希望聽到可以立即應用在事務上、社交上、家庭中的建議。

美國成人教育協會向各處尋找恰當的讀本，但他們發現從來沒有人寫過這類書。

這該是個謎了，從悠久的歷史到現在，關於希臘和拉丁，以及高等數學的淵深著作極多，但這類著作並不受歡迎。而一般求知若渴者所重視的書卻沒有。

這就告訴了我們，為什麼有 2500 人在寒冷的夜晚，為了那則廣告，迫切地擠進賓夕法尼亞酒店。很明顯，這裏有他們尋求了很久的東西。

從前在學校時，他們看過很多的書，相信從書本上得來的知識可以解決一切問題。可是在事業中掙扎了數年，受過困難和經歷挫折後，他們深深地感到失望了！他們發現好些成就重大事業的成功人物所具有的知識，並非是從課本上學到的。那些成功人士善於談吐，有改變或影響他人思想的能力。

不久他們就發現，如果希望戴上船長的帽子，駕駛一艘事業的航船，要比勤讀拉丁文動詞和接受哈佛文憑教育更重要。

紐約《太陽報》廣告上指出，參加那次賓夕法尼亞酒店的集會意義非凡，而事實也的確如此。

15 個曾經學過這門課程的人被請到麥克風前——他們每個人都有 3 分鐘的時間，說出他們的經歷。是的，只有 3 分鐘的演講時間，接着是「砰」的一聲，木槌一擊，主席大聲宣佈：「時間到了，下一位！」

這件事進行之迅速，就像一羣水牛奔過平原，而觀眾站立一個半小時，就是觀賞這樣的表演。

第一位學員是奧海亞，出生於愛爾蘭，只讀過 4 年書，漂泊到美國，從事機械方面的工作。

在他 40 歲的時候，家裏人口漸漸增多，需要較多收入來維持生活，所以他嘗試改行推銷貨車。奧海亞很自卑，照他所說，他進一家辦公室前，要在外面徘徊很久，然後鼓起極大的勇氣，才敢推門進去。當他對這項推銷工作已感到灰心，正要回到機械工廠做回原來的工作時，他接到了一封信，請他到卡耐基演講研究會去。

奧海亞不願意參加這個研究會，他怕跟那些大學程度的人交往會使他坐立不安。

可是奧海亞的妻子堅持要他去！她說：「也許對你會有點益處。上帝知道你需要這些。」奧海亞聽妻子這樣說後，就來到這個集會的地方。他對自己尚未有充分的勇氣和自信心，走進大廳前，還在行人道上站立了 5 分鐘。

剛開始時，每當他嘗試開口演講，都害怕得不知所措，但過了幾個星期，他已消除了對聽眾的害怕心理，而且也喜歡上這樣

演講了，聽眾愈多，他愈感到高興！就這樣，奧海亞消除了自卑，消除了對顧客的恐懼，每月的收入驟然增加，眼下他已是紐約市一位明星推銷員。

那天晚上，奧海亞來到賓夕法尼亞酒店，在 2500 人面前，極愉快地說出他的故事，氣氛熱烈，一陣陣笑聲從聽眾席中爆發出來。無論多麼偉大的演說家，也無法與此時的奧海亞相比。

第二個演講者是梅雅，他是一位頭髮蒼白的銀行家，也是一位有 11 個孩子的父親。

梅雅在華爾街工作，他居住在新澤西州克里夫頓已經有 25 年了，此前很少參加各項活動，認識的人大概只有 500 個左右。

在他參加卡耐基的演講研究會後，有一次他接到稅單，他覺得賬單上的數目不合理，感到非常憤怒。如果以梅雅過去的性格，他會坐在家中生悶氣，再不就向鄰居發發牢騷。可是這次梅雅跟過去不一樣了，他戴起帽子，來到鎮上的集會場所，指出稅單上的不合理，發洩心頭的憤怒與不平。

那次梅雅在憤怒中說出這些話後，克里夫頓鎮上的人都竭力勸他去競選參議員。他接受了民眾的建議，並連續幾個星期到各處公共活動的集會場所，在演講中指出政府當局的奢侈、浪費。

當地共有 96 個候選人，開票時，梅雅的票數居然是第一名！就在這一天，梅雅在這 4 萬人口的鎮上，成了一位名人。而他到各處演講的結果，使他在這幾個星期來所結交的朋友，比他過去25 年來所結交的朋友要多上 80 倍。梅雅做參議員後的收入，和

他過去的投資相比，也增長了 10 倍。

第三位演講者是一家規模很大的全國食品製造公會的會長，他向 2500 個人說出當初在董事會中站起來說話的原因。

他說來了卡耐基演講研究會講習班後，發生了兩件驚人的事情，不久他被選為公會的會長。作為會長，他必須在全國各集會中演講，演講中的摘要由美聯社發佈，刊登在全國各報紙和商業刊物上。

在他學習演講後的兩年期間，為他的公司及其產品所作的免費宣傳，要比過去耗費 25 萬美元廣告費的效果還大。他承認他過去打電話到曼哈頓地區，邀請那些商界重要人士吃午飯時會感到心悸和不安。可是，自從他自己到各地去演講後，現在這些人打電話給他，邀他吃飯，都會感到佔用了他的時間而向他道歉。

演講的能力是成名的捷徑，這種能力能使人備受矚目，鶴立雞羣。說話受歡迎的人，能獲得意想不到的效果，那是超出他的才學之外的能力。

現在成人教育運動遍及全國，在這項運動中，擁有最可觀力量的，就是本書作者戴爾・卡耐基。據漫畫家李波黎最近的一幅漫畫透露的信息，卡耐基曾組織過 15 萬次演講。如果這個數目還沒有給人留下一個印象，現在把這個數字做另外一個詮釋，那就是從哥倫布發現美洲起直到今天，幾乎每天有一次演講。再做一個比喻，如果每人只有 3 分鐘的時間，所有在卡耐基眼前說過話的人，一個接一個地在他面前出現，需要整整一年的時間，而且

要日夜不停地去聽，才能把他們的話聽完。

卡耐基自己的事業，充滿了鮮明反差。那是一個驚人的例子，且證明了一個人在充滿了創造的意識和熾烈的熱忱時，能成就些什麼驚人的事業！

卡耐基生長在密蘇里，一個距離鐵路 10 英里的鄉間。他在 12 歲前沒見過一輛電車。如今，46 歲的他對各地的情形，從香港到哈摩費斯特都非常熟悉。有一次，他幾乎到達了北極。

這個密蘇里孩子，從前撿楊梅、割野草，每小時賺 5 分錢，而現在組織研究會、講習班，訓練大公司高級職員，表達自己的見解，身價是每分鐘 1 美元。

這個從前一度在南達科塔州替人趕牛的牧童，後來到了英國，在威爾斯親王的贊助下，舉行他的演講。

他在公眾面前試行他的演講，曾經過六次完全的失敗。後來他做了我的私人助理，而我許多方面的成功可說都是受益於卡耐基的訓練。

卡耐基年輕時為了接受教育而奮鬥，那時身在密蘇里西北部的老農場內的他，命運多舛，曾經遭遇船隻被沖走、船身撞壞等事，又遭逢一年又一年的河水暴漲，淹沒了粟米，沖走了稻穀。另一方面，又面臨銀行要沒收抵押物的威脅。

家人在失望之餘，不得已把家裏的田產賣掉，另外在密蘇里華倫斯堡的州立師範學校附近購置了一個農場。當時 1 美元就可以在鎮上獲得食宿，可年輕的卡耐基得住在鄉間，而且沒有錢，

於是每天騎馬趕 3 里路去上學。他在家裏擠牛奶、伐木、餵豬，在煤油燈下研究拉丁文動詞，直到眼睛模糊，垂下頭打盹。

有時卡耐基深夜後才去睡，可是第二天他又把鬧鐘鈴聲撥到清晨 3 點。因為他的父親飼養一種品種優良的豬隻，在寒冷的冬夜，小豬會有凍死的危險。他們把這些小豬放在籃子裏，再用麻袋蓋上，放在廚房爐灶的後面抵禦嚴寒。而且，這些小豬習慣在凌晨 3 點左右進食熱騰騰的食物。

那時，卡耐基一聽到鬧鐘響，就要立即從被窩裏爬起來，把籃子裏的小豬帶到牠們的母親那裏，等牠們吃過奶後，再把牠們帶到廚房爐灶邊溫暖的地方。

州立師範學校有 600 名左右的學生，卡耐基沒有錢住在鎮上，所以必須每天騎馬往返鄉間。他的衣衫太緊、褲子太短……卡耐基生活在這種環境下，產生了一種自卑心理，同時也想到如何尋求成名的快捷方法。他發現那些在學校裏享有權力和聲望的人，通常都是足球隊、棒球隊的隊員，或者是辯論、演講比賽的優勝者。

卡耐基知道自己沒有運動才能，他決意要在演講比賽上做一個優勝者。他費了幾個月的時間，去準備一個演講比賽：當他坐在馬鞍上疾馳往來的時候，他在練習；當他擠牛奶的時候，他也在練習。有一次，他爬到穀倉的一堆稻草上，大聲地演講，題目是《制止日本移民的必要》。有一次，他在穀倉裏大聲練習演講時，把一羣鴿子嚇得四散。

卡耐基雖然竭力地準備，可是結果還是一再失敗，使他幾乎失去勇氣而萌起自殺念頭！可是後來他轉變了——他開始獲得優勝，且不止一次，而是學校裏每一次的演講比賽。

別的學生請他指導、訓練後，也都獲得了優勝！

卡耐基從學校畢業後，開始向內布拉斯加州西部和懷俄明州東部的沙山中的農牧者出售他的函授課程。

卡耐基付出了無限的精力、熱忱，可是並沒有任何進展，使他失望至極。中午回到內布拉斯加州一家旅館，他躺臥牀上，因為失望而失聲痛哭。他迫切希望回到學校去，擺脫這苦難的生活，可是他不能。於是，他決意到奧馬哈去找其他工作，可是身上卻沒有買車票的錢，不得已之下只有搭乘順風貨車，並負責飼餵兩車野馬以抵付車資。

卡耐基到了奧馬哈南部，找到一份工作，是替一家亞馬公司兜售煙肉、肥皂和脂油。他負責的地區是在南達科塔州的西南部，以及印第安人地區。卡耐基在這個地區工作，他乘搭載貨火車、長途馬車，或是騎馬往返。夜晚則淒身於簡陋的小旅館中，那裏每間套房只用一塊布作為間隔。

然後，他開始研究推銷的書籍，有時騎着一匹野性的小馬，跟當地土人玩撲克牌，也學習如何收賬。當一個從內地來的店主無力支付煙肉和火腿的貨款時，卡耐基從櫥裏取出一打鞋子，賣給鐵路員工，然後將貨款繳送亞馬公司。

他經常乘搭載貨火車遠行 100 英里的路程，當火車停下來

卸貨的時候，他會趕往市鎮，去見三四個商人，並得到他們的訂貨。當火車的汽笛聲響起時，他又匆匆地從市鎮趕回來。待他跳上火車時，車身已在移動了。

兩年來，卡耐基的工作表現令人極為滿意，亞馬公司也準備晉升他，可是他卻辭職了。卡耐基辭職後赴紐約，在美國戲劇藝術學院做研究，接着又周遊全國各地，而且還曾參與舞台劇的演出。可是卡耐基有自知之明，他知道自己無法在戲劇方面發展，於是他又回到推銷的工作崗位上，替別克汽車公司推銷貨車。

因為卡耐基對機械方面一無所知，他也不願意去研究，所以這一段時間他非常不愉快，每天勉強自己去工作，總是希望有自己的時間，撰寫他在學院時想過要寫的那類書。於是卡耐基又辭職了，他要把時間放在寫作上，然後到夜校教書，以維持生活。

雖然他替自己做了決定，可是教些什麼呢？卡耐基回憶自己在大學的成績，同時加以估計，發現他所接受的演講術的訓練，給了他自信、勇敢、鎮靜，同時在事務上應付人的能力比他在大學裏其他所有課程給予他的還多。於是他勸説紐約青年會學校給他一個機會，讓他為社會各界人士開設一門演講術的講習班。

什麼？讓生意人成為一個演説家？那是多麼荒謬可笑！他們知道，並且曾嘗試過這類課程，可是始終失敗收場。

當他們拒絕付予卡耐基每個晚上 2 美元的酬勞時，卡耐基卻提議以佣金的方式來教授學生。如果照卡耐基這樣計算，有純利可得的話，那 3 年內他們按照佣金制度支付他的，就是每個晚上

30 美元，而不是 2 美元。

　　卡耐基的研究會講習班漸漸發展起來了！別處的青年會和其他城市也知道了這件事，於是卡耐基就成了一位榮譽巡迴講師。他往返於紐約、費城等地，後來又去了倫敦、巴黎。接着他寫了一部書，叫做《語言的突破》(*Public Speaking and Influencing Men in Business*)。該書現在是所有青年會、美國銀行公會和全國信用人協會的正式教本。

　　現在每季去卡耐基那裏接受演講術訓練的人，要比紐約市裏的 22 個學院以及大學附設的演講術課程的學生數目還要多。

　　卡耐基對這方面有他的見解，他認為任何一個人在情緒激動時都能説出話來。如果在街上將一個最軟弱無知的人一拳擊倒，這人馬上會站起來説話，顯出過人的口才，且有所強調，講話時的神情更幾乎可以與大演説家威利姆相比。卡耐基做過這樣的解釋：任何一個人，如果有充分的自信，而心中又孕育着一股熱切的意念，都能在羣眾面前做動聽的演講。

　　他説，培養自信的方法，就是做你所怕做的事，以獲得一次成功經驗的記錄。所以卡耐基每天在上課時，強迫每一個聽講的學生説話。台下的聽眾都具有同情心，因為他們都同病相憐，處於同樣的情形。由於不斷地訓練，誘發了他們的勇氣、自信和熱心，且自然地將這些東西轉移到他們私人的談話中。

　　卡耐基可以告訴你，這些年來他維持生活的，不是靠教授演講術的收入，那也是偶然而已。據他表示，他主要的工作是幫助

人們如何克服他們的恐懼，並開展他們的勇氣。

卡耐基起初只是設立一項演講術的課程，可是去他那裏的學生都是社會工商界人士，其中很多人已有 30 年沒見過課室的樣子。大部分去他那裏的人的學費都是分期付款的，他們希望很快奏效，並能在第二天的業務接洽上或是團體談話上就運用出來，所以他們不得不追求迅速、實用。

因此，卡耐基就發展出一種特殊的訓練方式……那是一種演講術、推銷法、人際關係學和實用心理學的驚人組合。

他所設立的講習班不受刻板的規則所拘束，這一門課程非常真實而令人感到極其有趣。卡耐基講授的課程結束時，班裏的學生自己組織了一個俱樂部，每隔一星期聚會一次。

費城有個 19 人的小組，在冬天每月聚會 2 次，至今已有 17 年歷史了。有些人甚至駕着汽車駛過 50 至 100 英里的路程去那裏，其中有一個學生更不惜每週從芝加哥趕到紐約。

哈佛大學著名教授威廉‧詹姆士説：「普通人只運用了潛能的十分之一，而卡耐基幫助社會各界男女，啟發了他們該有的能力，在成人教育中，他創造了一次極其重要的運動。」

## 一本行動的書

在 20 世紀初的 35 年間，美國出版商出版了 20 多萬冊各種不同的書，其中大部分都是枯燥乏味的，銷售得也不好。最近一位聞名全球的大出版公司負責人告訴我，他們的公司擁有 75 年的出版經驗，可是每出版 8 本書，仍舊有 7 本書是虧本的。

這是為什麼呢？如果如此，我為什麼還要寫出一本書來？即使我寫好了，你又為什麼要浪費時間去讀它呢？我需要想辦法來回答這兩個問題。

從 1912 年開始，我一直在紐約開課，教育成人。最早，我只開設有關演講的課程，但隨着時間的流逝，我發現這些人不僅在講話技巧上需要迫切訓練，而且在每天的生意和社交場合中，更是亟需掌握如何與人相處的方法。

我還逐漸體會到，自己本身也同樣需要這種技巧的訓練。回顧以往我在生活中缺乏技巧的種種情形，實在感到震驚。我多麼希望在 20 年前就能擁有一本教導我與人相處之道的書，那將是一本無價之書！

如何與人相處，該是你所面臨的一個最大的問題，如果你是商人，這問題尤其值得重視。即使你是會計師、家庭主婦、建築師或是工程師，情形也一樣。

數年前，在「卡耐基基金會」資助下所做的那次調查和研究中，有了一項重要發現！這項發現後來又由「卡耐基技術研究院」研究證實。調查資料顯示，在工商界，約有 15% 的人認為成功是由於本身的技術和知識，而另外 85% 的人則認為是出於「人類工程」——即人格和領導人的能力。

　　幾年來，我每季都在費城工程師協會舉辦課程，同時也在美國電機工程協會紐約分會開課，總計約有 1500 位以上的工程師參加了我舉辦的講習班。他們前來參加，是由於多年來對人際關係的觀察和本身的經驗，最後他們發現，獲得最高酬勞的人，通常並不是那些懂得工程學知識最多的人。

　　約翰·洛克菲勒在其事業巔峰時期曾經這樣說過：「與人相處的能力，如果也像糖和咖啡一樣可以買到的話……比起太陽下的許多事物，我願意為它多付一些錢。」

　　芝加哥大學和青年會聯合學校進行過一次調查，專門研究成人究竟需要些什麼。這項費時兩年的調查耗資 2.5 萬美元，調查的最後一站是康涅狄格州的梅勒登。梅勒登被認為是十分典型的美國市鎮，該項調查訪問住在這裏的成年人，他們要回答 156 個問題，如「你的專業是什麼？做什麼生意？你的教育程度？如何安排休閒時間？你的收入？嗜好？志向？困難？對什麼東西最感興趣」等。調查結果顯示，成年人最關心的是健康，其次是如何瞭解人、如何與人相處、如何使人喜歡你、如何使別人的想法同你一樣……等諸如此類的問題。

　　負責這項調查的委員會當即決定在梅勒登提供訓練課程。他

們四處尋找恰當的教科書，結果發現市場上根本沒有一本這樣的書。後來他們找到一位成人教育專家，問他是否有合乎這些成人需要的書籍。「沒有。」他說：「我知道成年人需要什麼，但他們所需要的書還沒有寫出來。」

此人的敘述一點不假。因為我自己就為了尋找一本有關人際關係的實用課本，而費去好幾年的時間。

既然這本書尚未誕生，我便想寫一本，以供教學之用。為了準備這本書，我幾乎讀遍了與「人際關係」這個主題有關的所有資料——報紙專欄、雜誌專文、刑事法庭的記錄、古代哲學家和當代心理學家的著作等。此外，我還聘請了一位受過訓練的研究專家，花了一年半的時間跑遍各地圖書館，搜集我以前所遺漏的東西。他研究過數不清的傳記，探究各年代偉大人物如何處理人際關係。從凱撒到愛迪生，我們閱讀這些偉人的傳記，研究他們的日常生活。僅西奧多·羅斯福，我們便閱讀了上百本關於他的傳記。我們下定決心要不惜一切，找出各年代跟「如何獲得友誼及影響他人」（編按：即本書英文書名 *How To Win Friends and Influence People*）這個主題有關的各種實用思想。

我本人也拜訪了許多聞名全球的知名人士，如發明家馬可尼和愛迪生，政治領袖佛蘭克林·羅斯福，商業巨子歐文·揚，電影明星奇勒基保和瑪麗·皮卡佛，以及探險家馬丁·詹森等，我想方設法去挖掘他們在處理人際關係方面的特殊本領。

由這些材料，我準備了一個名叫「如何獲得友誼與影響他人」的教案。沒過多久，我便將之發展成一個半小時的演講。幾年

來，我一直在紐約「卡耐基學院」的訓練課上發表這樣的講話。

除了演講，我還鼓勵聽眾走出課室，到他們的生意和社交場合去實踐，然後再把其經歷和取得的成果帶回課堂，告訴班上的學員。這是一種非常有趣的作業，這些成年人渴望自我改進，都十分喜歡在一個全新的課室裏工作。這是有史以來第一個為成人而設的人際關係實驗室。

開始時，我們把一些規則印在明信片般大小的紙上。後來，我們改印成大的卡片。然後是單張、小冊子，每一次都在尺寸和內容上不斷地進行補充。15 年後，這些實驗和研究便集結成了教程。

我在這裏寫下的這些法則，並不只是理論猜測。它們如魔術般令人震驚，許多人都因為應用了這些成功法則而改變了他們的生活。

一位擁有 314 名僱員的公司老闆經常批評和責罵下屬，後來他參加了我們的訓練班，研究過本書所提到的幾個成功法則之後，便完全改變了自己的生活哲學。現在，他的企業擁有了一種富活力的忠誠、熱忱和團隊精神，他成功地把 314 個「敵人」變成了 314 個朋友。他高興地說：「以前，沒有一個職員會與我打招呼，在公司裏他們一見到我，便把視線移開。但現在，他們都成了我的好朋友，甚至連守門人都親切地直呼我的姓名。」

這位老闆同時還獲得了更多的利潤和休閒時間。更重要的是，他在事業和家庭生活上都得到了更多的幸福……許多學員都

會為自己從實踐過程中得到的不可思議的成果感到驚奇，有的甚至由於過於興奮，常常在星期日上午打電話給我，因為他們實在等不及要在 48 小時之後，才能在訓練班上報告他們的經歷。

很多銷售人員在運用了研究會講習班上教授的法則後，他們的銷售記錄驟然提高。許多過去無法獲得的客戶，現在也成了他們的新客戶。公司機構的高級職員不但獲得了更大的職權，而且增加了薪水。一位在費城煤氣公司任職的高級職員，由於不能與人很好地相處，公司已有把他降職的打算，但經過這項訓練後，他不但解除了降職的危機，待遇還提高了。

培訓課程結束時舉辦了一次聚餐，期間那些太太對我說，自從她們的丈夫參加這項訓練後，她們的家庭變得更美滿快樂了。

一位先生被這些成功法則所鼓動，整個晚上都在和其他學員熱烈討論。到了凌晨 3 點，其他學員都回家了，他仍然激動不已，因為他發現了自己一向所犯的錯誤，同時更因為現在有一個新的期望在他面前展開，以致興奮得難以入眠。

他是一個笨蛋嗎？錯了。他是一個飽經世故的藝術品經銷商，精通三國語言，而且在歐洲的大學獲得了兩個學位。

前幾天，我收到一位法國貴族寫來的信。這封信是他在橫渡大西洋的輪船上寫的。在信中他提到，這些成功法則的應用引起了近乎宗教般的狂熱。

另一位畢業於哈佛大學的地毯商人也告訴我，經過 14 個星期的訓練之後，他所獲得的東西要比在哈佛大學 4 年所學的還多。

荒謬嗎？可笑嗎？神秘嗎？你想怎麼形容都可以。而這位保守的哈佛畢業生，是在眾人面前公開演講時說出這番話，時間是 1933 年 2 月 23 日星期四晚上，地點是紐約的耶魯俱樂部，當晚的聽眾約 600 人。著名的哈佛教授威廉・詹姆士說過：「與我們所具有的本能相比，我們只不過清醒了一半。我們只運用了身體潛能的一小部分資源。我們有許多能力，都被習慣性地糟蹋了。」

本書的唯一目的，便是幫助你去發現、開發這些被「習慣性地糟蹋了」的能力。


這是一本行動的書！


戴爾・卡耐基

# 1

與人相處的基本技巧

# 如果想採蜜，
# 就不要踢翻蜂巢

> 盡量設身處地去想問題：他為什麼這麼幹？
> 這比起批評和斥責要有效得多，同時也讓人生出同情、
> 忍耐和仁慈之心。批評不但不會改變事實，
> 反而會招致憤恨。

　　1931 年 5 月 7 日，紐約發生了該市有史以來最轟動的一次圍捕事件。經過了幾星期的搜尋，那個著名的「雙槍手」克羅里終於窮途末路，被困在他女友西尾街的公寓中。150 名警員和偵探在他頂樓的藏身之處展開包圍。他們在屋頂打破一個洞，試圖用催淚彈把兇手克羅里給熏出來。同時，他們把機關槍架在周圍的建築物上。於是，在一個本來十分幽靜的紐約住宅區內，有一個多小時不斷地響着砰砰的手槍聲和嗒嗒的機槍聲。克羅里伏在一把疊滿雜物的椅子後面，不斷地朝警員開火還擊。上萬名驚恐的

民眾看着這場槍戰。在紐約的街頭，從未發生過這類事情。

當克羅里被捉到的時候，警察總督莫隆尼宣佈，這位雙槍惡徒是紐約有史以來最危險的罪犯之一。警察總督説：「他殺人，連眼都不眨一下。」但是「雙槍手」克羅里對自己有什麼看法呢？我們當然知道他的看法，因為當警方朝公寓開火的時候，他寫了一封《致有關人士》的信。而當他在寫這封信的時候，鮮血從他的傷口湧出，在信紙上留下一道紅色的血跡。在信中，他説：「在我的衣服之下有一顆疲憊的心，但這顆心是仁慈的，不會傷害任何人。」

在這之前不久，克羅里和女友開車在長島一條郊外的道路上親熱。一位警員走到他的汽車旁，説：「讓我看看你的駕駛執照。」克羅里掏出他的手槍，一言不發地朝那位警員連開數槍。當那位警員倒下去的時候，克羅里從汽車裏跳出來，又朝那具已不能動彈的屍體開了一槍。這就是自稱「在我的衣服之下有一顆疲憊的心，但這顆心是仁慈的，不會傷害任何人」的兇手。

克羅里最後被判死刑。當他抵達辛辛監獄的死刑室時，他會否説：「這是我殺人的下場？」不會。他説的是「這是我自衛所得到的結果。」

這則故事的要點是「雙槍手」克羅里不曾責怪自己。那麼這種態度不尋常嗎？未必。下面這段話請大家聽聽：

「我一生中最好的時光，都花在為別人提供輕鬆的娛樂，幫助他們得到快樂，而我所得到的卻是辱罵，是被人搜捕的生活。」

這是阿爾・卡邦所説的。他是美國昔日的頭號公敵——橫行芝加哥的最陰險的黑幫頭子。阿爾・卡邦不曾責怪自己，他以為自己是大眾的恩人，一個不受感激而被誤解的大眾恩人。

蘇爾茲是紐約最惡名昭彰的歹徒之一，後來在紐約被另一夥歹徒殺死。在生前的一次報紙訪問中，他説他是一名大眾恩人。他真的確信自己是一名大眾恩人。在這一方面，我跟辛辛監獄的典獄長劉易士通過幾次很有意思的信。他説：「牢裏的罪犯，幾乎沒有一個認為自己是壞人。他們跟你我一樣是人，因此他們會自辯，告訴你他們為什麼會撬開保險箱，為什麼隨時要扣動扳機。他們大多數人，都有意以一種不論是錯誤的或合乎邏輯的推理，來為他們反社會的行為辯解，氣勢昂然地堅持他們根本不該被鎖進監獄。」

如果阿爾・卡邦、「雙槍手」克羅里、蘇爾茲，以及那些監獄裏的亡命之徒都不曾責怪自己，我們又如何去要求普通人作出反省呢？

約翰・華納梅克爾一度承認：「我 20 年前就學到，責怪別人是愚蠢的行為。我不責怪上帝對智慧分配不均，因為要克服自身的缺陷，都已經非常困難了。」

華納梅克爾早就學到了這一課，但我自己卻必須在這個冷酷的世界跌跌碰碰了三分之一個世紀才開始領悟出：100 次中有 99 次，沒有人會責怪自己的錯誤，無論他錯得多麼離譜。

世界著名心理學家史金納以他的實驗證明：在學習方面，因

好行為就得到獎勵的動物，要比因壞行為就受到處罰的動物學得快得多，而且更能夠記住所學的。從進一步的研究結果顯示，人類也得出同樣的結果。我們用批評的方式，並不能夠使別人產生永久的改變，反而常常會引起憤恨。

另一位偉大的心理學家席萊說：「我們極希望獲得別人的讚揚，同樣的，我們也極為害怕別人的指責。」

因被批評所引起的憤恨感覺，常常會使你的員工、家人以及朋友的情緒低落，而他們也不會因應你所指責的錯誤去作出改善。

奧克拉荷馬州思尼德市的江士頓，是一家工程公司的安全檢查員，他的職責之一是監督在工地工作的員工戴上安全帽。他說他一碰到沒有戴安全帽的人，就會帶着官腔告訴他們，要他們遵守公司的規定。員工雖然接受了他的糾正，卻滿肚子的不高興，而且常常在他離開以後又把安全帽拿下來。

於是，他決定採取另一種方式。當他再次發現有人不戴安全帽時，便問他們是不是安全帽戴起來不舒服，或者有什麼不適合的地方。然後他以令人愉快的聲調，提醒他們戴安全帽的目的是保護他們不受傷害，最後建議他們工作時一定要戴安全帽。果然，效果比以前好多了，也沒有工人顯得不高興了。

西奧多‧羅斯福和塔夫脫總統之間曾發生過一場著名的爭論——那次爭論使共和黨分裂了，更間接把威爾遜送入了白宮。我們來看看那段歷史：當羅斯福於 1908 年搬出白宮時，他幫助塔夫脫當上總統，然後就到非洲獵獅子去了。可是，他回來時，卻

大發雷霆，斥責塔夫脫的保守主義，有意為自己弄到第三任的提名，於是組成了雄鹿黨，結果幾乎把共和黨弄垮了。接着在大選中塔夫脫和共和黨僅得到兩州的選票——佛蒙特州和猶他州。這是共和黨的空前慘敗。

羅斯福責怪塔夫脫，但塔夫脫有沒有責怪他自己呢？當然沒有。塔夫脫含着淚水為自己辯解：「我看不出我怎樣做才能跟我以前所做的有所不同。」

要怪誰呢？羅斯福還是塔夫脫？坦白說，我不知道，而且我也管不着。我現在要指明的一點是，羅斯福全部的批評，都無法使塔夫脫承認自己錯了。結果只能使塔夫脫竭力為自己辯護，眼中帶淚地說：「我看不出我怎樣做才能跟我以前所做的有所不同。」

讓我們拿「茶壺蓋油田」舞弊案來說吧。還記得這個案子嗎？這件事震驚了全國，報界對這件事作出了一段長時間的抨擊。在這一代人的記憶裏，美國的政界還沒有發生過這一類的事情。那樁醜聞的實情是這樣的：

哈丁總統的內政部長阿爾伯特‧胡佛受命主掌政府在艾爾克山丘和茶壺蓋地區油田的出租事宜——那些油田是保留給海軍未來使用的。胡佛部長有沒有讓別人公開投標？沒有。他乾脆把那條件豐腴的合同交給他的朋友愛德華‧杜韓尼。而杜韓尼怎麼做呢？他給了胡佛部長 10 萬美元的所謂「貸款」。然後，胡佛部長命令美國海軍進入該區，騙走了那些對手，免得周圍的油井汲走了艾爾克山丘的原油。於是，這些迫於武力威脅離開的油商衝進了法院，揭發了 10 萬美元茶壺蓋油田舞弊案。結果鬧得滿城風

雨，毀了哈丁總統的政權，共和黨也幾乎瓦解，胡佛因而被打入
鐵窗。

胡佛被罵得狗血淋頭 —— 還沒有一個公務員被斥責得如此
淒慘。他反悔了嗎？一點也沒有！多年之後，有人在一次公開演
講中暗示哈丁總統之死是由於一個朋友出賣他，令他焦心和憂慮
過度。而當胡佛太太聽到這段話時，她從椅子上跳起來，淚流滿
面，雙手緊握着拳頭，尖聲叫道：「什麼？哈丁被胡佛出賣了？才
沒有！我丈夫從沒有出賣過任何人。就算是整屋子的黃金，都無
法使我丈夫起歹念。他才是被出賣的人。」

你瞧：人性表現出來了，做錯事的人只會責怪別人，而不會
責怪自己。我們都是如此。因此當你我想對別人作出批評時，不
要忘了阿爾・卡邦、「雙槍手」克羅里以及阿爾伯特・胡佛。我們
要明白，批評就像家鴿，它們總會回來的。我們要明白，我們準
備糾正和指責的人，他可能會為自己辯護，而反過來責備我們；
或者，像文雅的塔夫脫那樣說：「我看不出我怎樣做才能跟我以前
所做的有所不同。」

1865 年 4 月 15 日，林肯在戲院被人暗殺，他奄奄一息地躺
在福特戲院正對面一家廉價客棧的臥房。林肯那瘦長的身子斜躺
在那張對他來說稍嫌短的牀上。牀的上方，掛着一張羅莎・波南
的名畫《馬市》的廉價複製品，一盞煤氣燈發出慘淡的黃暈。

當林肯奄奄一息地躺着，陸軍部長史丹頓說：「這裏躺着的是
人類有史以來最完美的元首。」

　　林肯為人處世的成功秘訣是什麼？我對林肯的一生研究了 10 年，而且花了整整 3 年的工夫，撰寫和潤飾一本叫做《人性的光輝》（*Lincoln the Unknown*）的書。我相信我已經盡了人類一切的可能，去對林肯的個性和家居生活作出詳細和透徹的瞭解，尤其是對他跟別人的相處之道，我更做過特別的研究。他是否喜歡批評別人？啊，是的。當他年輕的時候，在印第安那州，他不只是批評，還寫信作詩揶揄別人，然後把那些信件丟在一定會被他人發現的路上。

　　其中有一封信所引起的後果，使他終生難忘。林肯在伊利諾州春田鎮執行律師業務的時候，還在報紙上發表文章，公開攻擊他的對手。但這種事，他只是偶爾為之。

　　1842 年秋天，他取笑了一位自負而好鬥的愛爾蘭人，名字叫詹姆斯．史爾茲。林肯在《春田時報》刊出一封未署名的信，譏諷了史爾茲一番，令鎮上的人都捧腹大笑。史爾茲是個敏感而驕傲的人，氣得怒火中燒。他查出了寫那封信的人是林肯後，就跳上馬去找他，提出跟他決鬥。對方給林肯選擇武器的權利，因為林肯的手臂很長，於是就選擇騎兵的長劍，並跟一名西點軍校的畢業生學習舞劍。決鬥的那一天，林肯和史爾茲在密西西比河的一個沙灘碰頭，準備決鬥至死。但是，在最後一分鐘，他們的助手阻止了這場決鬥。

　　這是林肯一生中最恐怖的私人恩怨事件。於做人的藝術方面，他從中學到了無價的一課。從此之後，他就再沒有寫過一封侮辱人的信件，也不再取笑任何人了。從那時候起，他沒有為任

何事批評過任何人。

南北戰爭的時候，一次又一次，林肯任命新的將軍統率部隊，而每一個將軍——麥克可萊、波普、伯恩基、胡克爾、格蘭特——相繼慘敗，使得林肯只能失望地踱步。全國有一半的人，都在痛罵那些差勁的將軍。但林肯一聲不吭。他喜歡引用的一句格言是「不要評斷他人，他人才不會評斷你」。

當林肯太太和其他人對南方人士有所非議時，林肯回答說：「不要苛責他們，如果我處在同樣情況下，也會跟他們一樣的。」

蓋茨堡戰役發生在 1863 年 7 月的最初三天。7 月 4 日晚上，當李將軍開始向南撤退時，黑雲密佈，大雨傾盆。當他帶着失敗之軍退到波多梅克時，發現面臨着一條高漲而無法通過的河流，而身後又是一支勝利的北軍。李將軍被困住了，他無法逃脫。林肯看出這點——這是一個天賜的良機，一個能夠打敗李將軍的軍隊並可立即結束戰爭的機會。因此，林肯滿懷希望命令格蘭特不要召開軍事會議，而應立即攻擊李將軍。林肯以電話下令，又派出一名特使去見格蘭特，要他立即採取措施。

而格蘭特將軍怎麼做呢？他的做法正好跟所接到的命令相反。他違反林肯的命令，召開了一次軍事會議。他遲疑不決，一再拖延，並致電林肯，舉出各種藉口，目的就是拒絕攻擊李將軍。最後，河水退去，李將軍帶着他的軍隊從波多梅克逃脫了。林肯勃然大怒。「這是什麼意思？」林肯對他的兒子羅勃叫起來，「上帝！這究竟是怎麼回事？他們在我們的掌握中，我們只要伸出手去，他們就是我們的俘虜了；但我無論說什麼或做什麼，都無法使我們的軍

隊移動一步。在那種情況之下，幾乎任何一個將領都可以擊敗李將軍。如果我在那兒的話，我自己就可以把他殲滅。」

在痛苦、失望之餘，林肯坐下來，給格蘭特寫了一封信。別忘啦，林肯這段時期用字總是非常保守和克制。因此，他在 1863 年所寫的這封信，算是很嚴厲的了。信的內容是這樣的──

親愛的將軍：

我不相信你能體會李將軍逃脫所引起的嚴重不幸，他本來在我們的掌握之中，當時如果我們的軍隊一擁而上的話，加上我們最近的一些其他勝利，就可把戰事結束了。現在呢，戰事可能會無限期地延長下去。如果上星期一不能安全地攻打李的話，又怎麼能在渡河之後去攻打他呢？我無法期望你能改變情勢；如果還要對你抱有期望的話，也是一種不明智的期望。你的良機已失去了，因此我深感遺憾。

你猜，格蘭特讀到這封信的時候有什麼反應？

格蘭特從來沒有看見過這封信。林肯沒有把它發出去。這封信是在林肯死後，在他的文件中被找到的。

我的猜想──這只是一個猜想──在寫完這封信之後，林肯看看窗外，對他自己說：「等一下，也許我不應該如此匆忙。我坐在這靜靜的白宮，命令格蘭特出擊是舉手之勞的事。但假如我

當時也在蓋茨堡，假如我在上星期，也跟格蘭特一樣，見到遍地血腥，假如我聽到傷兵的悲號哀吟，或許我也不會如此急着去進攻了。如果我的性格跟格蘭特一樣柔弱，我的做法可能跟他完全相同。無論如何，如今木已成舟了。要是我寄出這封信，固然可發洩我的不快，但是卻會使格蘭特為自己辯護。這將會使他反過來攻擊我，造成彼此的不快，並且也將有損於他身為指揮官的形象，甚至會迫使他辭職不幹。」

因此，就像我上面所說的，林肯把這封信放在一旁，因為他從痛苦的經驗中學到，尖刻的批評和斥責幾乎總是無濟於事。

西奧多·羅斯福總統說，他當總統時，若碰到棘手的問題，常往後一靠，抬頭望望掛在他辦公桌牆上那張林肯的巨幅畫像，問他自己：「如果林肯在我這種情況下，他將怎麼做？他將如何解決這個問題？」

馬克·吐溫常常會大發脾氣，寫的信火氣之大足可以把信紙燒焦。例如，他曾給一位激怒過他的人寫信說：「給你的東西應該是死亡埋葬許可書。你只要開口，我一定會協助你弄到這份許可書。」又有一次，他寫信給一位編輯，談到一名校對企圖「改進我的拼字和標點」，他以命令的口氣寫着：「此後這方面的情形必須遵照我的底稿去做，並且要教那個校對把我的建議留在他那已經腐朽了的腦子裏面。」

寫這些可以刺痛別人的信，很讓馬克·吐溫感到痛快，這樣他的氣也就出了，而這些信也沒有引起任何不好的反應。因為他

的太太已經悄悄地把這些信抽了出來，這些信根本就沒有寄出去。

你是否想勸某人改掉一些壞習慣呢？好極啦，棒極了，我非常贊成。但為何不從你自己開始呢？從一個純粹自私的觀點來說，這比有意改進別人獲益更多——是的，而且所冒的風險也少得多了。

白朗寧曾經説：「當一個人先從自己的內心開始奮鬥，他就是個有價值的人。」

正如強森博士所説的：「在末日來臨之前，上帝也不曾打算審判人！」

你我又為什麼想批評別人呢？

---

### 🐂 卡耐基心得 🐂

因被批評所引起的憤恨感覺，常常會使你的員工、家人以及朋友的情緒低落，而他們也不會因應你所指責的錯誤去作出改善。

# 真誠地讚美別人

把對人的恭和獻媚統統忘掉，給人以由衷的讚美，
人們對你所講的才會加倍珍惜，即使你已經把
這件事給忘了，他們還會牢牢地記着
你曾經讚美過的話。

在你每天的生活中，別忘了為人間留下一點讚美的溫馨，這一點小火花會燃起友誼的火焰。

愛默生説：「我遇見的每一個人，或多或少是我的老師，因為我從他們身上學到了東西。」

世界上只有一個方法，可使別人去做任何一樁事，你是否靜心想過這樁事？是的，這是唯一的辦法。

當然，你可以用手槍指着別人的頭，那人會很乖的把手錶除下交給你；你也可以用威嚇解僱的招數，叫一個僱員與你合作；

你還可以用暴力或嚇唬，讓一個孩子做你所需要他去做的事。然而這些愚蠢的方式，其效果往往會適得其反。

能讓別人去做任何事情的唯一方式，就是給他他所需要的。

你需要些什麼？心理學家弗洛伊德認為凡你我所做的事，都起源於兩種動機：一、性的衝動；二、成為偉大人物的慾望。

哲學家杜威的見解稍有些不同，他認為：人類天性中最本質的衝動，就是成為重要人物的慾望。記住「成為重要人物的慾望」這話是至關重要的，在這本書中你將看到許多關於這句話的明證。

你需要些什麼？這句話的意思並不是指很多的東西，而是你真正需要的幾種東西，使你不容拒絕地在追求着，幾乎每個正常的人都想擁有。它們包括：

一、健康，生命的安全感。

二、維持生命的食物。

三、足夠的睡眠。

四、金錢和金錢能購買到的物質。

五、未來人生的保險措施。

六、性滿足。

七、兒女的平安。

八、名聲、榮譽、社會地位，即人類的自尊感。

其中一些慾望，只要活着的人就幾乎能得到滿足，可是其中有一種慾望，同食物、睡眠一樣，既深切又難以得到滿足，那就

是弗洛伊德和杜威所說的「成為偉大人物的慾望」或「成為重要人物的慾望」。

林肯曾在信的開頭開門見山地說過:「每個人都喜歡被人表揚。」威廉·詹姆士也曾這樣說過:「人類天性中有一點至為重要,就是渴求被人重視。」他並沒有說希望或者慾望,而是說渴求被人重視。

這是一種深切的,而且亟待解決的人類飢渴問題,能誠摯地滿足這種內心飢渴的人,就可以將他人掌握在自己掌股之中。

人類和動物之間一項重要的區別,就是人類有被人尊重的慾望。以我自己為例,小時候我是密蘇里州的一個鄉下孩子,我父親飼養了一種品種優良的豬和一種臉是白色的牛,我們在牲畜展覽會展出我們的豬和白臉牛,並且多次獲得頭獎。

當有親朋好友來到我們家時,我父親就把藍緞帶的獎章用針別在一條白布上,然後端出這條白布來,着我握着一邊,他握着另一邊,將獲頭獎的藍緞帶展示給親戚朋友觀賞。

那些豬和牛並不在意它們贏得什麼藍緞帶一等獎,可是父親卻非常看重,因為這些獎品給他帶來了一種「被尊重」的感覺。

說深一點,假如我們的祖先沒有這種被尊重的強烈衝動,我們就不會有文化和文明,甚至跟動物沒有什麼區別了。

希望得到尊重的慾望,曾激發起一個未受過良好教育、在一家雜貨店上班的窮店員。這店員曾翻遍所有堆滿雜貨的木桶,以找出他花五分錢買下的幾本法律書,並痛下決心去研讀它們,這

個雜貨店的店員或許你已經聽説過，他就是林肯。

渴望被尊重是一種非常強烈的慾望，它能使狄更斯寫出不朽的名著，使霍倫完成天才的設計，使洛克菲勒創造出他一生也花不完的財富。

也因為這種慾望，使你穿上最漂亮的服飾，駕駛最豪華的轎車，炫耀你天真伶俐的孩子。

也正是這種慾望，使很多青少年走上犯罪道路。曾任紐約警察總長的馬洛尼説過：「在今天，年輕的罪犯都滿懷對虛名的盲目追求，在被逮捕之後，他們的第一個要求就是閱讀那些三流報紙。他只想見到自己的相片，像與愛因斯坦、托思加尼或羅斯福等名人的照片在報紙上佔到一樣的篇幅，他根本不會去想在刑室坐電椅是怎麼回事。」

洛克菲勒捐款給中國北京建築先進的醫院，惠及許多素未謀面也永遠沒有機會見面的貧民，通過這種方式他獲得了被尊重感。若你告訴我，你藉以取得被尊重感的方法的話，那我就可以得知，你是一個怎樣的人。確定你的性格，對你來講，是件最要緊的事。洛克菲勒就是這樣一個例子。

另外，迪林格之所以會做匪徒、搶銀行、殺人，其實也是在滿足自己的被尊重感。當警察緝捕他時，迪林格跑進別人家裏，以自己的惡為榮，大聲地説：「我就是迪林格……我不會殺害你，因為我就是迪林格！」

是的，迪林格與洛克菲勒最大的區別，就在於他們藉以獲取

被尊重感的方式有所不同。歷史上很多名人更因此而鬧出很多趣事，舉例甚至連華盛頓，都巴不得有人稱他是最偉大的美國總統；哥倫布甚至向皇室提出請求，希望自己獲得「海關大臣」和「印度總督」的頭銜；女皇凱撒琳拒絕拆看因疏忽而沒稱呼她為「女皇陛下」的信件；林肯夫人在白宮像頭母豬一樣地向格蘭特夫人吼叫：「我沒有叫你坐下來之前，你竟敢這樣坐在我眼皮底下！」

還有一些很富有的人，他們資助拜特將軍到南極探險，但是卻有一個附帶條件，那就是：冰山要以他們的名字命名。而作家雨果，甚至希望巴黎可改稱為維克多・雨果。

有些人會為了博取他人的同情、關注，以及個人的自重感而故意裝病，譬如麥金利夫人，逼迫她的丈夫——當時的總統，拋下國家大事，要他時刻留在身邊擁抱她、撫慰她，直到她睡去。這樣一來，就要費去好幾個小時，麥金利夫人便是通過這種方式得到她的自重感。麥金利夫人堅持要丈夫陪她看牙醫，借此滿足她醫牙時那副痛楚的樣子被注視的願望。有一次總統和約翰有約，不得不讓她獨自留在牙醫那裏，這使她悖然大怒。

有一次，林哈特夫人告訴我這樣一件事，有個很能幹的少婦為了被尊重而裝病，林哈特夫人說：「她躺在牀上足足有 10 年的時間了，她年邁的媽媽每天捧着碟盤去照顧她。後來，母親由於過度操勞，終於倒地死去，躺在牀上的她沮喪了數週之後，不得不起牀穿衣，病也從此消失了。」

有些專家宣稱，在幻境中尋找冷酷的現實世界裏所得不到的

被尊重感，人可能真的會發瘋。在美國的一些醫院中，患精神病的人比患其他病的人的總和還要多。假使你住在紐約這種地方，年紀又在 15 歲以上，那你可能有 5% 的機會住 7 年以上的精神病院。

精神失常的原因是什麼呢？

沒人能回答這樣的問題，但是我知道有很多種病會殘害腦細胞，從而導致精神病，例如性病。事實上，有半數以上的精神病患者，可以歸咎於這類生理原因，像腦部受損、醉酒、中毒以及由其他種種原因造成的傷害。但另外的一半，卻是令人驚訝的另一部分，顯然，他們的腦細胞並無病態。在他們去世後用高性能顯微鏡研究他們的腦細胞組織，發現他們的腦細胞跟常人一樣健全。但這些人為什麼會有精神病？

最近，我向一位精神病院的主治醫師提出這個問題，這位學識淵博的醫師曾獲得最高的榮譽，他不諱言地對我說他也不知道人們為什麼會得精神病，他說：「許多得精神病的人，在發病時，能找到真實世界中所無法滿足的自重感。」之後，他還告訴了我一個故事：

　　我有個病人，她的婚姻很悲慘，她需要愛、孩子和名譽，可現實無法賦予她這一切。她丈夫並不愛她，拒絕跟她在一起吃飯，還強迫她服侍他到樓上的房間吃飯，種種刺激終於把她逼成了精神病。現在，她瘋了，在她的意識

中，她和丈夫離了婚，恢復了少女時候的名字。現在，她相信自己已經嫁給了皇室人員，堅持要人家叫她史密斯夫人。而她朝思暮想的孩子也在幻想中出現了。每次我去看她，她都對我說：「大夫，我昨晚生了一個孩子。」

這故事算不算悲慘？我不清楚。那位醫師這樣跟我說：「就算我能夠治癒她的病，使她恢復清醒狀態，我也不願意這樣去幹，因為她現在似乎獲得了她真正期望得到的快樂。」

一般來說，患精神錯亂的人好像比我們都要快樂，他們都在幻想中解決了自己的問題，他們可以隨手給你簽下一張 100 萬美元的支票，或者給你一封介紹信，引薦你去見某個名人，他們在自己所創造的夢境中找到了他們所期望的自重感，這就足夠了。

若說人對自我被尊重感如此飢渴，甚至導致精神失常，那麼假如在人還未發瘋前就給他們最真摯的讚美，這樣的所作所為又會有什麼樣的奇跡發生呢？

據我所知：歷史上年薪超過 100 萬美元的人只有兩個，那就是克萊斯勒和司華伯。（當時，年薪 3 萬美元就已經很不錯了。）

憑什麼安德魯‧卡耐基要付司華伯 100 萬美元的年薪，因為司華伯是個非常優秀的天才嗎？不。那麼是因為司華伯對煉鋼有特殊的專長？答案仍然是否定的。

司華伯曾告訴我，他有許多下屬對鋼鐵製造的瞭解都比他多得多。他的薪水這麼高，是因為他能妥善地處理人際關係。我問

他這是如何做到的呢？他這樣回答——我想這些話應該刻在能永久保留的銅牌上，懸掛在全國每個家庭、學校、商店、辦公室，這些話，小時候就應該把它背誦下來。假如我們能夠按照那些話去努力的話，一定能完全改變我們的生活，且跟過去截然不同：

「在人群中，我有激發他們潛在的熱忱的能力，那是我最大的資本，而充分發揮每一個人潛在才能的方法，就是讚賞和鼓勵！」

接着，他又説：「世上最輕易摧毀一個人意志的東西就是上司對他工作的否定。因此，我從不批評任何人，我只給他們鼓勵。如果問我還有什麼嗜好，那就是真誠地稱讚他人。」

這便是司華伯的做人方式，也正是他跟一般人不同的地方。一般人的習慣是不喜歡一件事，便會雞蛋裏挑骨頭，吹毛求疵；要是真的喜歡，卻反而什麼話都不説。

司華伯還説：「在我的一生中，搜遍與世界各地人士廣泛交往的經驗，至今仍未發現一個在被批評打擊的情形下，比在被讚美的情況下能夠成就更為偉大的事業的人，無論他有多麼偉大，地位有多麼崇高。」

他所説的就是安德魯‧卡耐基先生，安德魯‧卡耐基能夠取得非凡成就的主要原因，在於他並非只在私底下讚美他人，在所有公眾場合他也不吝稱讚他人。

安德魯‧卡耐基甚至在自己的墓碑上稱讚他的搭檔，他的碑文這樣寫：「此處所葬的，是個懂得怎麼樣跟比他能幹的人打交道的一個人。」

真摯的讚賞，也是洛克菲勒事業成功的秘訣之一。他的合夥人佩德福，由於用錯方法而在南美搞砸了一宗買賣，使公司虧損了 100 萬美元，但洛克菲勒並沒有批評和指責他，甚至連一句重話都不曾說過。

他知道佩德福已竭盡所能，而且這件事也已經結束了，所以洛克菲勒還是找出些值得表揚的事來，稱讚佩德福保住了投資金額的大部分，至少是 60％。「這已經不錯了，我們所做的事不是每一件都那麼令人滿意的。」

齊格非，一位成就驚人、閃耀於百老匯的歌舞劇家，他有一種能力，就是發掘出大家連多看一眼都不願意的女子，將她塑造成舞台上誘人的明星。齊格非的做法十分得宜，他給歌女加薪，由原先的每週 30 美元，加至現在的 175 美元。而且他也重義氣，在福利斯歌舞劇開幕之夜，他總給劇中明星發出賀電，並贈送每位表演者一枝美麗的玫瑰花。

我曾經一度迷上當時流行的絕食活動，6 個晝夜不吃不喝。事實上，這種情形並不算困難，而且到了第 6 天，反而覺得比第 2 天感覺還好，並沒有飢餓感。可是，大家都知道如果有人在 6 天內，不給家人或是員工吃東西，那就是犯罪。可是，他們卻會 6 天、6 星期，甚或 60 年都不給予家人和員工得到他們期望得到，如食物一般重要的讚美之言。

當年，愛爾法利特‧倫脫在維也納擔任主角時曾經說過這樣一句話：我最需要的東西，不是別的，而是自我尊嚴的滋養。

我們給予孩子、朋友和員工身體所需要的營養，可是我們給他們自尊上所需要的營養卻是何其稀少，我們給他們牛扒、薯仔，以增加他們的體能，可偏偏忽略了稱讚。

有些讀者看到這些話可能會不屑一顧地說：「這難道不是老套的恭維、阿諛、拍馬屁嗎？我都試過了，這些對那些受過教育的知識份子是毫無用處的。」說得對，拍馬屁是騙不了人的，虛偽、自私、膚淺，那注定要失敗，而且經常要失敗。然而，有些人對於出自內心的讚美，簡直太需要了。

我舉個例子，結過多次婚的第文尼兄弟在婚姻方面為什麼會有這樣耀眼的成功？為什麼這兩位公子哥兄弟，能與兩位美麗的明星結婚？一位與著名的歌劇主角結婚，一位和擁有數百萬家產的艾頓結婚，為什麼？他們是如何做到的？

聖約翰在《自由》雜誌中這樣說：「許多年來，第文尼對女人的魅力，成為人們心中的一個謎。」他又說：「當然，妮格雷能識別男人，而且，她也是一位藝術家，有一回她向我解釋說：『他們對讚美的藝術的瞭解，比我所看到的所有其他人都做得好。』這讚美的藝術，現在幾乎被人們遺忘了，第文尼之於女人的魅力，或許就是建基於此。」

讚美和獻媚的區別在於——獻媚很容易被識別，讚美卻是真誠、由衷、無私的，為人們所欽佩的；而獻媚是虛偽的，只出自嘴巴，是非常自私的、令人感到可恥而需摒棄的。

最近，我去了一趟墨西哥城的吉伯爾鐵皮克宮，看到阿伯利

根將軍的半身像，半身像的下面刻着阿伯利根將軍的名言：不要怕攻擊你的人，而要提防那些對你獻媚的朋友。

不！不！我並不是鼓勵人去獻媚、去恭維，那和我的初衷相去甚遠，我是在講一種生活的藝術，一種新的方式、方法。英皇喬治五世有六條格言，貼在白金漢宮書房的牆上。其中有一條是這樣説的：「教我不要接受卑賤的讚美」，所謂「卑賤的讚美」就是對獻媚的註腳了。我還看到一句關於獻媚的話，很值得在這裏提一提，那是──獻媚是告訴別人他想達到的種種膚淺的目標。

利夫華爾特‧愛默生就説：「獻媚，不管你用什麼語言，而所要説的，總離不開自己的最終目的。」

假如我們所要做的僅僅只是恭維和獻媚，那麼任何人都學得會，都可成為人類關係學專家。事實上，我們在不思考某些確定問題的時候，我們常會用 95% 的時間去思考自己。而現在如果暫時不去思考我們自己，那麼請開始想想別人的優點，我們就不必措辭卑賤、虛偽，在話還沒有説出口時，就被發覺是在獻媚了。

愛默生又説：「在我遇見的人中，必有值得我學習的老師，我只要學習他們比我好的東西就好了。」

愛默生的見解是十分正確的，而且也值得我們珍視。那麼，請稍稍停止思考我們自己，讓我們去研究別人的優點，把對人的恭維和獻媚統統忘掉，給人以由衷的、誠懇的讚美，那麼人們對你所講的才會加倍重視和珍惜，即使你已經把這件事給忘了，他們還會牢牢地記着你曾經讚美過的話。

世界上有一種方法可以促使他人去做任何事情：就是給他他想要的東西。

------

**❧ 卡耐基心得 ❧**

讓我們去研究別人的優點，把對人的恭維和獻媚統統忘掉，給人以由衷的、誠懇的讚美。

------

# 喚醒他人心中的渴望

一個能從別人的觀點來看事情，
能瞭解別人內心思想的人，永遠不必為自己的前途擔心。

我每年夏天都到緬因州去釣魚。我個人非常喜歡草莓和乳酪；但我卻發現，魚兒較喜歡小蟲。因此，每次我去釣魚，我需要帶的不是我所要的，而是魚兒所要的。我的釣鉤上不勾草莓和乳酪，而是在魚兒面前垂下一隻小蟲或蚱蜢，說：「你不想吃吃這個嗎？」

當你「釣」別人的時候，為什麼不同樣地使用這種常識呢？

這就是理羅・喬治所採用的方式。常常有人問他，當所有戰時那些領導人物──威爾遜、奧蘭多、克里蒙梭──被踢開和遺忘時，他為何仍然掌握大權。他回答說，如果他的出人頭地有任何理由的話，可能是因為他早已學到：要釣魚的話，就要問問魚

兒想吃什麼。

為什麼要談論我們所要的呢？這是孩子氣的荒謬想法。當然，你感興趣的便是你所要的，你永遠對自己所要的感興趣，但別人並不對你所要的感興趣。其他人，正跟你一樣，只對他們所要的感興趣。因此，唯一能影響別人的方法，是談論他所需要的，教他怎樣去得到。記住這點！當你要別人去做某件事時，譬如說，當你想叫兒子不要抽煙時，千萬別跟他講什麼大道理，只需讓他知道，抽煙會使他無法加入籃球隊或贏得百米競賽。

這是值得記住的一點，不論你是對待小孩子，或牛，或黑猩猩。舉例說：有一天，愛默生和他的兒子要把一頭小牛趕入牛棚，但他們犯了一個一般人所犯的錯誤——只想到他們所要的。愛默生在後面推，他兒子在前面拉，但那頭小牛卻原地不動，使愛默生和兒子感到無可奈何。但愛默生家的女傭卻能將這頭小牛輕易地引入了牛棚。

她雖不會著書立說，但，至少在這一次，她比愛默生擁有更多關於牛馬的知識。她想到了那頭小牛所要的，因此她把她的拇指放入小牛的口中，讓小牛吮着手指，同時輕易地把它引入牛棚。

從你出生之後，你的所作所為，都是因為你有所需求。你捐給紅十字會 100 美元，因為你要助別人一臂之力，因為你要表現一種美好的、不自私的、神聖的行為。

如果你對行善的感覺比不上你對那 100 美元的喜愛，你便不會捐贈了。當然，你捐錢可能是因為你不好意思拒絕，或你的一

名客戶請你這麼做。但有一點是可以確定的，你捐贈是因為你也有所需求。

奧佛瑞教授在他那本具啟發性的《影響人類的行為》（*Influencing Human Behavior*）一書中説：「行動出自我們基本的渴望⋯⋯而我所能給予想勸導他人的──不論是在商界、家庭中、學校裏、政治上──最好的一個忠告是：首先，喚醒他人心中的渴望，能為者可掌握世界，不能為者將孤獨一生。」

安德魯．卡耐基本是個一貧如洗的小孩，開始工作的時候每小時的工資是兩分錢，後來卻能夠作出 3.65 億美元的捐贈，這是因為他一早就掌握到能影響別人的唯一方法，就是以對方所要的觀點來談。雖然他只上過 4 年學，但是他學到了如何對待別人的方法。

舉一個例，他嫂嫂的兩個小孩就讀於耶魯大學，他們都為自己的事忙得沒寫信回家，且沒有理會母親寄去的焦急信件，他的嫂嫂擔憂得生起病來。於是，安德魯提議以 100 美元打賭，他不必要求回信，也可以獲得回信。有人跟他打賭，於是他寫了一封閒聊的信給他的侄兒，信後附帶地説，他將隨信各送給他們 5 美元，但是，他並沒有把錢附在信內。很快兩個侄子回信來了，謝謝「親愛的安德魯叔父」──你可以猜出下一句是什麼。

我們班上一位學生，俄亥俄州克利夫蘭市的史坦．諾瓦克提供了一個極具説服力的例子。

一天晚上他下班回家，發現他的小兒子第米躺在客廳地板上

又哭又鬧，第米明天就要開始上幼稚園了，但是卻不肯去。要是在平時，史坦的反應就是把第米趕到房間去，叫他最好乖乖地去上幼稚園，告訴他他根本沒有選擇的權利。但當晚，他知道這樣做第米是不可能帶着好心情去上幼稚園的。史坦坐下來想：「如果我是第米，什麼會吸引我高高興興地去上幼稚園呢？」於是，他和他太太列出了所有第米在幼稚園會喜歡做的事情，例如用手指畫畫、唱歌、交新朋友，然後他們就採取行動。他說：

　　我們——我太太莉莉，我另一個兒子鮑布，以及我，開始在廚房的桌子上面畫手指畫，而且表現得真正享受着箇中的樂趣。過了不久，第米就在牆角偷看，然後他就要求參加。「不行，你必須先到幼稚園學習怎樣畫手指畫。」我以最大的耐心，以他能夠聽懂的話，把我和我太太在表上列出的事項解釋給他聽——告訴他所有他會在幼稚園得到的樂趣。翌日早上，我以為我會是全家最早起牀的人，怎料下樓時，發現第米坐着身子睡在客廳的椅子上。我問他：「你怎麼睡在這兒呢？」第米回答：「我等着去幼稚園，我不想遲到。」我們全家的熱忱已經在第米心中引起了一種極欲得到的需要，而這是討論、威脅或恐嚇所不能做到的。

　　明天，你想讓別人做些什麼事情。在你開口之前，先停下來，問：我如何使他心甘情願地做這件事呢？

　　這個問題，可以使我們不至於冒失地、毫無結果地去跟別人

談論我們的願望。

不久前我向紐約某家酒店租用大舞廳，每一季度用 20 個晚上，舉辦一系列的講座。在某一季度即將開始時，我突然接到通知，告知我必須付出幾乎比以前高出 3 倍的租金。我得到這個通知的時候，入場券已經印好並發出去了，而且所有的通告都已經公佈了。當然，我不想付這筆增加了的租金，可是跟酒店的人談論我不要什麼又有何用？他們只對他們所要的感興趣而已。因此，幾天之後，我去見酒店的經理。

「收到你的信，我有點吃驚。」我說，「但是我並不怪你。如果我是你，可能發出一封類似的信。你身為酒店的經理，有責任盡可能地使收入增加。我們知道如果你不這樣做，你將會被辭退，而且也可能真的該被辭退走人。如果你堅持要增加租金的話，那麼現在我們拿出一張紙來，把這樣做可能會得到的利弊羅列出來。」

然後，我取出一張信紙，在中間畫一條線，一邊寫着「利」，另一邊寫着「弊」。我在「利」那邊寫下「舞廳空下來。」接着我說：「你的好處就是把舞廳租給別人開舞會或開大會。這將會是一個很大的好處，因為這類的活動，比租給人家當講課場所的收入高出很多。如果我把你的舞廳佔用 20 個晚上來講課，對你來說的確是一筆不小的損失。

「現在，我們來考慮壞處。第一，你不但不能增加你的收入，反而會減少你的收入。事實上，你將一點收入也沒有，因為我無法支付你所要求的租金，我只好被逼到別的地方去開這些課。

「你還有一個壞處，這些課程可以吸引那些受過教育、水準高的人士到你的酒店來，這對你是一個很好的宣傳，不是嗎？事實上，如果你花費 5000 美元在報上登廣告的話，也無法像我的這些課程那樣能吸引這麼多人來看看你的酒店。這對一家酒店來講，不是價值很大嗎？對不對？」

我一面說，一面把這兩項壞處寫在「弊」的下面，把紙遞給酒店的經理，說：「我希望你好好考慮你可能得到的利弊，然後告訴我你的最後決定。」

第二天我就收到一封信，通知我租金只漲 50%，而不是300%。請注意，我沒有說出一句我所要的，就得到這個減租。我一直都是在談論對方所要的，以及他如何能夠得到他所要的。

假設我如一般人所做的，怒氣沖沖地衝到他的辦公室說：「你這是什麼意思，明明知道我的入場券已經印好，通知已經發出，要增加我 3 倍的租金？增加 3 倍，豈有此理，荒謬！我不付！」

那麼情形會怎樣呢？一場爭論就會如火如荼地展開——而你知道爭論會有什麼後果。甚至即使我使他相信他錯了，他的自尊心也會使他不肯屈服和讓步。

關於做人處世，亨利·福特有一句至理名言：「如果說成功有什麼秘訣的話，那就是去瞭解對方的觀點。」這段話真是說得太好了。

我應該給你們推薦歐文梅那兩本非常精彩的書——《熱心捐贈的人》和《分享財富》。

其實，很多專業人士也常犯同樣的錯誤。幾年前，我走進費城一位著名鼻喉科專家的診所，他竟然在檢查我的扁桃腺之前，就問我從事哪一種職業。顯然，他對我的扁桃腺大小並不感興趣，他感興趣的是我錢包的大小；他主要關心的，並非該如何治療我，而是能從我這兒得到多少錢。結果呢，他什麼也不能得到。我走出他的診所，蔑視他的人格。

世界上充滿着這類貪婪的人，因此，少數不自私而真心幫助別人的人，就會得到很大的收穫，因為他沒有競爭者。歐文梅說：「一個能從別人的觀點來看事情，能瞭解別人內心思想的人，永遠不必為自己的前途擔心。」順着別人的思路，以別人的觀點來看事情——如果你從這本書學到了這點，它可以很輕易地變成你事業中的一塊基石。

查探別人的觀點，並設法引起他心中對某項事物迫切渴望的需求，這並不是說要操縱這個人，或誘使他去做只有利於你而不利於他的事，而是雙方都應該各有收穫的。

有這樣一個例子，是由羅德島州瓦魏克市的麥克·魏登所提出來的，他是蜆殼石油公司的一名地區推銷員。麥克希望成為他所屬區域業績最好的地區推銷員，但是有一處加油站卻使他的努力受到影響。這處加油站由一位老人擔任經理，麥克想盡辦法仍不能使這位老人保持加油站的衛生，因此汽油銷售量大為降低。不論麥克怎樣請求改進加油站的衛生狀況，這位老人就是不理會。經過多次勸導和說盡誠懇的話仍不奏效，於是麥克決定邀請這位老人去看看他地區內一處最新的蜆殼加油站。

　　結果，這位老人對新加油站的設施留下深刻印象，當麥克再次去看他時，他的加油站已經變得清潔乾淨，而且銷售量也增加了。這使麥克達到了成為區域內業績第一的目標。為什麼麥克過去的談話和討論都沒奏效，但是這一次的行動卻引起了那位老人內心迫切渴望的需要，這是因為在他邀請那位老人去參觀了現代加油站之後，他達到了他的目標，而那位經理也得到了好處。

　　許多大學生都熟讀羅馬詩人維吉爾的詩，也精通微積分，但卻沒有發現自己心靈的秘密。例如，有一次我為一批年輕的大學畢業生講授「有實效的演講」。這批人正準備進入新澤西州紐瓦克的卡瑞爾公司，一家生產商業用品和戲院冷氣機的公司。其中一個大學生想邀別人去打籃球，而他是這樣說的：「我希望大家可以出來打打籃球。我非常喜歡打籃球，但最近幾次我到體育館去，因為人數不夠，都沒辦法比賽。前天晚上，我們只有兩三個人，只好投擲籃球，結果我的一隻眼睛被碰瘀了。我希望你們大家晚上都可以來。我要打籃球。」

　　他有沒有提到任何你想要的東西？那個別人都不去的體育館，你也不願意去吧？你不關心他所要的是什麼，你只希望自己的眼睛別被碰瘀了。

　　他並沒有讓你看出如何利用體育館，以得到你所要的。其實，他可以告訴你，到籃球場去會讓你精神更佳、食慾更旺、大腦更輕鬆，籃球遊戲如何的其樂無窮等等。

　　再重複一次奧佛瑞教授那充滿智慧的忠告：「首先，喚醒他人心中的渴望，能為者可掌握世界，不能為者將孤獨一生。」

我們來好好地想一想，用「一封製造奇跡的信」這標題來說明以下的事情正確嗎？不正確，坦白對你說，這個標題不正確。事實上，這個標題把事實輕描淡寫了。本篇所轉載的一些信件所獲得的效果，被認為比奇跡還高兩倍。是誰下的評斷呢？肯‧戴克。戴克是美國在推展營業方面最著名的人士之一，以前是約翰‧蒙維爾公司的展業部經理，現在是柯格特‧鮑幕理公司的廣告宣傳部經理，以及全國廣告業者協會的主席。

戴克先生說，過去他所發出去、要求經銷商提供資料的信函，可得到 5%-8% 回信率。他告訴我，如果能得到 15% 的回信，他認為已是很了不起了，如果能達到 20%，他認為簡直就是奇跡了。

可是印在本篇的一封戴克的信，卻獲得了 42.2% 的回信率，換句話說，比奇跡還高兩倍。這是不能一笑置之的。這封信所獲得的效果，並不是偶然的，因為許多其他的信，也獲得了相同的效果。

這是怎麼辦到的呢？下面就是戴克先生自己所作的解釋：「在我聽了卡耐基先生所講的有關『做人處世』的課程以後，我寄出去的信，馬上就有了驚人的回響。我明白我過去寫信的方式完全錯了。我嘗試運用本書所說的原則——結果我發出去索取資料的信件，所獲得的效果增加了 5 至 8 倍。」

以下就是那封信。信中提到請求對方幫個小忙，這使對方內心感覺舒服——這個請求，也使對方有一種地位重要的感覺。

括弧裏面是我的評語。

布朗克先生大鑒：

　　在下正面臨一項難題，特不揣冒昧，懇請閣下給予協助。

　　（我們先來看一看整個情勢。想想看，亞利桑那州的一位木材經銷商，接到約翰‧蒙維爾公司一位高級主管的信；在信中的第一行，這位紐約的高級主管竟要請他幫個忙。我可以想像，那位在亞利桑那州的經銷商一定會對自己說：「呵，如果在紐約的這個家伙有困難，他總算找對人了，我就是一位樂於助人的人。我們來看看他的困難究竟是什麼。」）

　　去年，在下說服本公司，使本公司認清楚，我們的經銷商為了增加他們翻修屋頂的業務，最需要的是由本公司全部資助，展開一項全年度向客戶直接寫信介紹的活動，此舉已獲公司同意，並開始實施了，想閣下必已知悉。

　　（那位在亞利桑那州的經銷商或許會說：「當然他們應該付這筆錢。大部分的利潤都給他們吃去了，他們賺了幾百萬元，而我只賺到一點零頭，連付房租都不夠……困難究竟是什麼呢？」）

最近我寄了一份調查表給參加這項活動的 1600 家經銷商，得到了好幾百份答覆，這顯示出他們非常喜歡這種合作方式，並說非常有效。對於他們能夠撥冗函覆，我覺得非常榮幸。

為了更進一步拓展業務，我們最近又再度展開此項活動，想閣下必當樂聞。但今晨總經理召見在下，討論在下所呈有關去年活動的報告，並指示在下要對去年的營業情形做進一步的調查。如此，在下勢必要麻煩閣下，請惠予協助，以便在下能呈覆總經理。

（這是很好的幾句話：「在下勢必要麻煩閣下，請惠予協助，以便在下能呈覆總經理。」在紐約的那位大人物說的倒是實話，他真誠地承認約翰・蒙維爾公司在亞利桑那州那位經銷商地位的重要性。請注意，肯・戴克並沒有把時間花費在吹噓他的公司是多麼的重要上，他很快就表明他必須依靠對方。他幾乎明白地承認，如果沒有那位經銷商的協助，他就沒有辦法呈覆總經理。在亞利桑那州的那位經銷商既然是人，當然喜歡聽到這樣的話。）

所麻煩閣下者：

1、請在附上的郵卡上，將閣下認為是因去年直接函介活動而獲得的房頂工程以及翻修房頂工程的數目列下。

2、請將它們的估計總值（根據全部成本，請力求正確）惠予明示。

如蒙閣下惠助，示在下上述兩項資料，在下將感激不盡。

敬頌宏圖大展。

展業部經理肯·戴克敬上

（在最後一段，請注意他如何小心翼翼地說「在下」，而又如何尊敬地說「閣下」，以及如何說「如蒙惠助」、「感激不盡」。）

信很簡單，是不是？但由於說出「請惠予協助」，就製造出了奇跡——請對方協助，使對方有了一種重要人物的感覺。

不管你是推銷石棉屋頂，或是乘一輛福特汽車旅行歐洲，如果運用這種心理學，一定會獲得效果的。

我班上有一位學生，為他的小男孩擔心得很。那個孩子體重不足，拒絕好好進食。他的父親採取的是一般人的方式：呵責、囉嗦。

孩子會理會父母的這些請求嗎？任何具有常識的人，都不會期望一個 3 歲的小孩對他 30 多歲的父親的觀點有什麼反應。但這正是那位父親所期望的，真是荒謬。他最後才看出了這點，於是他對自己說：「這個孩子要的是什麼？我怎樣才能把我所要的變成他所要的？」

當他開始往這方面想時，事情就容易多了。他的孩子有一輛三輪腳踏車，並喜歡在家門口的行人道上騎來騎去。他家附近住着一位荷李活人所說的「孬種」——一個比他大的孩子，常把他拉

下來，把腳踏車搶去騎。

當然，這個小男孩就哭叫着跑回去告訴他母親，母親就會立刻出來，把那個「孬種」拉下來，把自己的小孩再抱上腳踏車。這種事情幾乎每天都在發生。

這個小孩要的是什麼？即使不是福爾摩斯，也會知道答案。他的自尊、他的憤怒、他渴望成為重要人物的感覺——所有他最強烈的情感——驅使他採取報復，把「孬種」的鼻子打扁。而當他父親告訴他，如果他肯吃母親希望他吃的食物的話，終有一天他可以把「孬種」打得落花流水。一旦他父親可以向他保證這點，他就不再有偏食的毛病了。那個小孩開始吃菠菜、泡白菜、鹹鯖魚及任何食物，以求快高長大，可以把那個時常羞辱他的小霸王痛揍一頓。

解決了這個問題之後，做父親的又碰到另一個難題：那個小孩有尿牀的壞習慣。他跟他的祖母同睡，每天早上，祖母醒來，就會摸摸牀單，説：「你瞧，江尼，你昨天晚上又幹了好事。」

他會説：「沒有，我沒有，是你幹的。」責備他、羞辱他，這一切都無法使牀鋪保持乾爽。因此，這對父母就想：「我們怎樣才能使這個孩子自己想停止尿牀？」

他想要的是什麼？第一，他想跟爸爸一樣穿睡衣，而不要像祖母一樣穿睡袍。祖母受夠了夜間的騷擾，因此，如果可以使他不尿牀的話，很樂意為他買一件睡衣。第二，他想要有一張自己的牀，祖母也不反對。

他母親帶他到布魯克林的羅塞爾百貨公司，對店員小姐眨眨眼，説：「這位小先生要買點東西。」

店員小姐很尊重似地對他説：「年輕人，我能拿些什麼東西給你看看呢？」

他站在那兒，説：「我要為自己買一張牀。」

當店員小姐把一張他母親希望他買的牀給他看了之後，母親對店員小姐又眨眨眼，於是這個小男孩就在勸説下買了牀。

牀在第二天送來了。那天晚上父親回到家時，小男孩跑到門口叫起來：「爸爸！爸爸！到樓上來，看看我為自己買的牀。」

父親看看那張牀，然後遵照司華伯先生的忠告，給予他兒子真誠的讚美。

「你不會把這張牀尿濕，對不對？」父親問。

「啊，對！對！我不會把這張牀尿濕。」小男孩遵守了他的諾言，因為事關他的自尊心。這是他的牀，是他自己「買」回來的。他現在穿着睡衣，像個小大人，他就希望舉動像個大人。而且他辦到了。

另一位父親，名叫達屈曼，是個電話工程師，也是我班上的學生，他的困難是無法讓他 3 歲的女兒吃早餐。

平常那套責罵、請求、誘哄的方式都沒有用。因此做父母的就問自己：「我們怎樣才能使她要吃早餐？」

這個小女孩喜歡模仿她母親，喜歡感到自己已經長大成人。因此，有一天早晨，大人把她放在一張椅子上，讓她自己做早

餐。就在這時，父親走進廚房，她正在攪動早餐食物，於是她說：「啊，看，爸爸，我今天早上在做自己的早餐。」

這天早上，她在沒有任何誘哄之下吃了兩碗麥片，因為她對麥片產生興趣了。她得到了一種重要人物的感覺，她發現做早餐是一種自我表現的方法。

威廉·溫特爾有一次說：「自我表現是人類天性中最主要的需要。」為什麼我們在做生意的時候，不能採取同樣的心理學？當我們有了一個巧妙的主意時，為何不讓對方自己說出來，而不使對方認為是我們想到的？這樣的話，他就會認為是他自己的主意，他也就會很喜歡。

🐮 卡耐基心得 🐮

唯一能影響別人的方法，是談論他所要的，教他怎樣去得到。

# 使人喜歡你的六條規則

# 要對別人真心感興趣

> 一個人對別人真誠地關心的話，
> 就可以從即使是極忙碌的人那兒得到注意、時間和合作。

當我 5 歲時，我父親以 50 分錢買了一隻小黃毛狗。它是我童年時代的快樂源泉。每天下午大約四點半，它就坐在前廊，一雙美麗的眼睛不斷地注視着走道，當牠一聽到我的聲音，或看到我搖蕩着飯桶穿過矮樹叢時，牠就飛似地跳起來，上氣不接下氣地跑上山丘來迎接我，高興得又跳又叫。這隻名叫提比的家伙跟我做了 5 年的好朋友。後來，在一個悲慘的晚上 —— 我永遠也忘不了那個晚上 —— 牠在離我不到 10 英尺的地方，被雷電擊死了。提比之死，是我孩提時代的悲劇。我要說的是，提比從未讀過一本心理學方面的書，但提比不需要讀，它憑直覺就知道。

一個人只要對別人真心感興趣，在兩個月之內他所得到的朋

友，就能比一個要別人對他感興趣的人在兩年之內所交的朋友還要多。我再重複這句話，你只要對別人真心感興趣，你的朋友就數不勝數。但是我知道，你也知道，許多人一生中都錯誤地想辦法使別人對他們感興趣。當然，這種方式沒有用，別人不會對你感興趣的，他們只對他們自己感興趣。

紐約電話公司曾經對電話中的談話做了一項詳細的研究，想找出哪一個詞最常在電話中被提及。你猜到了：這個詞就是第一人稱的「我」。在 500 個電話的談話內容中，這個詞被使用了3950 次。

當你拿起一張你也在內的團體照片，你最先看的是誰呢？肯定是你自己。但我要告訴你的是：如果我們只是要在別人面前表現自己，使別人對我們感興趣的話，我們將永遠不會擁有許多真實而誠摯的朋友。

已過世的維也納著名心理學家約佛·亞德勒，寫過一本叫做《人生的意義》（What Life Should Mean to You）的書。在那本書中，他說：「對別人不感興趣的人，他一生中遇到的困難最多，對別人的傷害也最大。所有人類的失敗，都出自於這種人。」你也許讀過幾十本有關心理學的書籍，還沒見到一句對你我來說比這更有意義的話。我不喜歡重複，但是亞德勒這句話意義太深遠了。

有一次我在紐約大學選修一門短篇小說寫作的課程，在課程中，柯里爾雜誌的主編到班上來給我們上課。他說，他拿起每天送到他桌上的數十篇小說，只要讀上幾段，就能感覺出作者是否喜歡別人。「如果作者不喜歡別人，」他說：「別人就不會喜歡他

的小說。」

這位經驗豐富的主編在講授小說寫作的過程中，曾經停下來兩次，為他的傳授大道理而致歉。「我現在所告訴你們的，」他說：「跟你們的牧師所告訴你們的是完全相同的東西。但是，請記住，如果你要成為一位成功的小說家的話，你必須對別人感興趣。」如果小說寫作真是如此的話，你可以確定，待人處世更是如此。

霍華·哲斯頓最後一次在百老匯上台時，我花了一個晚上待在他的化妝室。哲斯頓，被公認為魔術師中的魔術師。40 年來，他到過世界各地，一再地創造幻象，迷惑觀眾，使大家吃驚得喘不過氣來。共有 6000 萬人買票去看過他的表演，而他賺了幾乎200 萬美元的利潤。我請哲斯頓先生告訴我他成功的秘訣。他的學校教育當然跟這一點關係也沒有。因為他很小的時候就離家出走，變成了一名流浪者，搭霸王貨車、睡在穀堆裏、沿門求乞，坐在車中向外看着鐵道沿線上的標誌，因而學會識字。他的魔術知識是否特別豐富？不，他告訴我，關於魔術手法的書已經有好幾百本，而且有幾十個人跟他懂得一樣多。但他有兩樣東西，其他人則沒有。第一他能在舞台上把他的個性顯現出來，他是一個表演大師，他瞭解人類天性。他的所作所為——每一個手勢，每一個語氣，每一個眉毛上揚的動作都在事先很仔細地預習過，而他的動作也配合得分秒不差。但，除此之外，哲斯頓還對別人真誠地感興趣。他告訴我，許多魔術師會看着觀眾，而對自己說：「啊，坐在底下的那些人是一羣傻子，一羣笨蛋，我可以把他們騙得團團轉。」但哲斯頓的方式完全不同。他跟我說，每次一走上

台，他都對自己説：「我很感激，因為這些人來看我表演。他們使我能夠過上舒適的生活。我要把我最高明的手法表演給他們看。」他宣稱，他沒有一次在走上台時，不是一再地對自己説：「我愛我的觀眾。我愛我的觀眾。」可笑？荒謬？你怎麼想都可以。我只是不置評語地，把一位有史以來最著名的魔術師所採用的秘訣告訴你罷了。

舒曼・海恩克夫人對我説過類似的話。即使飢餓和傷心，即使生活中充滿着許多的悲劇，使她曾一度差點自殺和殺死她的孩子——即使這麼不幸，她還是一直唱下去，終於成為有史以來最卓越的華格納歌唱者。而她也坦白地説，她成功的秘訣之一：是對別人無限地感興趣。

賓夕法尼亞州貝華倫城的喬治・戴克，因一條高速公路從他的汽車修理站上橫跨了過去，這迫使他要退休。沒多久，退休的那種無聊日子就使他受不了，所以他找出那把舊提琴來開始打發時間。然後，他又到處旅行去聽音樂，和許多有修養的提琴家會面。他以謙虛和友善的態度，對每位他遇見的提琴家和他們的背景產生了濃厚的興趣。雖然他自己並不是什麼偉大的提琴家，但他卻因此而交了許多朋友，還參加了許多的比賽。很快的，美國東部的鄉村音樂迷就知道「喬治叔叔」這個人了。當我們聽到喬治叔叔的大名時，他已 72 歲了，而且仍然享受着他每一分鐘的生命。

由於持續對別人所產生的一種興趣，當大部分的人都會認為他們的時代已經過去時，他卻為自己創造了一個新的生命。

而這也是西奧多・羅斯福異常受歡迎的秘密之一，甚至他的

侍從都喜愛他。他的那位黑人侍從詹姆斯·亞默斯寫了一本有關他的書，取名為《西奧多·羅斯福——僕人的英雄》（*Theodore Roosevelt, Hero to his Valet*）。在那本書中，亞默斯說出了這件富有啟發性的事：

> 有一次，我太太問總統關於鵪鶉的事。她從沒有見過鵪鶉，於是他詳細地描述了一番。過了一段時間，我們小屋的電話響起（亞默斯和他太太住在牡蠣灣羅斯福家宅的一棟莊園內），我太太拿起電話，原來是總統本人。他說，他打電話來是要告訴她，她窗口外面正好有一隻鵪鶉。又說如果她往外看的話，可能得看到。他時常做出像這類的小事。每次他經過我們的小屋，即使他看不到我們，我們也會聽到他輕聲叫出：「嗚，嗚，嗚，安妮！」或「嗚，嗚，嗚，詹姆斯！」這是他的一種友善的招呼。

侍從怎麼會不喜歡一個像他這樣的人呢？任何人都不可能不喜歡他吧？

有一天，羅斯福到白宮去拜訪，碰巧塔夫脫總統和他太太不在。他真誠地對待卑微身份者的為人全表現出來了。因為他向所有白宮的舊僕人打招呼，且都能叫出名字來，甚至廚房的小女僕也不例外。

亞默斯寫道：「當他見到廚房的愛麗絲時，就問她是否還烘製

粟米麵包。愛麗絲回答他，她有時會為僕人烘製一些，但是樓上的人都不吃。

「『他們的品味太差了，』羅斯福有些不平地說：『等我見到總統的時候，我會這樣告訴他。』

「愛麗絲端出一塊粟米麵包給他，他一面走到辦公室去，一面吃，在經過園丁和工人的身旁時，還跟他們打招呼……他對待每一個人，就和以前一樣。他們仍然彼此低語討論這件事，而亞默斯眼中含着淚說：『這是將近兩年來我們唯一有過的快樂日子，我們任何一個人，都不願意把這個日子跟一張百元大鈔交換。』」

查爾斯・伊里特博士是有史以來最成功的一位大學校長。下面是伊里特博士做事方式的一個例子。

有一天，一名大學一年級的學生克蘭頓到校長室去借 50 美元的學生貸款，這筆貸款獲准了。克蘭頓說：「我感激萬分致謝一番後，正要離開，伊里特校長說：『請再坐會兒。』然後他以令我驚奇的口氣說：『聽說你在自己的房間親手做飯吃。我並不認為這有什麼壞處，如果你所吃的食物是適當的，而且分量足夠的話。我在念大學的時候，也這樣吃過。你做過牛肉獅子頭沒有？如果牛肉煮得夠爛的話，就是一道很好的菜，因為一點也不會浪費。當年我就是這麼煮的。』接着，他告訴我如何選擇牛肉，如何用溫火去煮，然後如何切碎，用鍋煮成一團，放冷再吃。」

還有一件同樣的事，一個似乎一點都不重要的人，卻幫了新澤西強森公司的業務代表愛德華・西凱的忙，使他重新獲得了一

位代理商。許多年前，他回憶說：

　　在麻塞諸塞地區，我為強森公司拜訪了一位客戶。這個經銷商是位於音姆的雜貨店。每次我到店裏去，我總是先和賣凍飲的店員閒談幾分鐘，然後再跟店主談訂單的事。有一天，我正要跟這位店主談，但他要我別煩他，他不想再買強森的產品了。因為他覺得強森公司都把活動集中在食品和折扣商店上，而對他們這種小雜貨店造成了傷害。我夾着尾巴跑了，然後到城裏逛了幾小時。後來，我決定再回去，至少要跟他解釋一下我們的立場。

　　「在我回去時，我像平常一樣跟賣凍飲的店員打了招呼。當我走向店主時，他向我笑了笑並歡迎我回去。之後，他又給了我比平常多兩倍的訂單。我很驚訝地望着他，問他我剛走的幾小時內發生了什麼事。他指着在凍飲機旁邊的那個年輕人說，我走了之後，這個年輕人說很少有推銷員像這樣，到店裏來還會費事地跟他和其他人打招呼的。他跟店主說，假如有人值得與他做生意的話，那就是我了。他覺得也對，於是就繼續做我的客戶。我永遠都不會忘記真心對別人產生點興趣，會是推銷員最重要的品格──對任何人都是一樣，至少以這件事來說是如此。」

　　在生活中你也許做不了音樂家、總統、校長和代理商，但你的心情完全可以如同他們一樣。

　　我從個人的經驗中發現，一個人對別人真誠地關心的話，就可以從即使是極忙碌的人那兒得到注意、時間和合作。我來舉例說明：

　　幾年前，我在布魯克林文理學院講授小說寫作這門課，我們希望邀請凱薩琳‧諾理斯、凡妮‧何斯特、伊達‧塔貝爾、亞勃‧特胡、魯勃‧休斯等忙碌的作家到布魯克林來，把他們的寫作經驗與我們分享。因此我們寫信給他們，説明我們欽佩他們的作品，深切地希望能得到他們的忠告，以及獲知他們成功的秘訣。

　　每封信都由大約 150 名學生親筆簽名。我們説，我們知道他們忙得無法準備一篇演講，因此，我們附上一串關於他們自己和寫作方法的問題，請他們回答。他們很喜歡我們的做法。誰會不喜歡呢？因此，他們從家裏趕到布魯克林來助我們一臂之力。

　　以同樣的方法，我讓西奧多‧羅斯福任內的財政部長李斯利蕭、塔夫脱總統任內的首席檢察官喬治‧威克爾、威廉‧拜倫、佛蘭克林‧羅斯福，以及許多其他的大人物到我的演講班來，跟學生分享。

　　如果我們要交朋友的話，我們就要挺身而出為別人效力——做那些花時間、精力、關心和奉獻的事。好多年來，我一直都在打聽朋友的生日，怎樣打聽呢？

　　雖然我一點也不相信星象學，但是我會先問對方，是否相信一個人的生日跟個人的個性和性情有關係，然後我再請他把他的生日告訴我。舉例來說，如果他説 11 月 24 日的話，我就一直對

自己重複地說：「11月24日，11月24日。」等他一轉身，我就把他的姓名和生日記下來，事後再轉記在一個生日本子上。在每一年的年初，我就把這些生日標明在我的日曆上，因此它們能夠自動地引起我的注意。當某人的生日到了，就會收到我的信或電報。效果多麼驚人！我常常是世界上唯一記得他們生日的人。

如果我們要交朋友，就要以高興和熱誠去迎接別人。當別人打電話給你，就利用同樣的心理學，說話的聲音要顯出你非常高興他打電話給你。紐約電話公司開了一門課，訓練他們的接線生在說「請問您要撥幾號」的時候，口氣要顯出「早安，我很高興為您服務」的愉快感覺。明天接電話時可別忘了這點呀。

對別人顯示你的興趣，不但可以讓你交到許多朋友，更可以提高客戶對你的公司的信任感。在紐約，一家北美國家銀行出版的刊物中，登出一位名叫梅得蘭·羅絲黛的存戶信件。

我真希望您知道我是多麼欣賞您的職員。每一個人都是如此的有禮、熱心。在排了一長列的隊之後，有位職員親切地跟你打招呼，真是令人感到愉快。

去年我母親住了5個月的醫院。期間，我經常去銀行找櫃檯出納員瑪依·派翠西蘿，她很關心我母親，還問了她的近況。

羅絲黛是否會繼續和這家銀行往來，實在是不用懷疑了。

查爾斯·華特爾屬於紐約市一家大銀行，奉命寫一篇有關某公司的機密報告。他知道只有一個人擁有他非常需要的資料。於是，華特爾先生去見那個人，他是一家大工業公司的董事長。當華特爾先生被迎進董事長的辦公室時，一個年輕的婦人從門邊探出頭來，告訴董事長，她這天沒有郵票可給他。

「我在為我那 12 歲的兒子搜集郵票。」董事長對華特爾解釋。

華特爾先生說明他的來意，開始提出問題。董事長的說法含糊、概括、模棱兩可，他不想把心裏的話說出來，無論怎樣好言相勸都沒有效果。這次見面的時間很短，不切實際。

「坦白說，我當時不知道該怎麼辦。」華特爾先生說，他把這件事在班上提出來，「接着，我想起他的秘書對他說的話——郵票，12 歲的兒子……我也想起我們銀行的國外部門搜集郵票的事——從來自世界各地的信件上取下來的郵票。

「第二天早上，我再去找他，傳話進去，我有一些郵票要送給他的孩子。我是否很熱誠地被帶進去呢？是的，老兄，即使他要競選國會議員，跟我握手也不可能比這再熱誠了。他滿臉帶着笑意，客氣得很。『我的喬治將會喜歡這張。』他不停地說，一面撫弄着那些郵票：『看這張！這是一張無價之寶。』

「我們花了一個小時談論郵票，看看他兒子的一張照片，然後他又花了一個多小時，把我想要知道的資料全都告訴我——我甚至都沒提議他那麼做。他把他所知道的全都告訴了我。然後叫他的下屬進來，問他們一些問題。他還打電話給他的一些同行，他

把一些事實、數字、報告和信件一股腦兒地告訴我。以一位新聞記者的話語來說，我大有所獲。」

好多年來，費拉達爾菲亞的克納弗一直試着要把煤推銷給一家大型的連鎖公司。但是該連鎖公司繼續從另一個鎮上把煤買來，繼續經過克納弗的辦公室而不進去。有一天克納弗先生在我的班上發表一段演說，把連鎖公司罵得體無完膚，說它們是美國的一個毒瘤。而他仍然不懂為什麼他無法把煤賣給他們。

我建議他採取不同的技巧。長話短說，以下便是事情的經過。我們在班上分組辯論，主題是連鎖公司的擴張對國家害多於益。

在我的建議下，克納弗站在否定的一邊，他答應為連鎖商店辯護，於是就跑到那家他痛恨的連鎖公司，去會見一位高級職員，他說：「我不是來這兒推銷煤，我是來請你幫我一個大忙。」他接着把辯論的事告訴他，說：「我是來找你幫忙的，因為我想不出還有誰比你更能提供我所需要的資料。我非常想贏得這場辯論，你的任何幫忙，我都會非常感激。」下面，是由克納弗先生親述的故事結果：

我請他給我一分鐘的時間。就是因為這個條件，他才答應接見我。當我說明來意之後，他請我坐下來，跟我談了 1 小時 47 分鐘。他請一位曾寫過一本有關連鎖商店的書的高級職員進來講解。他更寫信給全國連鎖組織公會，為

我要了一份有關這方面的辯論文件。他覺得連鎖商店對人類是一種真正的服務，他很以他為數百個地區的人們所做的事而感到驕傲。當他說話的時候，眼睛都閃出光芒。我必須承認，他使我看到了一些我以前連做夢都不會夢到的事，他改變了我從前的想法。

當我要走的時候，他送我到門邊，用他的手臂環繞着我的肩膀，祝我辯論得勝，請我再去看看他，把辯論的結果告訴他。他對我所說的最後幾句話是：「請在春末的時候再來找我。我想下一份訂單買你的煤。」對我來說，這簡直是奇跡。我一句話也沒提出來，他居然主動要買我的煤。我在兩小時中，因為對他和他的問題深深地感興趣，比 10 年來我要使他對我和我的煤感興趣所得到的進展還要多。

克納弗先生並沒有發現另一項新的真理，因為好久以前，在耶穌出生前的 100 年，著名羅馬詩人西拉斯就曾經說過：「當我們對別人感到興趣時，別人也對我們感興趣。」

所以，你想要讓別人喜歡你，要遵守的第一條規則是：

真誠地對別人感興趣。

假如你想發展能讓人愉快的人格、個性，在人與人之間的關係中擁有一項更有效的技能，我希望你去買一本林克博士寫的書，叫《皈依宗教》。

別看到書名就心生恐懼，其實，這並不是一本說教的書。

　　該書作者是一位著名的心理學家，他曾親自接見並指導 3000 多個自認為內心苦悶、彷徨而請他解答「人格與個性」問題的人。

　　林克博士跟我說，他這本書可以改名為《怎麼樣發展人格》，書中討論的也是這個問題。我相信你會覺得這是一本十分有趣的書。

　　　　　　　　　　🐮 卡耐基心得 🐮

你只要對別人真心感興趣，你的朋友就數不勝數。

# 永遠面帶微笑

有笑容的人在管理、教導、推銷上都會大有功效，
更可以培養快樂的下一代。笑容比皺眉更能
傳達你的心意，這就是在教學上要以
鼓勵代替處罰的原因所在。

我最近在紐約參加一個宴會，其中一名賓客——一個獲得遺產的婦人，急於留給每一個人良好的印象。她花費了好多金錢在黑貂皮大衣、鑽石和珍珠上面。但是，她對自己的面孔沒有下過什麼工夫，表情尖酸、自私。她沒有發現，每個男人都知道一個女人的表情，比她身上所穿的衣服更重要。（對啦，這句話可以派上用場，當你太太要買一件貂皮大衣的時候。）

查爾斯・司華伯對我說過，他的微笑價值 100 萬美金。他可能只是輕描淡寫罷了，因為司華伯的性格，他的能力，他那使別

人喜歡他的才能，幾乎全是他卓越成功的整個原因。他的性格中令人喜歡的一項因素是他那動人的微笑。

有天下午我跟莫里斯·雪佛萊在一起。坦白說，我感到失望。他悶悶不樂，沉默寡言，跟我所期望的完全不同。直到他微笑的時候，我的觀感才變了，就好像是太陽衝破了雲層。如果不是因為微笑，莫里斯·雪佛萊可能仍然是巴黎的一位家具製造者，跟他的父兄一樣。

行動比言語更有力量，而微笑所表示的是：「我多麼喜愛你，你帶給我快樂，我很高興能夠見到你。」

這就是為什麼狗這麼受人們歡迎。牠們多麼高興見到我們，因此，我們也很高興見到牠們。

一個嬰兒的微笑也有相同的效果。

你是否在醫院的候診室待過？看着四周的病人和他們陰沉的臉？密蘇里雷頓市的一位獸醫史蒂芬·史包爾博士提到過這樣一個故事：有一年春天，他的候診室擠滿了顧客，帶着他們的寵物準備注射疫苗。沒有人在聊天，也許每一個人都想了一項以上該做的事情，而不是坐在那兒浪費時間。大約有六七個顧客在等着，之後又有一位女顧客進來了，帶着她九個月大的孩子和一隻小貓，幸運的是，她就坐在一位先生的旁邊，而這位先生等得真的不耐煩了。可是他發覺，那個孩子正抬頭注視着他，並咧嘴對他天真地笑。這位先生反應如何呢？跟你我一樣，當然他也對那個孩子笑了笑，然後他就跟這位女顧客聊起她的孩子和他的孫子

來了。一會兒,整個候診室的人都聊了起來。整個氣氛就從乏味、僵硬而變成了一種愉快的經驗交流。

一種不真誠的獰笑?不,那種笑騙不了任何人。我們知道那種笑是機械的、受人討厭的。我所說的是一種真正的微笑,一種令心情溫暖的微笑,一種出自內心的微笑,只有這種微笑才能在市場上賣得好價錢。密西根大學的心理學家詹姆士‧麥克奈爾教授談起他對笑的看法時說:有笑容的人在管理、教導、推銷上都會大有功效,更可以培養快樂的下一代。笑容比皺眉更能傳達你的心意,這就是在教學上要以鼓勵代替處罰的原因所在。一位紐約大百貨公司的人事經理告訴我,他寧願僱用一名有可愛笑容而沒有念完中學的女孩,而不願僱用一個擺着撲克面孔的哲學博士。笑的影響是很大的,即使它本身無法看到。遍佈美國的電話公司有個項目叫「聲音的威力」,提供給使用電話來推銷產品和服務的人。在這個項目當中,電話公司建議你,在打電話時要保持笑容,因為你的「笑容」可以由聲音來傳達。

俄亥俄州的辛辛那提一家電腦公司的經理,告訴我們他如何為一個很難填補的缺額找到適當人選:

我為了替公司找一個電腦博士幾乎要了我的命。最後我找到一個非常好的人選,他剛要從普多大學畢業。幾次電話交談後,我知道還有其他幾家公司也希望他去,而且都比我公司的規模更大且更有名。當他接受這份工作時,我真的是非常高興。他開始上班時,我問他為什麼放棄其

他的機會而選擇我們公司。他停了一下然後說：「我想是因為其他公司的經理在電話裏都是冷冰冰的，商業味很重，使我覺得好像只是一次生意上的往來而已。但您的聲音讓人聽起來似乎您真的希望我能夠成為你們公司的一員。您可以相信，我在聽電話時是笑着的。」

美國一家最大的橡膠公司的董事告訴我，根據他的觀察，一個人除非對自己的事業很感興趣，否則將很難成功。這位實業界的領袖，對那句單靠十年寒窗就可成名的古語，並不具有多大的信心。他說：「我認識一些人，他們成功了，因為他們創業的時候滿懷興致。後來，我看到這些人變成工作的奴隸，無聊起來了。他們一點興致也沒有，因此失敗了。」

你見到別人的時候，一定要很愉快，如果你也期望他們很愉快地見到你的話。

我鼓勵成千上萬的商人花一個星期的時間，每天 24 小時都對別人微笑，然後再回到班上來，談談所得到的結果。情形如何呢？我們來看看——這是威廉・史坦哈寫來的一封信，他是紐約證券股票場外市場的一員。他的例子並不是獨一無二的。事實上，它是好幾百個人中的典型例子。

我已經結婚 18 年多了，在這期間，從我早上起來，到要上班的時候，我很少對我太太微笑，或對她說上幾句

話。我是百老匯最悶悶不樂的人。

　　既然你要我以微笑的經驗發表一段談話，我就決定試一個禮拜看看。因此，第二天早上梳頭的時候，我就看看鏡中滿面愁容的自己，對自己說：「畢爾，你今天要把臉上的愁容一掃而空，你要微笑起來。你現在就開始微笑。」當我坐下來吃早餐的時候，我以「早安，親愛的」跟我太太打招呼，同時對她微笑。你會說，她可能大吃一驚。那麼，你低估了她的反應。她被搞糊塗了，驚愕不已。我對她說，她從此以後可以把我這種態度看成慣常的事情。而我每天早晨這樣做，已經有兩個月。

　　這種做法改變了我的態度。在這兩個月中，我們家所得到的幸福比去年一年還多。

　　現在，我要去上班的時候，就會對大樓的電梯管理員微笑地說一聲「早安」。我以微笑跟大樓門口的警衛打招呼。當我跟地下火車的出納小姐換零錢時，我對她微笑。當我站在交易所時，我對那些以前從沒見過我微笑的人微笑。

　　我很快就發現，每一個人也對我報以微笑。我以一種愉悅的態度，來對待那些滿肚子牢騷的人。我一面聽着他們的牢騷，一面微笑着，於是問題就更容易解決了。我發現微笑帶給我更多的收入，每天都帶來更多的錢。

　　我和另一個人一起用一間辦公室。他是個很討人喜歡的年輕人，我告訴他最近我所學到的做人處世哲學，我很為所得到的結果而高興。他接着承認說，當我最初跟他共

用辦公室時，他認為我是個非常悶悶不樂的人 —— 直到最近，他才改變看法。他說當我微笑的時候，我充滿慈祥。

在酷熱不毛的熱帶地區，那些可憐的農奴用他們原始的農具耕作，在他們身上我看到了許多快樂的面孔。這些快樂的面孔無異於我在紐約、芝加哥、洛杉磯的冷氣辦公室所看到的。「沒有什麼事是好的或壞的，」莎士比亞說：「但思想卻使其有所不同。」

林肯曾說：「多數的人快樂的情形，和他們想要快樂的決心差不多。」他說得不錯。我最近才看到這項真理的一個生動例子。我當時正走上紐約長島火車站的階梯。就在我面前，有 240 名拄著拐杖的男孩，正掙扎著走上階梯。有個男孩還必須靠人抱上去。我對他們的笑聲和快樂的心情感到驚訝極了，我跟一個帶領這批孩子的人提到這點。他說：「呵，是的，當一個孩子發覺他一輩子將是個跛子時，最初會驚愕不已；但是，等他的驚愕消失之後，他就接受了自己的命運，於是就比一般正常的孩子要更快樂一點。」

我真想向那些孩子敬禮，他們教了我一課，我希望永遠不會忘記這些。

在辦公室裏，獨自一個在封閉的房間工作，不僅是寂寞，還斷絕了與公司其他人交朋友的機會。在墨西哥，瓜達拉加的西諾拉·瑪利亞就有這麼一個工作。當她聽到其他同事的聊天和笑聲時，她真的很羨慕他們之間的情誼。在她工作的第一個星期，當她經過辦公室，從他們旁邊經過時，她害羞得把頭轉了過去。

幾個禮拜之後，她告訴自己：「瑪利亞，你不能期望別人先來跟你打招呼，你必須先去跟他們打招呼。」以後，她臉上總掛着最燦爛的微笑，並跟每一個遇到她的人說：「嗨，今天還好吧？」這個效果是直接的。笑容和招呼都回到了她身上。走道似乎明亮多了，工作氣氛也似乎友善多了。彼此都會打招呼，有些更變成了朋友。她的工作和生活也變得更愉快和有趣了。

佛蘭克林·貝特格，當年聖路易紅雀棒球隊的三壘手，目前卻是全美國最成功的推銷保險人士之一。他對我說，他好多年前就發覺，一個面帶微笑的人永遠受人歡迎。因此，在進入別人的辦公室之前，他總是停下來片刻，想想他必須感恩的許多事情，展開一個大大的、寬闊的、真誠的微笑，然後當微笑正從臉上消逝的剎那，走進去。

他相信，這種簡單的技巧，跟他推銷保險如此成功有莫大關係。細讀艾勃·哈巴德這段賢明的忠告——但要記住，細讀對你無濟於事，除非你把它應用起來：

　　每回你出門的時候，把下巴縮進來，頭抬得高高的，肺部充滿空氣，沐浴在陽光中，以微笑來招呼你的朋友。每一次握手都使出力量，不要擔心被誤解，不要浪費一分鐘去想你的敵人。嘗試在心中肯定你所喜歡做的是什麼，然後，在清楚的方向之下，你會徑直地達到目標。心中想着你所喜歡做的偉大而美好的事情，然後，當歲月消逝時，你會發現自己掌握了實現希望所需要的機會。正如珊

瑚蟲從潮水汲取所需要的物質一樣，在心中想像那個你希
望成為的人，有辦法的、誠懇的、有用的，而你心中的思
想每一小時都會把你轉化為那個特殊的人……思想是至高
無上的，保持一種正確的人生觀，一種勇敢的、坦白的和
愉快的態度。思想正確，就等於是創造。一切的事物，都
來自於希望，而每一個誠懇的祈禱，都會實現出來。我們
心中想什麼，就會變成什麼。把下巴縮進來，把頭部高高
昂起，我們是明天的神仙。

　　古代的中國人真是聰明絕頂——對世界上的事物都看得很
透徹。他們有一則格言，我們都應該把它別在帽子裏。那則格言
說：「和氣生財。」（沒有微笑面孔的人，不能做生意。）

　　你的笑容就是傳達好意的信差，你的笑容能照亮所有看到它
的人。對那些整天都皺眉頭、愁容滿面、熟視無睹的人來說，你
的笑容就像穿過烏雲的太陽。尤其對那些受到上司、客戶、老
師、父母或子女的壓力的人，一個笑容能幫助他們瞭解一切都是
有希望的，也就是世界是有歡樂的。

　　而說到做生意，佛蘭克‧爾文‧弗萊奇在他為歐本‧海默和
卡林公司製作的一則廣告中，為我們提供了一點實用的哲學。

　　聖誕節一笑的價值：
　　它不花什麼，但創造了很多成果。它豐盛了那些接受

的人，而又不會使那些給予的人貧瘠。它產生在一剎那之間，但有時給人一種永遠的記憶。沒有人富得不需要它，也沒有人因貧窮而不喜歡它。

它在家中創造了快樂，在商業界建立了好感，在朋友間建立情誼。它能使疲倦者獲得休息，沮喪者重獲光明，悲傷者得到安慰，它是大自然的最佳良藥。

但它卻無處可買，無處可求，無處可借，無處可偷。因為在你把它給予別人之前，沒有什麼實用的價值。

而假如在聖誕節最後一分鐘的匆忙購物中，我們的店員累得無法給你一個微笑時，我們能請你留下一個微笑嗎？

沒有給人微笑的人，更需要他人給予。

因此，假如你期待人人都喜歡你，第二條規則是：

微笑！

## 卡耐基心得

一個面帶微笑的人永遠受人歡迎。

# 記住他人的姓名

> 記住人家的名字，而且很輕易就叫出來，
> 等於給予別人一個巧妙而有效的讚美。
> 若是把人家的名字忘掉或寫錯了，
> 你就會處於一種非常不利的地位。

1898 年，紐約洛克蘭郡的石點鎮發生了一場悲劇。有個小孩死了，在這特別的一天，鄰居正準備去參加葬禮時，吉姆·法里走到馬房去拉他的馬。地上積雪，空氣凜冽，那匹馬好幾天沒有運動了。當它被拉到水槽的時候，它歡欣鼓舞起來，把兩腿踢得高高的，結果吉姆·法里被當場踢死了。因此這個小小的石點鎮那個星期辦了兩次葬禮。

吉姆·法里留下了一個寡婦和三個孩子，以及幾百美元的保險金。他最大的兒子小吉姆才 11 歲，為了緩解家中的經濟壓

力，便到一個磚場去工作——運沙，然後把沙倒進模子，製成磚塊後，再運到太陽下曬乾。這個小吉姆一直沒有機會接受多少教育。但是由於有着愛爾蘭人那種樂觀的天性，他有一種使別人喜歡他的才華。

因此他走上宦途，而隨着歲月不斷地流逝，他培養了一種記住別人姓名的驚人能力。

他從沒就讀過中學。但是，在他 46 歲之前，4 所學院都已經授予他榮譽學位，他也成為民主黨全國委員會的主席，美國郵政總局局長。

我去訪問小吉姆‧法里，請教他成功的秘訣。他說：「工作賣力。」於是我說：「別開玩笑啦。」

他接着問我，我認為他成功的理由到底是什麼，我回答：「我知道你可以叫出 1 萬人的姓名。」

他說：「不，你錯了，我能叫出 5 萬人的姓名。」

千萬要記住這一點，就是這項能力，使法里先生幫助佛蘭克林‧羅斯福進入了白宮。

在小吉姆‧法里為一家石膏公司到處推銷產品的那幾年，在他身為石點鎮上一名公務員的那幾年，他建立了一套記住別人姓名的方法。

剛開始時，只是一個非常簡單的方法。他每認識一個人，就問清楚他的全名，他家的人口，他幹什麼行業，以及他的政治觀點。他把這些資料全部記在腦海。而第二次他又碰到那個人的時

候，即使是在 1 年以後，他還是有辦法拍拍對方的肩膀，詢問他
的太太和孩子，以及他家後面的那些蜀葵。難怪有一羣擁護他的
人了！在羅斯福競選總統的活動展開之前的幾個月，小吉姆・法
里每天都寫好幾百封信，給遍佈西部和北部各州的人。然後他跳
上火車，在 19 天內，足跡遍佈了 20 州，行程 1.2 萬英里，以馬
車、火車、汽車和輪船代步。他每到一個市鎮，就跟他所認識的
人一起吃早餐或午餐，喝茶或吃晚飯，跟他們進行一番「肺腑之
談」，然後，他又繼續他的下一站。

他一回到東部，就寫信給每一個他到過的市鎮，索取一份所
有和他談過話的人的名單。然後，他把這些名單整理出來，就有
了成千上萬的名字。名單上的每一個人，都收到了一封小吉姆・
法里的私函。那些信都以「親愛的比爾」或「親愛的佐」做開頭，
結尾總是簽上「吉姆」。

小吉姆・法里在早年就發現，一般人對自己的名字比對地球
上所有的名字加起來還要感興趣。記住人家的名字，而且很輕易
就叫出來，等於給予別人一個巧妙而有效的讚美。若是把人家
的名字忘掉，或寫錯了，你就會處於一種非常不利的地位。比如
說，我有一次在巴黎開一門公開演講的課程，發出複印的信件，
給所有住在該地的美國人。那些法國打字員顯然不太熟悉英文，
自然在打名字的時候就打錯了。結果巴黎一家大的美國銀行的經
理，寫了一封不客氣的信給我，因為他的名字被拼錯了。

有時候要記住一個人的名字真是難，尤其當它不太好唸時，
一般人都不願意去記它，心想：算了！就叫他的小名好了，而且

容易記。希杜‧李維拜訪了一個名字非常難唸的顧客。他叫尼省得瑪斯‧帕帕都拉斯。別人都只叫他「尼古」。李維告訴我們說：「在我拜訪他之前，我特別用心地唸了幾遍他的名字。當我用全名稱呼他『早安，尼省得瑪斯‧帕帕都拉斯先生』時，他呆住了，過了幾分鐘，他都沒有回答。最後，眼淚滾下他的雙頰，他說：『李維先生，我在這個國家生活 15 年了，從沒有一個人會嘗試用我真正的名字來稱呼我。』」

被稱為鋼鐵大王的安德魯‧卡耐基，對鋼鐵的製造懂得很少。他手下有好幾百個人，都比他瞭解鋼鐵。但是他知道怎樣做人處世，這就是他發大財的原因。他小時候就表現出組織才華和領導天才。當他 8 歲的時候，他也發現人們對自己的姓名驚人地看得重要。他利用這項發現，去贏得別人的合作。舉例說明：他孩提時代在蘇格蘭的時候，有一次抓到一隻兔子，那是一隻母兔。他很快發現了一整窩的小兔，但沒有東西餵牠們。可是他有一個很妙的想法，他對附近的那些孩子說，如果他們找到足夠的苜蓿和蒲公英餵飽那些兔子，他就以他們的名字來替那些兔子命名。這個方法太靈驗了，卡耐基一直忘不了。好幾年之後，他在商業界利用這同樣的人性弱點，賺了好幾百萬美元。例如，他希望同賓夕法尼亞鐵路公司合作，而艾格‧湯姆森正擔任該公司的董事長。因此，安德魯‧卡耐基在匹茲堡建立了一座巨大的鋼鐵工廠，取名為「艾格‧湯姆森鋼鐵工廠」。

這是一則謎語，看看你是否猜得出來。當賓夕法尼亞鐵路公司需要鐵軌的時候，你猜艾格‧湯姆森會跟誰買？西爾斯公司？

不，不，你錯了。再猜猜看。

當卡耐基和喬治‧普爾門為臥車生意而互相競爭的時候，這位鋼鐵大王又想起了那個養兔子的經驗。

卡耐基控制的中央交通公司，正在跟普爾門所控制的那家公司爭生意。雙方都拼命想得到聯合太平洋鐵路公司的生意，你爭我奪，大殺其價，以致毫無利潤可言。卡耐基和普爾門都到紐約去見聯合太平洋的董事會。有一天晚上，兩人在聖尼可斯酒店碰頭了，卡耐基說：「晚安，普爾門先生，我們豈不是在出自己的洋相嗎？」

「你這句話怎麼講？」普爾門想知道。

於是卡耐基把他心中的話說出來──把他們兩家公司合併起來。他把合作而不互相競爭的好處說得天花亂墜。普爾門用心地聽，但是他並沒有完全接受。最後他問：「那新公司要叫什麼呢？」卡耐基立即說：「當然是普爾門皇宮臥車公司。」

普爾門的目光一亮。他說：「到我的房間來，我們來討論一番。」這次的討論改寫了一項工業史。

安德魯‧卡耐基這種記住以及重視朋友和商業人士名字的方式，是他領導才能的秘密之一。他以能夠叫出他許多員工的名字為榮；而他很得意地說，當他親任主管的時候，他的鋼鐵廠未曾發生過罷工事件。

德州商業股份有限公司的董事長班頓拉夫相信，公司愈大，就愈冷酷。他認為唯一能使它溫暖一點的辦法，就是記住員工的

名字。假如有個經理告訴我，他無法記住別人名字，就等於告訴我，他無法記住他一個很重要的工作。

加州洛可派洛的凱倫・柯希，是一位環球航空公司的空服員。她經常練習去記住機艙內旅客的名字，並在為他們服務時稱呼他們。這使得她備受讚許，那些讚許有直接告訴她的，也有跟公司對她說的。有位旅客曾寫信給航空公司說：「我好久沒有搭環球航空的飛機了，但從現在起，一定要環球航空的飛機我才搭。你們讓我覺得你們的航空公司好像是專屬化了，而且這對我有很重要的意義。」

人們對自己的名字如此重視，不惜以任何代價使他們的名字永垂不朽。即使盛氣凌人脾氣暴躁的阿蒂・巴南也曾因為沒有子嗣繼承巴南這個姓氏而感到失望。他願意給他外孫希柯・西禮2.5萬美元，如果後者願意自稱「巴南・西禮」的話。

幾世紀以來，貴族和企業家都資助藝術家、音樂家和作家，以求他們的作品能夠獻給他們。圖書館和博物館最有價值的收藏品，都來自於那些一心一意擔心他們的名字會從歷史上消失的人。紐約公共圖書館擁有亞斯都氏和李諸克斯氏的藏書。大都會博物館也設有標着班吉明・亞特曼和摩根名字的紀念館。幾乎每一座教堂，都裝上了刻有紀念捐贈者名字的彩色玻璃窗。

多數人不記得別人的名字，只因為不肯花必要的時間和精力去專心地、重複地、無聲地把這些名字播種在他們的心中。他們為自己找出藉口：他們太忙了。

　　但他們可能不會比佛蘭克林‧羅斯福更忙，而他卻花時間去記憶，而又說得出每個人的名字，即使是他只見過一次的汽車機械師。

　　舉例說明：克萊斯勒公司為羅斯福先生特製了一輛汽車，張伯倫和一位機械師把車子送到白宮。我手中有一封張伯倫先生的來信，敘述他的經驗。

　　我教羅斯福總統怎樣駕駛一部附帶許多不尋常零件的車子，但是他教了我很多有關為人處世的藝術。

　　當我被帶到白宮的時候，總統非常的和氣愉悅。他直呼我的名字，使我覺得非常自在。使我印象最深的是，他對我展示給他和告訴他的那些東西非常感興趣。那部汽車經過特別的設計，可以完全靠手來操縱。一羣人圍在車子的四周參觀，他說：「我認為這部車子真是太棒了。你只要按一個鈕，它就動了，不必費力就可以開出去。我認為真不簡單——我不知道它是怎麼會動的。我真希望有時間把它拆下來，看看它怎麼發動。」

　　當羅斯福的朋友和助理在讚賞那部車子時，他在他們的面前說：「張伯倫先生，我真感激你為製造這部汽車所花的時間和精力，造得太棒了。」他讚賞冷卻器、特殊的後視鏡和鐘、特殊的前燈、那種椅套、開車者座位、車廂裏特製而帶有他姓名縮寫字母的行李箱。換句話說，他注意到每一個我花過心思的細節。他還特別把各項零件指給羅斯

福太太、柏金斯小姐、勞工部長和他的各位秘書看。他甚至把那名年老的黑人司機叫進來，說：「喬治，你要好好地照管這些行李箱。」

當駕駛課程結束的時候，總統轉向我，說：「呵，張伯倫先生，我已經讓聯邦儲備委員會等待 30 分鐘了，我想我最好還是回辦公室去吧。」

我帶了一名機械師跟我到白宮。我們抵達時，他就被介紹給羅斯福。他並沒有和總統說過話，而羅斯福只聽到一次他的名字。他是一個害羞的人，躲在角落。但是，在離開我們之前，總統找到了機械師，握握他的手，叫出他的名字，謝謝他到華府來。他的謝謝一點也不造作，他說的是心裏話，我可以感覺出來。

回到紐約後，我收到一張羅斯福總統的簽名照片，以及一小段謝詞。

佛蘭克林‧羅斯福知道一個最單純、最明顯、最重要的得到好感的方法，就是記住別人的姓名，使別人覺得自己受重視——但我們有多少人這麼做了呢？當我們被介紹給一個陌生人聊上幾分鐘，說再見的時候，我們大半都已不記得對方的名字。

一名政治家所學的第一課是：「記住選民的名字就是政治才能。」記住他人的姓名，在商業界和社交上的重要性，幾乎跟在政治上一樣。

法國皇帝，也是拿破崙的侄兒——拿破崙三世得意地說，即

使他日理萬機，仍然能夠記得每一個他所認識的人。他的技巧非常簡單。如果他沒有清楚地聽到對方的名字，就說：「抱歉，我聽得不太清楚。」如果碰到一個不尋常的名字，他就說：「怎麼寫法？」在談話的當兒，他會把那個名字重複說幾次，試着在心中把它跟那個人的特徵、表情和容貌聯想在一起。如果對方是個重要人物，拿破崙就會更進一步，一等到他旁邊沒有人，他就把那個人的名字寫在一張紙上，仔細地瞧，然後牢牢地記在心中，並把那張紙撕掉。這樣做，他對那個名字就不僅有眼睛的印象，還有耳朵的印象。

這一切都要花時間，但正如愛默生所說：「優良的禮節是由一些小小的犧牲組成的。」

記住別人的名字和運用它，並不是國王或公司經理的特權，它對我們每一個人都是如此。肯恩・諾丁罕是印度通用汽車廠的一位僱員，他向我說起過這樣一件事：「我通常在公司的餐廳吃午餐。我發覺在櫃檯後工作的那位女士總是愁眉苦臉的。她已經做了快兩個小時的三文治了，我對她而言，又是另一個三文治。我說了我要什麼。她在小磅上磅了片火腿，然後給了我幾片萵苣，幾片薯仔。

「隔了一天，我又去排隊了。同樣的人，同樣的臉，不同的是，我看到了她的名片。我笑着說：嗨！尤尼絲。然後告訴她我要什麼。她真的忘了什麼磅不磅的，她給了我一堆火腿，三片萵苣和一大堆薯仔，多得都要掉出盤子來了。」

我們應該注意一個名字裏所能包含的奇跡，並且要瞭解名字

是完全屬於與我們交往的這個人，沒有人能夠取代。名字能使人出眾，它能使他在許多人中顯得獨立，不管是女侍應或是總經理，在我們與別人交往時，名字會顯示它神奇的作用。

除此之外，讓人心動的最佳方式是跟他談論他最珍貴的事物。當你這麼做時，不但會受到歡迎，也會使生命獲得擴展。

所以，假使你想獲得人們的喜歡，第三條規則是：

記住你所接觸的每一個人的名字。

------

😈 **卡耐基心得** 😈

------

能夠最簡單、最有效、最明顯地獲得他人好感的方法就是記住對方的名字。

------

# 做一個善於聆聽的人

假如你要想討人喜愛，

首先你要善於聆聽他人的說話，

道理很簡單啊，要使別人對你感到興趣，

首先是你要對別人有興趣。

　　我應邀去參加朋友的橋牌聚會，但我不會玩那玩意，碰巧有位漂亮的小姐，她也不懂橋牌。她不知從何處得知我在湯姆士（編按：本書前言的作者）從事電台節目主持人之前，曾一度做過他的私人經理。那段時間，湯姆斯在歐洲各地旅遊觀光，旅行期間，我就幫助湯姆斯記錄他沿途的所見所聞，以準備他之後的旅遊講座。這位漂亮的小姐知道這些，就說：「卡耐基先生，你能不能告訴我，你所經過的名勝地和你所看到的有趣事物？」

　　我說行啊，於是我們在旁邊的沙發坐下，接着她便說，最近

她跟丈夫去了趟非洲。「非洲！」我接着説：「多幸福啊，我也想去，但只是在阿爾及爾停留過 24 小時而已，除此之外沒有去過其他任何地方，你有沒有去值得你懷念的地方？真羨慕你，你能否跟我講講非洲的一些事情呢？」

那次談話，我們説了大半個鐘頭，她不再問我曾經到過哪些地方，一路上看見過什麼好玩的東西，也不再談我所謂的旅行。她要的無非是一個專心的聆聽者，借此能讓她擴充她的「自我」。

難道這是她與眾不同顯得特殊的地方？當然不是，太多的人跟這位小姐是一樣的。

最近，在紐約出版商格林勃的一次宴會上，我遇到一位很有名氣的植物學家。可能是我從來沒接觸過植物學學者，我覺得他説話很吸引人注意。我着迷地聽着，坐在椅子上，聽他講有關大麻、大植物學家甫邦和如何佈設室內花園，此外，他還告訴我關於薯仔的一些奇事。後來，我偶然提到我自己有個小型室內花園，正需要修建，他十分熱心地跟我講解怎樣解決我的那些問題。

在這次宴會上，還有很多其他客人在座，但我就是沒有關注到他們身上去，而跟這位植物學家談了很多個小時。

晚上 12 點，當我起身向每個人告辭時，這位植物學家當着主人的面極度讚美我，説我是「最能激勵人」的人。最後，他告訴大家，我是一個十分有趣、善談、談吐優雅的人。

我？談吐優雅？我知道自己，那天晚上幾乎沒有説過什麼話！假如我們剛才所談論的話不變更一下，即使我想談也無從談

起，理由十分簡單，因為我對植物學知之甚少。

不過我自己明白，我已然做了。那就是仔細地、靜靜地做一名聽眾。我安靜地用心聽着，我發現自己對他所講的的確有興趣，他也感覺到了，自然這使他從內心感到高興。那種聆聽，就是我們對他人讚賞和尊敬的表示。伍福特在他的《他鄉之戀》（*Strangers in Love*）中曾這樣說：「很少有人能拒絕誠心的讚美。」

我態度十分認真地跟這位植物學家講，我獲益匪淺，希望像他一樣學富五車，才高八斗，我是真誠的。最後我告訴他，希望有機會能再見面，同他一起去外地散步。

由此，他認為我是一個善於交談的人，實質上，我不過是一個善於聆聽並且善於鼓勵他繼續談下去的人，僅此而已。

要使一樁生意成功的秘訣是什麼？伊烈奧托所說：「生意上往來的成功，沒有什麼神秘不可告人的秘訣，專心聆聽對方，就是這樣，沒有什麼比這個更重要！」

這很顯然，是不是？你不需要去哈佛大學專門研讀，浪費 4 年寶貴時間。但是我們很清楚，許多商人租用昂貴地段的店面，降低貨物成本，裝修新穎式樣的摩登櫥窗，在廣告費上大量投資，但是他們所僱用的人卻是那些從來就不願聽一下顧客話的人，這些店員斷然截斷顧客的話，駁斥、激怒顧客，彷彿要把顧客趕出大門才善罷甘休。

伍頓就經歷過這樣一個事情。他在我的講習班說出這段故事：

有一次，我在新澤西州紐華城一家百貨公司買了一套價錢不菲的衣服。這衣服有毛病，不單上衣會褪色，還把襯衫領子染黑了，使人怒不可遏。

我把這套衣服拿回那家百貨公司，找到了當時交易的那個店員，告訴他事情的經過。我說的是我告訴店員詳細經過？不，完全不是那回事，我根本辦不到，沒有時間，我想要把經過告訴那店員，可每當我想要說話，都被那個似乎有點口才的店員中途截斷，一一回擊回來了。

店員當着我的面就說：「這一類的衣服我們賣去好幾千套了，還是頭一回有人挑剔。」

那店員嗓門大得出奇，而且話中帶刺，好像就是在說，明擺着，你就是在說謊嘛，你以為我們是隨便就能欺騙的？哼！我給你點顏色瞧瞧！

我們爭論正激烈時，另外一個店員跑過來插嘴說道：「黑料子衣服起先都會褪一點顏色，這幾乎是無可避免的，這種價錢的衣服都有這類情況出現！」

聽他這樣說，我窩了一肚子的火隨即爆發出來，第一個店員表示，他懷疑我的誠實。第二個店員暗示我買的這件衣服不是高級的產品，我發火了，正想罵他們，這時百貨公司的負責人過來了。這負責人好像懂得他的職責，他使我的態度完全得以改變。他把一個要產生敵意的人變成了一個滿意的顧客，他是怎麼做到的？

　　是這樣，他分三步：首先，他讓我從頭到尾把經過說一遍，他聽着，沒說一句話。其次，當我講完那些話後，那兩個店員又要開始與我爭辯了。那負責人站在我這邊與他們爭，他說，很明顯，這襯衫領子是這套衣服染污的。他堅持說，這種不能滿足顧客要求的東西首先就不應該賣出去。最後，他道歉，說真沒想到這衣服會這樣差勁，他坦白地對我說：你想要怎麼處理這衣服你說就是，我可遵照你的意思去做。

　　就在幾分鐘前，我還想把這套衣服退掉，可我卻這樣回答他，我聽你的吧，但我想知道，這褪色的情形是否只是暫時性的，或者，你們是否有辦法可以使它不再褪色呢？

　　他建議我把它帶回去，再穿一個星期，看最終會怎樣！要是到時您仍然不滿意的話，再拿來換套新的，這件事是我們增加了您的麻煩，真的十分過意不去。

　　我離開那家百貨公司時，感到很滿意。而那套衣服經過一星期後，確實也沒有再發現什麼毛病，我對那家百貨公司重新有了信心。


　　這樣看來，那位先生可以當上百貨公司的負責人就一點也不奇怪了。至於那兩個店員，他們不但要終生停留在店員的位置上，依我看最好是把這樣的人降級到包裝部去，永遠不必再跟客

人見面。

那些最愛挑剔，反應最激烈，喜歡吹毛求疵的人，往往會在懷有忍耐與同情的聆聽者面前軟化下來！而這樣的聆聽者，必須有過人的沉着、才智。有這麼一個例子，是在我的培訓班裏的一個學員遇到的。

幾年前，紐約電話公司碰上一位既兇狠又不講道理的客戶，這位兇狠的顧客用刺耳、刻薄的説話斥罵接線生；後來，他又指責電話公司造假，所以他有理由拒絕付款；同時他去信報社投訴，還向公眾服務委員會提出申訴。不但如此，這位客戶還向電話公司提出了訴訟。

最後，電話公司派出一位最富溝通經驗的調解員去拜訪這位「客人」，這位調解員到達他家之後，不説多餘的話，他知道説了也等於沒説，就只靜靜聽着……盡量讓這位好挑剔的老先生發洩他滿腹的牢騷。這位調解員所回答的都是一個字：是！是！並且表示很同情他目前的委屈和處境。

這位調解員正好來到講習班上，説了他當時經歷的情形：

　　那位老先生繼續不斷地大放狂言。我聽了大概有三個鐘頭，安安靜靜的。後來我又一次去到他那裏，聽他沒發完的牢騷，顯然牢騷快發完了。我前後去了他那兒四次。在第四次訪問結束之前，我已是他始創的一個被他稱之為「電話用戶保障會」組織的基本會員；現在我還是該組織的

會員，但我知道，除了這位老先生自己外，我是唯一的會員，就我一個。

在這次訪問中，我還是靜心聽着他說話，對他所提出的每一個理由，都表現出同情的態度，據他說電話公司的人，從沒用這種態度跟他說話，而他對我的態度也漸漸友善起來。但是，在前三次中，我對他所需求的事，隻字不提，最後第四次見面，我終於結束了這個事項，他不但把所有的賬款都付清，且向「公眾服務委員會」撤銷了申訴，這還是頭一遭。

無疑，這位老先生是有社會正義感，表面上看他是為保障公眾的權益不受無理剝削而戰，實際上，他所要的僅僅是一種內心的自重感，他使用的方式就是挑剔、抱怨，想通過這種方式來實現。當他一旦從電話公司的代表身上得到這種自重感之後，他就不必再拿出那些不切實際的委屈了。

再說一個例子，迪圖默先生是迪圖默毛呢公司的創辦人，這個公司後來成為世界上最大的用呢公司。迪圖默先生曾向我說過這麼一件事：

那是幾年前的一個早晨，一位顧客神情憤怒地闖進我的辦公室。

他欠我們 15 美元。雖然他不肯承認，可是我們知道錯

的是他。由此信用部堅持要他付清欠款，他接到我們信用部的幾封催款信後跑到芝加哥來，他氣沖沖地跑進我的辦公室跟我說，他不但不付那 15 美元，而且我們公司以後別想再做他哪怕是 1 美元的生意了。

我耐心地聽他說着氣話，好幾次我忍不住想跟他爭論，讓他閉上嘴，可是我清楚那只會讓事情變得更加糟糕，於是我盡量讓他發洩，最後，他的氣慢慢消下去了，我安靜地說，我感激你特地來芝加哥，並且把這件事告訴我。事實上，你已經給我做了一件極有意義的事，你知道嗎？假如我們信用部得罪了你，那麼，我相信他們也還會得罪其他客人，後果不堪設想，你想是不是？請你相信我，我迫切需要你讓我瞭解到剛才你所說的那種情況。

他沒想到我會說出這樣的話來，或許他會感到略微有些難過。他來芝加哥，是要跟我交涉澄清事實的，但我卻要感謝他，並不跟他爭論他想爭論的事。我平靜地告訴他，我們已經取消賬目中那筆 15 美元的賬單，同時我們還要把整件事都忘掉。並且，我暗示他從來就是個細心的人，要處理的就這麼個賬目，錯可能不在他，而我們公司的職員，卻要處理成千上萬份的賬目，有時難免可能會出錯。

我讓他知道，我十分瞭解他目前的處境，如果是我遭遇到與他同樣的情形，我也會如此。而他以後不再買我們公司的貨物也沒有關係，我還十分誠懇的把其他幾家毛呢公司推薦給他。

　　過去他來芝加哥時，我們經常一起吃午餐，所以那天我也請他吃飯，他勉強答應了。但午餐後我們回到辦公室，他訂下了比過去都要多的貨物，並懷着平靜的心情回家去了。不久，我們收到一封道歉的信，還有一筆 15 美元的賬款。原來，這位顧客似乎感動於我對他的接待和處理，回去又仔細地查看了賬單，終於找出那份賬單。

　　後來他妻子生下一個男孩，他給兒子取名迪圖默，那是我們公司的名稱。自那之後，他成為我們公司的忠實客戶，私下，我們也是要好的朋友，一直到 22 年後他去世。

　　很多年前，有個荷蘭小男孩，家裏非常清苦，所以他常常提着籃子去水溝邊撿從煤車上掉下來的煤塊。放學後，就替麵包店擦玻璃，每星期可以賺到 5 分錢。這孩子叫愛德華‧巴克，他的一生連小學都沒有讀完。可是大家都知道，後來他卻成為全美新聞界一個最成功的雜誌編輯。他是如何走到這一步的呢？説來話長，可關於他是怎樣開始則可簡單地講講，那就是，他利用了本章所提出的原則作為他的開端。

　　13 歲時他就被迫離開了學校，在西聯公司當童工，每星期可以掙到 6.25 分錢，儘管他生活貧困，可是他還是時時刻刻都在追求獲取知識的機會。他不但沒有放棄接受教育的意志，而且還開始着手自我教育。他從不乘搭公共交通工具，而選擇走路，連午飯的錢也節省下來，儲蓄了一些錢，在書店買下一本《美國名人

傳記》。然後，他做了一件讓人們驚訝不已的事。

愛德華‧巴克把《美國名人傳記》細讀後，開始給傳記上提到的每一位名人致函，在信中他請求他們多講一些童年時的故事。巴克這個表現讓我們看到，他天生就有善於聆聽的品質，他想讓那些已名成利就的人來說說他們是如何走上成功之路的。

他給當時正在競選總統的詹姆士將軍寫了一封信，在信上他問詹姆士將軍是否確實做過運河上拉船的童工，詹姆士接到那封信後給他回了信。巴克又寫信給格雷將軍，問他在那部名人傳記上記述的有關一次戰役的情形，格雷將軍於是在回信中給他畫了一張詳細的地圖，還邀請這個 14 歲的小男孩到家中吃飯，他們談了整整一個通宵。

巴克寫信給愛默生，希望他說說自己成功的故事。這個原在西聯公司送信的報童，不久便和國內一些著名人物互致信函，如愛默生、布洛斯、修利弗、朗費羅、林肯夫人、修曼將軍和戴維斯等。他不單單跟那些人通信，還利用自己的空閒時間去拜訪他們，成為受他們歡迎的小客人。巴克通過這些名人的經驗讓自己得到了無價的自信。

這些名人激發了巴克的理想和鬥志，改變了他今後的人生道路，所有的這些，讓我再說一遍，都是由於實行了我們正在討論的原則——善於聆聽。

名記者馬克遜一生採訪過很多風雲人物，他告訴我：「一些人之所以始終不能給人留下良好印象，原因是他們不願意用心聽他

人談話，這些人在乎的僅僅是他們自己要說什麼，而從不把自己的耳朵打開。」馬克遜說：「有人這樣跟我說，他們所喜愛的，不是善於滔滔不絕的那些人，而是那些能夠安心聆聽的人。能養成善於聆聽能力的人，好像比任何有好性格的人都更少見。」

正如《讀者文摘》上一篇文章中所說的那樣：「很多人在找醫生，實際上，他們所要的不過是個聆聽者罷了。」

內戰處在最為黑暗的時期，林肯給他在伊利諾州春田鎮的一位老友寫了一封信，請他來華盛頓暫住，有些事情需要跟他面談。林肯的這位老朋友很快到了白宮，林肯跟他說了好幾個鐘頭有關解放黑奴的問題，他把這項行動中所有贊成與反對的意見和理由都擺在這位老朋友面前，並一一加以研討，然後他又看到信件和報上的文章，鋪天蓋地都是罵他的。有的因為他不解放黑奴而譴責他，有些對他不滿的原因卻剛好相反，是害怕他當真要解放黑奴。就這樣，他們談了幾個鐘頭後，林肯和這位老朋友握手告別，叫人把他送回伊利諾州。

事實上，林肯並不是要徵求他這位老朋友的意見，因為所有的話都是他自己在說，而當他把話說完之後，心情似乎好多了。這位老朋友後來回憶說：「林肯跟我傾訴完這些話後，神情暢快了很多。」是的，林肯需要的並不是這位老朋友的什麼建議，但眼前他需要的是友誼和同情，以及一個能聆聽他說話的人，讓他有機會發洩心裏的鬱悶。那麼，也就是說，在我們感到苦悶和遇上困難時，也是可以這樣做的。

　　如果想讓人遠遠地避開你，在背後嘲笑你、輕視你，最好的方法就是：不注意別人的講話，只是不斷地談論自己。別人正在談着重要事情時，你發現自己有些不錯的見解，沒有等對方把話說完，馬上就提出問題或者說出答案，在你想來，他絕對不會比你聰明，為什麼你要花那麼多時間，去聽那些沒有用的廢話？是的，立即插嘴，只要用一句話，毫無疑問就可打斷他人的談話。

　　你是否遇到過那種人？我就碰到過。奇怪的是，不但有這樣的人，而且他們當中有的還是社交界的名流。

　　這種人是以讓人討厭出了名的。他們為大家所憎厭是因為自己的自私和自重感所致。只談論自己的人永遠只為自己着想，而忽略他人的感覺。

　　哥倫比亞大學校長白德勒博士這樣評價這種行為，他說：「這種人簡直已無藥可救，像沒有受過教育似的！即使他接受過什麼教育，也仍然跟沒有接受過一樣，一點修養都沒有。」

　　因此，假如你要想討人喜愛，首先你要善於聆聽他人的說話，道理很簡單啊，要使別人對你感到興趣，首先是你要對別人有興趣。問別人愛答的事，鼓勵他說說他自己和他的一生中感到光榮的事情。

　　但請記住：跟你說話的人，對他而言，他的需要、他的問題，比你的問題要重要好幾百倍。他的牙痛要比死了數百萬人的災難還重要得多。他投在自己頭上一個小瘡的注意力，比發生大地震還重要得多。

所以，要討人喜歡，第四項原則就是：

想方設法做一個善於聆聽他人談話的人，並且鼓勵他人要多
談談自己的事。

❦ 卡耐基心得 ❦

想方設法做一個善於聆聽他人談話的人，並且鼓勵他人要多
談談自己的事。

# 談論別人
# 最感興趣的事情

深入他人心底的最好辦法
就是對他談論他最喜歡的事情。

對於羅斯福淵博的學識，每一位拜訪過他的人都會感到驚訝。伯來福特曾經這樣說：「不管是兒童還是騎士，政治家還是外交官，羅斯福都很清楚自己要跟他們說什麼。」這是為什麼？答案簡單到你也許很難相信，那就是在接見客人前，羅斯福就已準備好了客人喜愛的話題，以及客人特別擅長或感興趣的事情。

跟所有具有領袖才能的人一樣，羅斯福洞悉這其中的訣竅——深入他人心底的最好辦法就是對他談論他最喜歡的事情。

曾任耶魯大學文學院教授的費爾布斯先生很早以前就懂得了這個道理，他這樣說：「在我 8 歲的時候，一個星期六，我去姑媽家，晚上有位中年男子也到姑媽家，他跟姑媽寒暄過後，注意力

就集中到了我身上。那個時候我正對帆船很感興趣，而當我們談到這話題時，那位中年客人好像對帆船也很感興趣，我們談得十分投緣。他離開後，我在姑媽面前讚揚說這人真不錯，他對帆船十分在行。而姑媽則告訴我，那人是一位大律師，照說他對帆船方面不會有太大興趣的。我問：『可他又怎麼一直跟我說帆船的事呢？』姑媽說：『陪你談論帆船，那是因為你對這個有興趣，他可是一位修養不錯的紳士，他懂得讓自己受歡迎的辦法，所以才跟你談這些的。』」費爾布斯教授又說：「姑媽所講的那番話讓我難以忘懷！」

正當我寫這個章節的時候，我想起不久前基爾夫先生寄來的一封信，他在信上這樣寫道：

歐洲那邊將舉行一次童子軍野外營，我需要找一家美國大公司幫我解決一位童子軍的旅行費用。我得找個人幫忙。我瞄準了一家公司的老闆，在我跟那位大老闆會面前，我就已經聽說過，他曾為童子軍簽過一張百萬美元的支票，但又把那張支票撕掉了，而隨後他又把那張支票裝入鏡框。我走進了他的辦公室，我請求他讓我觀賞那張曾經被他撕掉的支票。我告訴他，我從來沒有聽說居然有人開出過一百萬美元的支票後又隨即把它撕掉的，我要講給童子軍聽，我確實見到過那張大支票。他很高興地取出那張支票給我看。我非常羨慕，同時請他告訴我，當時他為什麼開出這張支票，及其經過和情形。

不知道你注意到沒有，一開始基爾夫先生並沒有談童子軍的事以及他的來意，而只是談談這位老闆感興趣的事。結果怎麼樣？讓我們接着看基爾夫信上寫的：

那位老闆隨後這樣問我：「哦，你有什麼事需要我幫忙嗎？」於是我就立即告訴他我的來意。結果出乎我的意料，他不但立即滿足了我的請求，而且比我原來想要的還要多出許多。原本我只奢望他贊助一位童子軍去歐洲就很不錯了，可是天啊，他說他願意贊助五位童子軍去歐洲旅行，而且除此之外，他連我也邀請在內，簽下一張支付憑證，這是在國外兌現的，這足夠我們在歐洲住上 7 個禮拜。離開時，他又替我寫了幾封介紹信函，吩咐他的駐歐洲各城的分公司經理，要妥善安排我們的歐洲之行。

更重要的是我們出發不久後，他自己又親赴歐洲，在巴黎接待了我們，興致勃勃地帶我們遊覽了全巴黎。最後他還為幾位家境清寒的童子軍介紹工作。這位大老闆直到現在，還盡其所能在資助這個童子軍團體。

「你想，假如事先我不知道他的興趣愛好所在，並想辦法讓他高興，那就不大可能這麼順利，後來的事真是難以預料。」

這也是一種十分有效的辦法，不管是在商場上還是一般的場合。

紐約有一位麵包公司經理，叫篤凡諾先生，他最大的希望是把自己公司的麵包賣到附近一家大旅館去。4年來他一直在打這個主意，想做他們的生意，幾乎每個禮拜都去找旅館的負責人。篤凡諾知道這位經理常去一家交際場所，所以他也跟着去那家交際場所，為了有個接觸的機會，他甚至在那家旅館租下一間套房專門等着他，但他還是失敗了。

篤凡諾先生講：

後來，我研究了人類關係學之後，才懂得自己應當改變策略，想方設法找出他的興奮點，那麼哪一方面能引他注意呢？

後來，我發現他是美國旅館業公會的會員，不但是會員，還因為對推進該團體的業務十分熱心，被薦舉為主席，同時，他還兼任了國際旅館業聯合會的會長，不論開會地點多麼遙遠他都要趕過去參加會議。

我認為我摸對路了，所以，在第二次見到他時，我直接問他該會的事情，哈，不出所料，果然得到十分熱情的回答，他跟我講了大半個小時關於會議的情況，顯得興高采烈、興致盎然，很明顯那個團體就是他的興趣所在，也是他生活中重要的部分，在我跟他分開之前，他還邀請我加入他們的組織。

可那時我絲毫沒提麵包的事，幾天後，他的管事打來一個電話，要我把麵包樣品和價目送過去，要快。

　　我走進旅館，那管事跟我打招呼，他說：「不知道你在那老頭身上下了什麼工夫，可是，真的，你摸對路了。」

　　「我在他身上花了 4 年時間，替我想想吧。哈哈。但要知道他喜歡的是什麼，找出他的興趣所在，那還得花時間呢！」我回答他。

　　所以，如果你要別人喜愛你，那麼第五條規則是：

　　談論別人最感興趣的事情。

### 🐮 卡耐基心得 🐮

**與人溝通的秘訣：談論他人最感興趣的事。**

# 永遠讓別人
# 感到他自己很重要

你所遇到的所有人，幾乎都覺得自己某方面比你優秀。

這只有一個方法可以深入他們的心底，

那就是讓他們覺得你坦誠，

他們在自己的小天地是無比高貴的。

在紐約三十三街八號路的郵局裏，我排隊等着寄掛號信，我看到服務員對他的工作顯得十分煩躁：遞郵票、磅重、找零錢、給別人收據，工作單調得讓人發瘋，日復一日，年復一年，沒完沒了。

我對自己說：「我要去試一試，讓那服務員高興起來，我必須要說些有趣的事，並且是關於他的。」我琢磨着：「他有什麼地方是值得加以讚美的呢？」這是個不小的難題，尤其對方是個從未打過交道的人。可是不一會兒，我就有發現了，我從這位煩躁的

人身上，找出一件值得讚美的東西。

輪到我了，他替我收信時，我很感激地說：「真希望我也有像你這樣漂亮的頭髮！」

服務員把頭抬了起來，從驚訝的神情中泛出一臉笑容，很客氣地回答：「沒有以前那樣好了！」我很真誠地告訴他，或許沒有過去的光澤了，但是現在看來，依然很美觀。他非常高興，我們愉快地交談了一會。臨走時，他對我說：「許多人都說過我的頭髮很好看。」

我相信，那位服務員下班去吃午餐時，一定會步履如飛。我肯定他晚上回到家，會跟妻子提及此事，且會對着鏡子，用手撓撓頭髮，說：「嗯，確實不錯。」

我曾在演講中提及過這個故事，有人問我：「你是不是想從那個服務員身上得到些什麼？」

這是一個奇怪的問題，我想得到些什麼？我想要從那個服務員身上得到些什麼！假如我們是那樣的自私、卑賤，不能從別人身上得到什麼就不願意給他一點快樂，假如我們的氣量比不上一個酸蘋果，那我們在生活中絕對會碰一鼻子灰。

不過話又說回來，我確實想要從那服務員身上得到些什麼，我想要獲得一些很貴重的東西，而在我說出那些話時，我就已經得到了，那就是我使他感覺到我做了一件他不需要報答的事。即使過了很久，在他回憶中，那件事依然會閃耀出光芒，使他高興。

在人們的行為中，有一項很重要的定律，如果我們遵守了這

項定律，幾乎永遠不會遇到煩憂。實際上，如果遵守這項定律，會替我們帶來無數的朋友與長久的快樂。反之，如果違反了這項定律，我們就會遭遇到很多難以預料的難處。這項定律就是：永遠讓別人感到他自己很重要。

杜威多次說過：「自重是人的一種慾望，是人類天性中最急切的要求。」詹姆士也曾這樣說過：「人類天性中有一點，就是渴求為人所重視，而且是至深的本質。」人與動物不同的地方就在於自重感的有和無，人類的文明也是由此而起的。

古往今來的哲學家對於人類關係的定律，思考了數千年，而所有的思考中，結果只引證出一條定律，這定律並不新穎，它跟歷史一樣古老！3000 多年前，瑣羅斯特把這條定律教給拜火教徒；2400 多年前，孔子在中國宣講過，老子也用此教導他的門徒；基督降生前 500 年，釋迦牟尼就把這條定律傳給人間；1900 多年前，耶穌基督把這條定律綜合在一個思想中，以此教誨門徒，這是世界上一項最重要的定律：你希望別人如何對待你，那你就該如何去對待別人。

無一例外，人們都希望跟他接觸的人能夠由衷地讚美他，想要在自我的小世界獲得自重感。當然，那不是虛假的奉承，而是真誠讚美。他希望他的朋友，如司華伯所說的那樣，要「真誠地讚美、再讚美」，朋友，你要知道，所有的人都需要這些。

讓我們遵守這條人際交往中的定律：你希望別人如何對待你，那你就該如何去對待別人。

怎麼做？什麼時候做？在什麼地方做？答案是：「任何地點，任何時候。」

有一次，我到無線電城打聽蘇文的辦公號碼。那個穿着一身整潔制服的查詢服務員看起來顯得十分高貴，他清晰地回答：「亨利·蘇文（停了停），18 樓（停了停），1816 室。」

我向電梯走去，想起什麼，又走回來，向他說：「你回答問題的方式很清楚、很恰當、很漂亮，你是個藝術家，很不簡單。」

他聽了我的話後很高興，臉上簡直要放出光芒來，他把領帶再略往上拉了拉，然後告訴我，他在答話時為什麼中間要停一停，每句話的幾個字為什麼要那麼說。當我乘搭電梯上到 18 樓時，我覺得在快樂的總量上，我又給自己或他人添進了一點。

朋友，你不需要等到做了外交大使或者俱樂部主席，才去讚美他人，這個定律，你幾乎每天都可以應用它。在別人得到快樂時，你難道不快樂嗎？

例如我們要一份法式煎薯仔，而服務生替你端來的卻是煮的薯仔，這樣的情形，我們不妨說：「啊，很抱歉，要麻煩你了，我喜歡的是法式煎薯仔。」她馬上領會，而回答：「沒事，一點也不麻煩的。」你看到，她很樂意換回你想要的那份，理由很簡單，因為你尊重她。

平素的禮貌用語，如麻煩你、謝謝等，這些看似簡短的話，能夠避免人與人之間很多不必要的糾紛，同時還很自然地表現出一個人高貴的人格。

再來看個例子：著名小説家柯恩出生於鐵匠家，他一生受過的教育加起來不超過 8 年，但在離開人世時，他幾乎成了最富有的文人。

原來，柯恩喜歡詩歌，所以他讀遍和研究了羅賽迪的詩，甚至還寫了一篇論文，熱情讚美羅賽迪在詩歌上所取得的成就，他還給羅賽迪本人送去一份。羅賽迪看了自然很高興，他説：「一個這麼年輕的人，對我的作品竟有這樣高超的見解，他一定非常聰明。」

羅賽迪就把這個鐵匠的兒子請到倫敦來，不久，柯恩成了羅賽迪的私人秘書。這成了柯恩人生中的轉捩點，從此之後，他有更多的機會見到許多英國當代的大文豪，並且受到他們的悉心指導，他的寫作生涯順利展開，不久就聲名鵲起。

柯恩是格利巴堡人，現在格利巴堡已成為旅遊勝地。他的遺產有 250 萬英鎊，但誰知道，要是他沒有寫那篇讚賞名詩人的論文，很難説，他的一生很可能就是默默無聞或終其一生貧困過活。

羅賽迪認為他自己很重要，當然這一點也不稀罕，幾乎每個人都這麼看待自己，認為自己很重要，對於一個國家而言，也是這樣。

你是否覺得自己比日本人優越？可實際上，日本人認為他們比你更優越。一個保守點的日本人，當看到一個日本女人跟白種人跳舞時會感到憤怒。你以為你比印度人要優越是吧？你可以這樣想，但他們的感覺恰恰相反。你以為自己比愛斯基摩人更優

越？你仍然可以這樣去想，可是你是否知道，愛斯基摩人又如何看你呢？在他們那兒，假如有好吃懶做不務正業之徒，愛斯基摩人就指着他的鼻子叫他「白人」，你要知道那是他們輕視人所用的最為刻薄的一句話。

每一個國家、民族都會覺得自己比別的國家、民族顯得更優越，這樣才導致愛國主義，甚至戰爭的產生。

有一條最明顯的人性定律，那就是你所遇到的每個人，應該說幾乎是所有人，都覺得自己某方面比你要優秀得多。這樣的話，就只有一個方法可以深入他們的心底，那就是讓他們覺得你坦誠，他們在自己的小天地是無比高貴的。

別忘記愛默生的話：「在我遇見的人當中，必有值得我學習的人，我學他們比我好的地方。」對某些人而言，剛剛有若干的成就，就自我陶醉，結果引起他人的反感和厭惡。莎士比亞何等精闢地說：「人啊，驕傲的人，憑藉一點短促的才幹，便在上帝面前顯擺作威，天使都為之黯然神傷。」

在我的講習班有三位學員，他們運用了該原理，獲得了完全出乎意料的效果。

第一位，他不願意公佈自己的名字，我們就用 R 先生來稱呼他吧。他是康州來的律師，到講習班還沒多久，那天他陪妻子駕駛汽車去長島拜訪親戚，妻子留下他陪姑媽聊天，她自己則看別的親戚去了。R 君想把在講習班學到的東西實踐一下，以便將來寫報告，他就從姑媽身上着手試試。在屋子裏，他四處瞅瞅，看看

有沒有什麼切入點。

他問姑媽：「這棟房子是 1890 年建造的？」

姑媽回答他：「是的，正是那年造的。」

「這使我想起我出生的那棟房子，」他接着説：「非常漂亮，技術也好。現在的人好像都不看重這些了。」

姑媽感慨地點點頭説：「是啊，你看現在那麼多的年輕人，不再講究住屋的美觀了，他們只要一座小公寓、一個電冰箱，再加上一輛汽車，僅此而已。」

姑媽沉浸在懷舊的記憶當中，輕柔地説：「應該説這是一棟十分理想的房子，這棟房子還有些來歷呢。那時候，我和丈夫就已夢想了很多年。當時，我們沒有請建築設計師，完全是按照自己的想法建造的。」

姑媽領着 R 君參觀各個房間以及她和她丈夫的收藏品。R 君對她一生所收藏的各種珍品：法式牀椅、古代英國茶具、意大利名畫，一幅曾經掛在法國舊時代城堡的絲質屏帷，都給予真誠的讚美。

參觀完房間後，姑媽又帶 R 君去車庫，那裏停放着一輛看起來簡直還沒有使用過的別克汽車。

姑媽説：「這是他去世前不久才買的。而他走了後，我就再也沒有開出過這個車庫。你是一個懂得欣賞的人，R，我要把它送給你！」

R 君聽到這話，感到十分驚訝，他婉轉地謝絕了姑媽，説：

「姑媽，感謝您的好心，但我不能接受這麼貴重的禮物，因為我自己有一輛新車了，您還有很多親戚，相信他們會喜歡它的。」

「親戚！」姑媽提高了嗓門說：「是的，我有很多親戚，他們都盼着我快離開這個世界，然後就可得到這車了，但他們永遠不要想。」

Ｒ君進一步說：「姑媽，如果您不想送給那些人，把它賣掉也可以呀。」

「賣了它？」姑媽又叫了起來：「你看我像會把它賣掉的那種女人嗎？難道我忍心看着它在街上被陌生人開着糟蹋？這是我丈夫專門買下送給我的，我無論如何也不會賣的。但我願意給你，因為你懂得它！你也會愛護它的是嗎？」

Ｒ君再一次表示謝意，不接受她的贈予，但他又不能傷害姑媽的一番好心。最後竟然不知道如何收場才好。

我們試着分析一下這位垂暮之年的姑媽的心理。她單獨一人，住在寬敞的房子，屋子裏那些精緻、珍貴的陳設就是她過往的花樣年華的證明，那時她美麗動人，追求者眾。她建造了這棟「愛巢」，從歐洲各地搜集奇珍異品加以陳設。

而現在，這位姑媽老了，行將就木，孤苦伶仃的一個人，她是多麼渴望能獲得人間溫暖、一片真誠的讚美之情，但是卻沒人能給予，而當她找到時，就像沙漠中湧現出的一泓泉水，使她激動得執意要把汽車贈予這個給她帶來溫暖讚美的人。

第二個例子。

這是紐約邁克烏霍親身經歷過的一件事，他本人是一位園藝設計家。他説：

我替一位著名司法官設計園景，那是在我聽了「如何交友和影響他人」的演講後不久的事。那位司法官問在哪裏種些花好。我說：「法官先生，你那幾條狗太可愛了，我聽說牠們得過很多次賽狗會中的藍絲帶優等獎狀。」法官說：「是的，我特別喜歡狗，你有沒有興趣參觀一下我的狗屋？」

他領我去看他的狗和那些獎狀。他拿出狗的家譜，跟我講每隻狗的血統來源，因為優越的血統，他養的狗都十分惹人喜愛。我們前後花去了差不多一個小時。

最後他問我有沒有孩子，我肯定地回答了有，而且是男孩。

他接着又問：「你的小男孩會不會喜歡小狗？」

「嗯，是的，」我說：「他一定會喜歡的。」

司法官點頭說：「太好了，我送他一隻。」

他告訴我怎樣養小狗，過了一會兒他又說：「我這樣說你可能很快就會忘了，讓我寫下來。」那位司法官走進屋去，用打字機打了一大篇關於那小狗的血統、系譜和餵養的方法，非常清楚。他不但送給我一隻價錢不菲的小狗，同時還搭上他一個多鐘頭的寶貴時間。我想，那是我對他的愛好和所取得的成就表示出真摯讚美所獲得的。

現在來看第三個例子，也是我們的學員親身經歷的。

柯達公司的伊斯曼獲得了成千上萬的財富，是因為他發明了透明膠片，使活動電影的攝製獲得了真正的成功，雖然他取得了如此偉大的成就，但他跟平凡人一樣，同樣渴望他人的讚美。

很多年以前，伊斯曼想在洛賈士德建造伊斯曼音樂學校和凱本劇場，紐約俊美座椅公司經理艾達森聞訊後，想承辦該劇場的座椅生意，他打電話給建築設計師，約定一起去洛賈士德跟伊斯曼會面。

艾達森剛到，建築師就説：「我知道，你想得到座椅的那份訂貨合同，不過我告訴你，伊斯曼工作太忙，人很嚴肅，假如你浪費掉他 5 分鐘以上的時間，就別想再做成這筆買賣了。他不但事情忙，脾氣也大得出奇，所以我事先明白地告訴你，你要快速地向他表明來意，然後趕快離開他的辦公室。」

艾達森聽後，準備按他說的去做。他被引進一間辦公室，看到伊斯曼正埋頭處理桌上一堆文件。伊斯曼見有人進來，抬起頭摘下眼鏡，向他們説：「兩位早啊，有什麼事？」

建築設計師介紹他們認識後，艾達森説：「伊斯曼先生，我很喜歡你的辦公室。如果我擁有像你這樣一間辦公室，我一定也很高興在裏面工作。你曉得我是幹室內木工行業的，還從來沒有見過這樣漂亮的辦公室。」

伊斯曼回答説：「嗯，感謝你。我都差點忘了這事，這間辦公

室是不是很漂亮？它剛佈置完成後，我確實很喜歡。但到現在，工作一忙，有時甚至接連好幾個禮拜，注意力都不在這上面了。」

艾達森走到一邊，用手摸摸辦公室的壁板，說：「啊，這是不是英國橡木？它和意大利橡木的品質略有不同。」

伊斯曼告訴他說：「是的，英國進口橡木，是一位專門研究細木的朋友替我精心挑選的。」

接着，伊斯曼帶着他參觀自己的室內設計，如木門、上色和雕刻等。他們站在一扇窗前，伊斯曼表示他要捐一些錢給洛賈士德大學和公立醫院，為社會盡一些義務。艾達森恭賀他說，這是義舉。伊斯曼打開玻璃櫥窗的小鎖，取出他以前買的攝影機，那是向一個英國人買的，這是他的第一架攝影機。

艾達森問他，當初他是怎樣開始他商業上的努力和奮鬥的。伊斯曼感慨萬千地講述自己小時候的事情，他失去丈夫的母親依靠出租房子養家糊口，他自己則在一家保險公司做事，每天只能夠賺到 5 分錢。他飽受飢寒，立志要刻苦奮鬥，出人頭地。

艾達森又提出一些其他話題，然後靜靜地聆聽伊斯曼的說話！

艾達森進伊斯曼辦公室的時間是上午 10 點 15 分，那位建築師告訴他，最多只能待 5 分鐘的，可是一兩個小時都過去了，他們仍然在談論。

最後，伊斯曼說：「上次去日本，我買了幾張椅子，我把它們

一直放在陽台上，太陽把上面的漆曬脫了，我又買了些油漆，自己漆好了。你要不要看看我自己漆的椅子？這樣，你來我家，我們一起吃午飯，我讓你看看。」

吃完飯，伊斯曼把漆好的椅子拿給艾達森看，那些椅子每張也許不會超過 2 美元，而富甲天下的伊斯曼卻很自豪，只因為那是他自己親手漆的。

你猜，是誰得到了訂貨合同？難道除了艾達森外，還會有其他人？！凱本劇場座椅這筆訂貨的總額是 9 萬美元。

何等奇妙的試金石！我們該從什麼地方開始呢？為什麼不從你我的身邊開始做起呢？比如自己的親戚、妻子、朋友？我相信你的妻子一定有其非比尋常之處，至少曾經是這樣，否則你不會把她娶回家的。可是，你已有多久沒有讚賞她「漂亮」了？

有一年，我獨自居住在加拿大森林的一個帳篷。一次，我在米拉密其河釣魚，我有很多空閒的時間，在那裏每天僅能讀到一份報紙，還是小鎮上自己出版的，我幾乎把報上的每一個字都詳細看過一遍甚至好幾遍。有一天，我從報上迪克斯婚姻指導專欄看到她的文章，寫得真好，我把它們剪下來，收集起來。她那篇文章上指出，她已厭煩了人們對新婚女人所講的那些，她認為應把新婚的男人拉到一邊，給他一些好的建議。她的建議是這樣的：「不會使用甜言蜜語的男人別與他結婚，結婚前讚美自己的女人，那是必然的；婚後給女人以讚美，那也是必須具備的職責。

婚姻不只是講責任，還需講究必要的外交策略。」

如果你想過美滿幸福的婚後生活，千萬別輕易指責妻子治家不行，或者拿她和你的媽媽或任何其他人做毫無意義又傷人的對比。反之，你應當讚美她的努力。而且還要有這樣的實際行動，認為自己得到了她這樣一位賢內助是自己的幸運。要是一頓飯煮失敗了，即使你覺得難以下嚥，也別抱怨，只能暗示，今天的飯菜沒有過去那樣可口了。妻子會明白你這種暗示，她一定會不辭辛勞，直到把飯做到你滿意為止。

但要記住，不要做得太突然，這會讓她起疑心。

不妨今晚或明晚，為你的妻子買一束鮮花，一盒糖果，除了說好聽的話：「是啊，這是我應該做的。」還需要付諸實踐，給予一個微笑、幾句親暱的話。要是做丈夫的和做妻子的都能這樣，我不相信會有那麼多人鬧離婚。

你想知道怎麼樣可讓一個女人愛上你嗎？有一個秘訣，保證有效。這不是我憑空想出來的，而是迪克斯女士告訴我們的。

迪克斯女士去訪問一位因重婚而成為新聞人物的人，這人曾經獲得 23 個女人的芳心以及她們的錢（附帶說明，這是迪克斯女士在監獄訪問到他的）。迪克斯女士詢問他是如何獲得女人的愛情時，他說並沒有什麼不可告人的秘密和詭計，你只要對一個女人談論她自己就夠了。

這方法在男人身上同樣有效。

所以，你要使別人喜歡你，第六條規則就是：

　　讓別人感到他自己的重要，而且要做得真誠。

　　這本書你已看了將近一半，現在請合上書，你對距離最近的人開始實施這門哲學，去感受這神奇的效果吧。

────────── ❦ 卡耐基心得 ❦ ──────────

　　讓別人感到他自己的重要，而且要做得真誠。

# 3

## 贏得他人同意的
## 十二條規則

# 你不可能在爭辯中獲勝

> 釋迦牟尼說：「只有愛才能消滅恨。」
>
> 爭強好辯絕不可能消除誤會，只能靠技巧、協調、寬容，
>
> 以及同情的眼光去看別人的觀點。

　　第二次世界大戰剛結束的某一天晚上，我在倫敦學到一個極有價值的教訓。當時我是羅斯‧史密斯爵士的經紀人。大戰期間，史密斯爵士曾任澳洲空軍戰鬥機的飛行員，被派往巴勒斯坦工作。歐戰勝利締結和平條約後不久，他在 30 天內飛行半個世界的壯舉震驚了全世界。沒有人完成過這種壯舉，他造成很大的轟動。澳洲政府頒贈他 5 萬美元，英皇授予他爵位。

　　有一天晚上，我參加一次為推崇他而舉行的宴會。宴席中，坐在我右邊的一位先生講了一段幽默故事，並引用了一句話，意思是：「謀事在人，成事在天。」

那位健談的先生提到，他所徵引的那句話出自《聖經》。他錯了，我知道。我很肯定地知道出處。為了表現優越感，我很多事、很討嫌地糾正他。他立刻反唇相譏，什麼？出自莎士比亞？不可能！絕對不可能！那句話出自《聖經》，他確定是如此。

那位先生坐在右邊，我的老朋友法蘭克・葛孟在我左邊。他研究莎士比亞的著作已有多年，於是我倆都同意向他請教。葛孟聽了，在桌下踢了我一下，然後說：「戴爾，你錯了，這位先生是對的。這句話出自《聖經》。」

那晚回家的路上，我對葛孟說：「法蘭克，你明明知道那句話出自莎士比亞。」

「是的，當然，」他回答：「哈姆雷特第五幕第二場。可是親愛的戴爾，我們是宴會上的客人，為什麼要證明他錯了？那樣會使他喜歡你嗎？為什麼不保留他的面子？他並沒問你的意見啊。他不需要你的意見。為什麼要跟他爭辯？永遠避免跟人家正面衝突。」

永遠避免跟人家正面衝突。說這句話的人雖然已經去世，但我得到的這個教訓仍長存不滅。

那是我最需要的教訓，因為我向來是個積重難返的好辯者。小時候，我為任何事物都和哥哥爭論。進入大學，我又選修邏輯學和辯論術，也經常參加辯論比賽。後來我在紐約講授演講與辯論，有一度我曾想寫一本這方面的書。從那次之後，我聽過、看過、參加過，也批評過數千次的爭論。這一切的結果，使我得到

一個結論，天底下只有一種能在爭論中獲勝的方式，就是避免爭論。要像你躲避響尾蛇和地震那樣避免爭論。

十之八九，爭論的結果會使雙方比以前更相信自己是絕對正確的。你贏不了爭論。要是輸了，當然你就輸了；如果贏了，還是輸了。為什麼？如果你的勝利使對方的論點被攻擊得千瘡百孔，證明他一無是處，那又怎麼樣？你會覺得洋洋自得，但他呢，你使他自慚，你傷了他的自尊，他會怨恨你的勝利。

「一個人即使口服，但心中並不服。」潘恩富人壽保險公司立下了一項鐵的法則：「不要爭論。」

舉例說明：幾年前，有位很衝動的愛爾蘭人名叫歐哈瑞，上過我的課。他受的教育不多，卻很愛與人爭辯。他做過汽車司機，後來因為推銷貨車不成功而求助於我。我問了幾個簡單的問題，就發現他老是跟顧客爭辯。如果對方挑剔他的車子，他立刻會漲紅臉大聲辯解。歐哈瑞承認，那時候，他在口頭上贏了不少辯論。他後來對我說：「我老是走出人家的辦公室時對自己說：『我總算整了那笨蛋一次。』我的確整了他一次，可是我什麼都沒有賣出去。」

我的第一個難題不在於歐哈瑞怎麼說話，我立即要做的是，訓練他如何自制，避免口角。歐哈瑞現在是紐約懷德汽車公司的明星推銷員。他怎麼成功的？這是他的說法：

如果我現在走進顧客的辦公室，而對方說：「什麼？懷德

貨車？不好！你送我我都不要，我要的是何賽的貨車。」我
會說：「老兄，何賽的貨色的確不錯。買他們的貨車絕對錯不
了。何賽的車是優良的公司產品，業務員也好得不得了。」

這樣他就無話可說了，沒有爭辯的餘地。如果他說何
賽的車子最好，我說沒錯，他只有住口了。他總不能在我
同意他的看法後，還一個勁地說何賽的車子最好。接着我
們不再談何賽，我就開始介紹懷德的優點。

當年若是聽到他那種話，我早就氣得臉一陣紅一陣白
了。我會開始挑何賽的錯；我愈批評別的車子不好，對方就
愈說它好；愈辯之下，對方就愈喜歡我的競爭對手的車子。

現在回憶起來，真不知道過去是怎麼幹推銷工作的。
我一生中花了不少時間在爭辯，我現在守口如瓶了，果然
有效。

正如睿智的本傑明·佛蘭克林所說的：「如果你老是爭辯、反
駁，也許偶爾能獲勝；但那是空洞的勝利，因為你永遠得不到對
方的好感。」

因此，你自己要衡量一下：你寧願要那些字面上、表面上的
勝利，還是別人對你的好感？

你在爭論中可能有理，但要想改變別人的主意，卻是徒勞。

威爾遜總統任內的財政部長威廉·麥肯鐸，將多年政治生涯
獲得的經驗歸結為一句話：「靠辯論不可能使無知的人服氣。」

「無知的人」，麥肯鐸說得太保留了。據我本人的經驗，不論對方聰明才智如何，你也不可能靠辯論改變任何人的想法。

比方說，所得稅顧問派生，為了一筆關鍵性的 9000 美元款項，跟一位政府稅務稽核員爭論了一個小時。派生解釋這 9000 美元事實上是應收賬款中的呆賬，不可能收回來，所以不該徵收所得稅。那位稽核員反駁道：「非徵不可。」

「那位稽核員非常冷酷、傲慢，而且頑固。」派生在課堂上說：「我說任何事情和理由都沒有用……我們愈爭執，他愈頑固，所以我決定不再同他理論，開始改變話題捧他幾句。」

我說：「比起其他要你處理的重要而困難的事情，我想這實在是不足掛齒的小事。我也研究過稅務問題，但那是書上的死知識。你的知識全是來自實際工作的經驗。有時我真想有份像你這樣的工作，那樣我就會學到很多。」我說得很認真。

這下，稽核員在椅子上伸直身子，花很多時間談論他的工作，告訴我，他發現過許多稅務上的鬼花樣，他的口氣慢慢地友善起來；接着又談起他的孩子。臨別時，他說要再研究一下我的問題，過幾天會通知我結果。

3 天後，他打電話到我辦公室，通知我那筆所得稅決定不徵了。

這位稅務稽核員表現出人性最常見的弱點：他要的是一種重要人物的感覺。派生愈和他爭論，他愈要高聲強調職務上的權威。但一旦對方承認了他的權威，爭執自然偃旗息鼓，有了擴張自我的機會，他就變成一位富於寬容和有同情心的人了。

拿破崙的家務總管康斯丹在《拿破崙私生活拾遺》中，寫到拿破崙和約瑟芬打桌球時曾說：「雖然我的技術不錯，但我總是讓她贏，這樣她就非常高興。」我們可以從康斯丹那兒學到顛撲不破的真理，讓我們的顧客、情人、丈夫、太太，在瑣碎的事上贏過我們。

釋迦牟尼說：「只有愛才能消滅恨。」爭強好辯絕不可能消除誤會，只能靠技巧、協調、寬容，以及同情的眼光去看別人的觀點。

林肯有一次斥責一位和同事發生激烈爭吵的青年軍官。林肯說：「任何下定決心要有所成就的人，決不會在私人爭執上耗費時間。爭執的後果不是你能承擔的，而後果包括發脾氣，失去自制。要在跟別人具有相等權利的事物上多讓步一點；與其跟狗爭道，被牠咬一口，倒不如讓牠先走。就算宰了牠，也治不好你被咬的傷。」

《點點滴滴》（*Bits and Pieces*）是一本聞名於世的暢銷書，書中的一篇文章，提出了怎樣避免各自歧異的意見成為爭論的建議：

一、歡迎不同的意見並記住這一句話：「當兩個夥伴意

見總是不同時，其中之一就不需要了。」如果有些地方你沒有想到，而有人提出來的話，你就應該衷心感謝。不同的意見是你避免重大錯誤的最好機會。

二、不要相信你直覺的印象。當有人提出不同意見時，你第一個自然的反應是自衛，你要慎重。你要保持平靜，並且小心你的直覺反應。這可能是你最差勁的地方，而不是你最好的地方。

三、控制你的脾氣。記住，你可以根據一個人在什麼情況下會發脾氣的情形，測定這個人的度量和成就究竟有多大。

四、先聽為上。讓你的反對者有說話的機會，讓他們把話說完；不要抗拒、防護或爭辯。否則的話，只會增加彼此溝通的障礙；努力建立瞭解的橋樑，不要再加深誤解。

五、尋找相同的地方。在你聽完了反對者的話以後，首先去想你同意的意見。

六、要誠實承認你的錯誤，並且老實地說出來。為你的錯誤道歉，這樣可以有助解除反對者的武裝和減少他們的防衛。

七、同意仔細考慮反對者的意見。同意要出於真心，你的反對者提出的意見可能是對的。在這時，同意考慮他們的意見是比較明智的做法。如果等到反對者對你說：「我們早就要告訴你了，可是你就是不聽。」那你就難堪了。

八、為反對者關心你的事情而真誠地感謝他們。任何

肯花時間表達不同意見的人，必然和你一樣對同一件事情感到關心。把他們當做要幫助你的人，或許就可以把你的反對者轉變為你的朋友。

　　九、延緩採取行動，讓雙方都有時間把問題考慮清楚。建議當天、稍後或第二天再舉行會議，這樣所有的事實才可能都考慮到了。在準備舉行下一次會議的時候，要問問自己：反對者的意見，有沒有可能是對的？還是有部分是對的？他們的立場或理由是不是有道理？我的反應到底是在減輕問題或是只不過在減輕一些挫折感而已？我的反應會使我的反對者遠離我還是親近我？我的反應會不會提高別人對我的評價？我將會勝利還是失敗？如果我勝利了，我將要付出什麼樣的代價？如果我不說話，不同的意見就會消失了嗎？這個難題會不會是我的一次機會？

　　所以，第一條規則是：

　　在辯論中，獲得最大利益的唯一方法，就是避免辯論。

──────────── 🐂 卡耐基心得 🐂 ────────────

在辯論中，獲得最大利益的唯一方法，就是避免辯論。

# 如何避免製造敵人

假如你想糾正別人的錯誤，就不要直白地說，

那需要運用一種很巧妙的方式才不會得罪對方。

羅斯福還主宰白宮時，他曾誠懇地承認，假如每天有 75% 的決定是正確的，那麼他已是達到自己最高程度的標準了。

要是這所謂的最高標準是 20 世紀一位最備受矚目的大人物所希望的，那麼我們又該怎麼去做呢？

要是你可以肯定，在你一整天有 55% 的時候是正確的，你完全可以去華爾街日進斗金，買遊艇，娶女明星了。相反，要是你不能確定，那麼你憑什麼指責人家的荒唐與錯誤呢？

你可以用你的神態、聲調或是肢體語言告訴一個人，他確實錯了，就像用口頭表達一樣；而假如你告訴他他錯了，你以為他會為此而感激不盡嗎？不會的，永遠不會！因為你對他的智商、

判斷力、自信心、尊嚴等都直接給予打擊，這不但不會改變他的意志，相反他會向你反擊。要是你運用柏拉圖和康德的邏輯跟他講道理，他也不會改變自己的意志，因為你傷害到了他的尊嚴。

千萬不能這樣說：「既然你不願承認自己有錯，我就證明給你看看。」你這樣的話是等於在說：「我就是比你聰明，而且我還可以用事實來糾正你的錯誤。」

這是一種公開的挑戰，會引起對方極度的不滿、反感，不會等你再開口，他就已準備好迎戰了。

即使用最溫和的話語來改變他人的意志也是非常難的，更何況處於那種不自然的情景下，你為什麼不控制自己呢？

假如你想糾正別人的錯誤，就不要直白地說，那需要運用一種很巧妙的方式才不會得罪對方。

就像吉士爵士向他兒子說的：

「就算你比人家聰明，但你卻不能明擺着告訴他你比他聰明。」

人們的觀念時時刻刻都在改變，20 年前我認為正確的事，現在看來卻又不對了。甚至當我研究相對論時，我也持懷疑態度。再過 20 年，我或許不相信自己在這本書上寫的。現在，我對任何事情都不像年輕時候那樣隨便下結論了。蘇格拉底屢次對門徒說：「我所懂得的只有一件事，那就是我一無所知。」

我不希望看到自己裝得比蘇格拉底還要聰明，因此我也避免直接告訴他們說他哪裏錯了，同時，我也覺得那對我有好處。

要是有人說了一句你認為是錯的話，你知道他錯了，何不用

這樣的口氣來提出，效果要好得多：「那好吧，我們探討一下……我可能有別的看法；當然，也許它不對，我經常把事情弄錯，要是我錯了，我願意改正……其實，我的意思是……」等。

全世界的人，都不會因為你說「你或許不對的，讓我們看看，究竟是怎麼一回事」這樣的話而責怪你。

即使是科學家也是如此……一次，我去訪問史蒂文森，他既是科學家，也是一位探險家，他曾在北極住了 11 年，其中 6 年只有水和肉，沒有其他任何可吃的東西。他告訴我，他正在進行一項實驗！我試着問他該項實驗是做哪方面的求證。他的回答使我永遠難忘：「一個科學家永遠不敢求證什麼，我只試着去尋找事物的本來面目。」

你想讓自己的思想邏輯化是不是？好，這沒有人能阻止你，除了你自己。

假如你承認自己隨時都可能犯錯的話，也就能免去一切不必要的麻煩，更不需要與任何人爭論。要是你知道某人確實犯了錯，你坦率地告訴他、指責他，這會有什麼後果你知道嗎？我舉出一個特例：

S 君是紐約一位年輕有為的律師，在美國最高法院辯護一件重要案子，關鍵是這樁案件牽涉到一筆巨額款項和一項重要法律問題。

在辯護過程中，法官向 S 君說：「海軍法的申訴期限是 6 年，對不？」

　　S君沉默了一會兒，看着法官，然後説：「法官先生，海軍法中並無這樣的條文。」

　　S君在講習班中把當時的情況講了一下，他説：「我這話一出口，整個法庭頓時陷入沉寂，屋子裏的氣溫刹那間降到了最低點。我相信我是對的，法官錯了，但我説出來了。可是他是否就會對我十分友善，不……我相信自己有法律上的可靠依據，我也清楚自己那次講的比以前任何時候都好，但最後我並沒有説服這位法官，我犯的錯誤在於我當面告訴這位極有學問而又十分著名的人，他是錯的。」

　　基本上，很少真正有人具備邏輯推理能力，大多數人懷有成見，我們之間都備受忌妒、懷疑、恐懼和傲慢傷害。太多的人不願意改變他們的意志、髮型等。假如你打算要告訴一個人他有錯時，請你在每日早餐時，把魯賓遜教授所寫的一段文章唸上一次。他這樣寫：

　　有時，我們發現自己會在毫無抵抗和阻力中改變了自己的意志和意念。但是假如有人告訴我們所犯下的錯誤時，我們卻會羞愧和懷恨。我們不會去注意一種意念的自然轉變，但一旦有人要抹去我們那份意志時，我們對這份意志的堅定性就會突然變得固執。這並非因為我們對那份意志有強烈的偏向，而是我們的自尊受到了傷害。

　　「我的」這兩個字是人類最重要的辭彙之一，假如能夠恰當運用這兩個字，那就是智慧的開始。不管是「我的」

飯、「我的」狗、「我的」房子、「我的」父親、「我的」上帝等，這名詞具有同等無窮的力量。

我們不是反對指出錯誤，而是根本不願意看到有人糾正我們的任何錯誤。我們認為「對」的事總樂意全心全力去繼續堅持。要是突然有人對我們有某種懷疑，就會激起強烈的反感，不惜使用各種手段來為自己辯護。

一次我請室內裝修師替我配置了一套窗簾，賬單送來後，我嚇了一大跳。

幾天後，我的朋友來我這兒正好看到我的新窗簾，提到價錢時她幸災樂禍地說：「什麼？這太恐怖了，但恐怕是你自己不小心才上當受騙的吧！」

真有這回事？是的，她說的句句屬實，可是人們不願意聽這樣的說話，忠言總是逆耳。所以，我竭力地為自己這樣辯護：一分錢一分貨，貴的就是好的。

第二天，又有一個朋友來這兒，她很欣賞那套窗簾，誠懇地說好，她表示，自己也想有一套這樣的窗簾。我聽到這話後，跟昨天的反應完全兩樣。我說：「老實說，這套窗簾價錢偏貴了，我後悔買了它。」

當我們有錯時，我們有可能會自己承認；假如對方還能給予我們承認錯誤的機會，我們則會十分感激，不用提醒就自然地承認了。但是若硬要把不合胃口的東西往肚裏塞，那是很愚蠢的做

法。

內戰時，跟林肯政見不合的著名評論家格利雷，以為他用嘲笑和謾罵可以讓林肯接受他的話，使之屈服。他一月又一月，一年又一年地攻擊林肯，就在林肯被刺的那天晚上，他還寫了一篇粗魯、刻薄的嘲弄林肯的文章。

這些能使林肯屈服嗎？永遠不能。

假如你想知道人與人之間怎樣可以相處得更好，怎樣將你自己管理好，又怎樣改善自己的人格、品性，你不妨去看看《佛蘭克林自傳》，這是一部饒有趣味的傳記體作品，是部文學名著。

在書中佛蘭克林講述，他怎樣努力改正自己好辯的惡習，使他自己成為歷史上和藹的、善於外交的風雲人物。

佛蘭克林青年時也經常犯錯，一次，教友會的一個老教友把他叫到旁邊，嚴厲地教訓了他一頓。「朋友，」這位老教友說：「你打擊與你意見歧異的人，太不應該了！現在，沒有任何人會在乎你的說話。朋友都發覺，如果你不在場，他們會得到更多的快樂。因為你知道得太多了，以致再也不需要有任何人告訴你任何事情……事實上，你除了擁有現有的知識外，不會知道得更多了，而那非常有限，你明白嗎？」

據我所知，佛蘭克林之所以能取得那麼偉大的成功，在很大程度上要感謝那位老教友尖銳有力的指點。那時的佛蘭克林已不小了，他有足夠的辨別能力領悟其中的深意。他已深深懂得，假如自己不痛改前非，將會遭到朋友的拋棄。由此，他把自己過去

一切不良的習慣統統加以反省，並改了過來。

佛蘭克林這樣說：

我為自己訂了條規定，我不讓自己在意念上跟任何人有相抵觸的地方，我不再固執地肯定自己的見解，凡有使用肯定含意的字句如「當然」、「無疑」這樣的話，我都改用「據我的推斷」、「我的揣測是」或「我想像」等說話來代替，當有人願意指出我的錯誤時，我首先叮囑自己立刻放棄反駁對方的念頭，而是立即轉入婉轉的對話，在某種情況下，他所指的可能是正確的，但是現在可能略有不同。

沒有多久我就感覺到因自己態度的改變所帶來的好處。現在我參與每一次談話時，都感到更加融洽、愉快了。我能平和地提出自己的看法，他們也很快就接受，反對的阻力大為減低。而當人們指出我的錯誤時，我並不感到憤怒。在我「正確」的時候，我更容易勸他們放棄錯誤的路線，接受我的意見。

起先這樣做時，「自我」會異常激烈地趨向敵對，自覺反抗，後來就很自然，並形成習慣。在過去的 50 年中，或許已沒有人聽我說出一句顯得武斷的話來。在我看來，那是因為得益於這種習慣的形成，每次我提出一項建議時，幾乎都能得到人們熱烈的擁護和支持。我並不擅長演講，口才不好，用字十分艱澀，說出來的話也不是很得體，但大部分我的意見和建議都能獲得普遍的接受和贊同。

佛蘭克林的方法在商業上效果又如何呢？我們看以下兩個例子：

紐約自由街 114 號的瑪霍尼出售一種煤油業專用器材。一位來自長島的老主顧向他預訂了一批貨。器材的樣圖已批准，機件已經進入流水線，正在製造中。但不幸的事突然發生了。

這位老客戶跟他的朋友談起訂造器材這件事，而朋友又提出了很多意見，有的說太寬，有的說太短，總之這個那個的，聽各位朋友一講，他頓時感到不安。這客戶打了個電話給瑪霍尼，說要取消訂貨，並拒絕接受那批正在製造中的機件設備。

瑪霍尼先生說出當時的情形：

> 我很認真地查看了，發現我們並沒有錯誤……我知道這是他和他的朋友不清楚這些機件製造的過程。可是，如果我直率地說出那些話來，不但不恰當，而且會令這項業務的進展產生危機。所以我去了一趟長島……我剛進他辦公室，他馬上從座椅上跳了起來，指着我聲色俱厲地斥責，要跟我打架似的。最後他說：「現在你打算怎麼辦？」
>
> 我心平氣和地告訴他，他有什麼打算我都可以幫忙。我對他這樣說：「你是出錢的人，當然要給你所適用的東西。如果你認為你是對的，請你再給我一張圖樣……雖然由於進行這項工作，我們已花去 2000 美元。我情願犧牲2000 美元，把進行中的那些工作取消，重新開始做起。

　　「不過我想把話先說清楚，如果我們按你現在給我的圖樣製造，有任何錯誤的話，那責任在你，我們不需要負任何責任。可是，如果按照我們的計劃，出現任何差錯，則由我們全部負責。」

　　他聽我這樣講，這股怒火似乎漸漸平息下來，最後他說：「好吧，照常進行好了，如果有什麼不對的話，只求上帝幫助你了。」

　　最終結果表明是我們做對了，現在他又向我們訂下兩批貨。

　　當那位客戶侮辱我，幾乎要向我出手，指責我不懂自己的業務時，我用了我所有的自制力，盡量不跟對方爭論辯護。那需要有極大的自制力，可是我做到了，那是值得的。

　　當時如果我告訴他，那是他的錯誤，並開始爭論起來，說不定還會向法院提出訴訟。而其結果不只是雙方互生惡感及經濟上的損失，同時還會失去一個極重要的客戶。我深深體會到，如果直率地指出人家的錯誤，那是不值得的。


　　讓我們再看另一個例子——記住，我所舉的例子，你隨時可能會遇到！情形是這樣的：紐約一家木材公司的推銷員克勞雷，這些年來一直在說木材檢查員的錯處，他常在爭論辯護中獲勝，可是從沒有得到過一點好處。

由於好爭辯，克勞雷使木材公司損失了上萬元的錢。後來他來我的講習班聽講後，決定改變方針，不再爭辯了……結果如何呢？這是他提出的報告：

有一天早上，我辦公室的電話鈴響了，那是一個憤怒的顧客打來的，他說我們送去工廠的木材完全不適用。他工廠已停止卸貨，並且要求我們立即設法把那些貨從他們工廠運走。當他們在卸下四分之一的貨時，他們的木料檢查員說，木料在標準等級以下55%，在這種情形下，他們拒絕收貨。

我知道這情形後，立即去他的工廠……在路上，我心中盤算着，如何才是處理這件事的最好方法。在平常我遇到這種情形時，就需引證出木料分等級的各條規則；同時以我自己做檢查員的經驗和常識，來獲取那位檢查員的信任。

我有充分的自信，木料確實是合乎標準，那是他檢查時誤解了規則。可是，我還是運用了從講習班中所學到的原則。

我到了那家工廠，看到採購員和檢查員的神色都很不友善。似乎已準備好要跟我談判交涉。我到他們卸木料的地方，要求他們繼續下貨，以便讓我看看哪裏出錯。我請檢查員把及格的貨放在一邊，把不及格的放在另一邊。

經我細心觀察後，發現他的檢查似乎過於嚴格，而且

弄錯了規則。這次的木料是白松，我知道這位檢查員只學過關於硬木的學識，而對於眼前的白松並不是很在行。至於我則對白松知道得最清楚，可是，我是不是對那檢查員不友善？不，絕對沒有。我只注意他如何檢查，試探地問他不及格的原因是什麼，並沒有任何暗示或指責他是錯誤的。我只作這樣的表示——為了以後送木材時不再發生錯誤，所以才接連地發問。

我以友好合作的態度，跟那位檢查員交談，同時還稱讚他謹慎、能幹，說他找出不及格的木材來是對的。這樣一來，我們之間的緊張氣氛漸漸地消失，接着也就融洽起來了。我極自然地插進一句經我鄭重考慮過的話，使他們覺得那些不及格的木材，應該是及格的。可是我說得很含蓄、小心，讓他們知道我不是故意這樣說的。

漸漸地，他的態度改變了！他最後向我承認，他對白松那類的木材並沒有很多的經驗，他開始向我討教各項問題。我便向他解釋，怎樣才是一塊合乎標準的木材。可是我又作這樣的表示：如果這批木材不符合他們的需要，他們可以拒絕收貨。最後，他發現錯誤在他自己，原因是他們並沒有指出需要上好的木料。

我走後，這位檢查員再將全車的木材檢查一遍，而且全部接收下來，同時我也收到一張即時支付的支票。

從這件事可以看到，只要運用恰當的談話技巧，並不需要直接揭示對方的錯誤。我這麼做，不但為公司省下大

筆金錢，最重要的是贏得客戶的好感，那是無法用錢估價的。

本章中我並沒有說什麼新的理論。早在 2000 年前，耶穌曾經這樣說過：「要愛你的敵人。」換句話說，就是要讚美你的反對者，再日常一些就是別跟你的顧客、妻子、敵手爭辯，別指責說誰錯，不要激怒，而是用點外交手段。在耶穌降生的 2200 年前，埃及國王教導他兒子時說：「一定要用外交手腕，才能助你達到你所期望的目標。」

所以，如果你要獲得人們對你的同意，那第二條規則是：

尊重他人的意見，永遠不要指責對方：「你錯了」。

## ❦ 卡耐基心得 ❦

尊重他人的意見，永遠不要指責對方：「你錯了」。

# 如果你錯了就要承認

> **爭奪，不會讓你得到更多。**
>
> **可是當你謙讓時，你可以得到比你所期望的更多。**

我住在紐約的那個地方，出門步行幾百米就有一片林子。春天來臨時，鮮花盛開，松鼠在築巢，餵育小松鼠，馬尾草長得差不多有馬那麼高，人們給這塊完整的樹林取了個名字叫森林公園。

那真是一座漂亮的樹林，我經常帶着我的雷克斯去公園散步，這是一隻波士頓哈巴狗，別提牠有多可愛了，公園裏很少人來，我常常不替雷克斯繫皮帶和戴口罩。

一天，我和雷克斯在公園，但一個騎着馬的警察來了，他急於要顯示權威，向我大聲說道：「你的狗不戴口罩，在這裏亂跑，難道你不知道這是違法的嗎？」

我溫和地回答說：「哦，我知道，不過我想牠不至於在這裏傷

害到人。」

那警察頭抬得高高地說：「你想，不至於，可法律不管你怎麼想。你那條狗會傷害這裏的松鼠，也會咬傷來公園玩的孩子。這次我就不處罰你了，下不為例，否則就要嚴懲了。」

我點頭答應按照他所說的話去做。

我是真的聽那警察的話的，但只聽了幾次。因為雷克斯不喜歡口罩，我也不大願意給牠套上這一個東西，我們決定碰碰運氣。起初安然無事，但我們終於又碰上了。那次，雷克斯跑到一座小山上，一個勁地朝前看去，一眼就看到了騎馬而來的警察，雷克斯不會知道先前的約定，牠在我前面蹦蹦跳跳的，還朝警察直奔過去。

這次我知道要壞事了，不等警察開口，自己乾脆認錯算了：「警察先生，我願意接受您的處罰，上次您講過，在這裏，狗不戴口罩是違法的。」

沒想到警察用了柔和的口氣說道：「我曉得在沒有人的時候，帶一頭狗到公園散散步是很有意思的事情！」

我苦笑了一下，說：「是的，挺有意思。只是，我已觸犯了法律。」

那警察反倒替我辯護：「像這樣一隻哈巴狗，不可能傷害人的。」

我卻顯得很認真地說：「可是，牠有可能會傷害松鼠吧！」

那警察對我說：「那你把事情看得過於嚴重了，我告訴你該怎

麼辦，你讓那小家伙跑過山去，別讓我看到就是了，這件事也就算過去了。」

警察作為一個人，他也需要獲得自重感。當我承認自己不對時，他唯一能滋長自重的方式就只有採取寬大的態度來對待我的道歉，以顯示出他的仁慈與悲憫。

要是我跟他爭論、辯護，那結果會完全相反。我不跟他辯論，我的出發點建立在他是完全正確的，而我絕對錯誤。因此在心理上，我得迅速、坦白地承認自己的錯誤，這件事由於我事先表達了他說過的話，於是他反過來替我辯護，事情也就圓滿地結束了，他也不再用法律來唬我了，不像上次那樣，他完全寬恕了我。

假如我們已知道一定要受到責罰，何不先求得自責的機會，說出自己的錯誤，那不是比從別人口中說出要好受得多嗎？

如果你在受責備之前，很快找到機會承認自己的錯誤，對方想要說的你已替他說了，他就沒有什麼可說的了，那你會有 99% 獲得他諒解的可能。正像那騎馬的警察對我和雷克斯一樣。

華崙是一位商業畫家，他就使用這種方式得到了一個粗魯無禮的顧客的好感。

事情的經過是這樣的：

在替廣告商和出版商繪畫時，精確無誤的製圖完稿是最重要的。

　　有些編輯要求快速達到他們的要求。這樣的話，很難避免在一些細節上犯錯誤。在我所認識的人當中有位負責美術方面業務的客人，最喜歡雞蛋裏挑骨頭，我常常因此起身離去，鬧得極不愉快。問題並非在於他的批評和挑剔令我不爽，而是因為這位美術主任所指出的那些所謂的毛病，根本不恰當。

　　一次，我去交畫。不久接到他的電話，要我馬上去他的辦公室。不出所料，他滿臉怒容地在那等着我。我突然想到在講習班學到的「承認自己的錯誤」這一招，所以馬上見機說：「先生，我知道你會不高興，那是我無可寬恕的疏忽，我給你畫這麼多的畫，應該知道怎樣畫才是……我真感到慚愧啊！」

　　他聽我這樣一說，馬上替我分辯起來：「是的，話雖如此，不過總體還不算太壞嘛，只是……」

　　「不管程度如何，」我插嘴接上說，「總會受到影響，讀者看了會不喜歡。」他要插嘴進來，但我不讓他說，這大概是我有生以來第一次自我批評吧，我是願意這麼做的。所以我接着說：「平時你就很照顧我的生意，我應該加倍小心，你應該得到你所滿的作品。這幅畫我帶回去，重新畫一張。」

　　他搖搖頭，說：「不，不，我不想浪費你的時間。」他開始稱讚我，而且還很實在地對我說，他所要求的只是作一個小小的修改就行了。他又指出，這一點小錯誤，對他

公司的利益不會有什麼損害。他又告訴我，這是一個極細微的小錯，不要太在意。

由於我急於批評自己，使得他怒氣全消，笑逐顏開。最後，他請我吃午飯，當我們分手的時候，他簽了一張支票給我，並把另外一件工作委託給我。

任何一個愚蠢的人，都會盡力辯護自己的過錯，而一個能承認自己錯誤的人，卻可使他出類拔萃，並且給人一種尊貴、高尚的感覺。

有這樣一個例子：據史料記載，當年美國南方的李將軍做過一椿最完美的事，就是他為匹克德在蓋茨堡之役的失敗歸咎到自己身上。

匹克德的那次衝鋒戰，是西方歷史中最光榮生動的一次戰役。匹克德風度翩翩，長得非常英俊。他那紅褐色的頭髮留得很長，幾乎披落到肩背上，像拿破崙在意大利戰役中一樣，他每天在戰場上都忙着寫他的情書。

在那慘痛的七月的一個下午，他得意地騎着馬，奔向聯軍陣線，那股英武的姿態贏得所有部下士兵的喝彩，並都追隨着他向前挺進。北方聯軍陣線的軍隊遠遠朝這邊看來，看到這樣的隊伍，也禁不住發出一陣低聲的讚美。

匹克德帶領的軍隊迅捷地往前推進，經過果園、農田、草地，穿過山峽，即使敵人的炮火朝他們猛烈地襲來，他們依然勇

敢地向前推進。

突然間，埋伏在墓園石牆隱蔽處的聯軍，從後面一擁而出，用步槍不停地對着沒有準備的匹克德軍隊射擊，頓時，山頂烈火熊熊，有如火山爆發。在幾分鐘內，匹克德帶領的 5000 大軍，幾乎有 80% 都倒了下來。

阿密斯特帶着殘餘的軍隊，越過石牆，用刀尖挑起軍帽並用激勵的聲音喊道：

「兄弟們，殺啊！」

頓時士氣大增，他們越過石牆，短兵相接，一陣肉搏戰之後，終於把南軍的戰旗插上了那座山頭。

戰旗飄揚在山頂，雖然時間很短暫，卻是南方盟軍戰功的最高記錄。

匹克德在這場戰役中雖然獲得了人們對他光榮、勇敢的讚譽，可是也是他結束的開始——李將軍失敗了！他知道已無法深入北方。

南方戰敗了！

李將軍受到重創，懷着悲痛沮喪的心情向南方同盟政府領導人——戴維斯總統提出辭呈，請另派「年輕力強的人」前來領導軍隊。只要李將軍想把匹克德的慘敗歸罪到他人身上，他就可以找出 10 個、20 個、甚至上百個藉口來，他隨口可以舉出如師長不盡職、後援部分太遲，不能及時協助步兵進攻等。

但李將軍並沒有將責任歸咎於他人。當匹克德帶領殘軍回來

時，李將軍隻身單騎去迎接他們，令人敬畏地說道：「這次戰役的失敗，我應該負所有的責任。這都是我的疏忽啊。」

在歷史有載的名將中，很少有人有他這份勇氣和品德，敢於坦蕩地承認自己的錯誤。

賀巴特是一個對讀者有很強蠱惑性的作家，他文字上的譏諷常常引起人們對他的反感和不滿。可賀巴特有他一套獨特的化解恩仇的技巧，他可以將敵人變成朋友。

例如，當有一些憤怒的讀者寫信去批評他的作品，賀巴特會給他們這樣一個回答：

是的，在我仔細考慮之後，連我自己也無法完全贊同自己的想法。昨天寫的那些，今天也許我就不以為然了。我很想知道你對這個問題的具體看法，如果下次你到附近來，歡迎你來我這裏坐坐，我們可以就這個問題再深入討論。

如果你接到這樣一封信，你能說些什麼呢？

若是我們對了，我們巧妙婉轉地讓別人贊同我們的觀點。可是，當我們錯誤時，我們要快速、坦率地承認錯誤。運用這種方法，不但能獲得驚人的效果，而且在若干情形下，比替自己辯護更為有趣。

別忘了這樣一句古話：「爭奪，不會讓你得到更多。可是當你

謙讓時，你可以得到比你所期望的更多。」所以，你要獲得人們
對你的贊同，你該記住第三條規則：

　　如果是你錯了，那麼就立刻真誠地承認自己的錯誤。

❦ 卡耐基心得 ❦

　如果是你錯了，那麼就立刻真誠地承認自己的錯誤。

# 從友善開始

> 如果我們退一步，用真誠的態度、
>
> 和善的友誼、溫和的言語，則有可能化解仇恨。

盛怒之下你對別人發上一輪脾氣，對你固然可以發洩心頭的氣憤，可是別人又會怎麼想呢？他能分享你的輕鬆和快樂嗎？你那挑釁的口氣、仇視的態度，他是否能接受得了？

威爾遜總統說：「你握了兩個拳頭來找我，我可以明白地告訴你，我的拳頭比你的還會握得更緊。」

如果稍稍換一種方式，比如：「你到我這兒來一下，我們商量一下，如果我們有不同意見，那麼不妨一起找出原因，看看癥結到底在哪裏？」不久我們就可以看出，彼此思想上的差距並不是很遠，同多異少。換言之，只要善於忍耐，加上雙方的誠意，問題就可以解決了。

小洛克菲勒對威爾遜總統這句話所包含的道理極為欽佩。那已經是 1915 年的事了，小洛克菲勒在康州還是一個不起眼的人物。那次罷工也是美國工業史上流血最多的一次，震驚了全州，前後達兩年之久。

礦工要求康州煤鐵公司加薪，而煤鐵公司的董事就是小洛克菲勒。一開始礦工毀壞房產，最後不得不調動軍隊前來實施鎮壓。流血事件接二連三地發生，很多礦工死傷在軍隊的槍口之下。

仇恨縈繞在每一個角落，可是小洛克菲勒的使命是首先要獲得礦工的諒解，讓他們回到生產崗位上去，而他真的做到了。他又是如何做到這一切的呢？

小洛克菲勒費了幾個星期的時間去拜訪工人和工人家屬，然後他對工人代表演說。這一招發生了驚人的效果，把眾工人的憤怒完全平息下來，這一篇演講稿也是他成功的傑作。當他完成演說時，當即獲得很多人的讚賞。在這場演講中，他表現了極為友善的態度，使那些罷工的礦工，一個個回到自己的崗位上去。無疑，其中最重要的、眾所關心的就是加薪問題，可是工人在這件事上竟然沒有提到一個字。

以下就是這篇著名的演講稿，注意它在語句間流露出來的精神。別忘了，小洛克菲勒這次演講是講給幾天前還企圖在酸蘋果樹上吊的工人聽的。可是他所說的話比醫生、傳教士更和藹謙遜。

小洛克菲勒開始就說：

　　這是最為值得紀念的一天，在我的一生中，這是我第一次有幸和公司勞工代表、職員，及督察委員會的朋友聚在一起，使我備感榮幸，終生難忘。假如是兩個星期之前舉行這個會，在你們中間，即使有認識的，也很少，我站在這裏簡直就像個陌生人！

　　前些日子，我有機會去南煤區你們的住所，跟各位代表做過個別的談話，拜訪過你們的家庭，見到你們的妻子和孩子，所以今天我們在這裏見面，就算是朋友，而不是陌生人了。在這種友好互助的精神鼓舞之下，我很高興有這樣的機會，跟大家一起討論有關我們共同利益的事，以及我們的前途。

　　來參加這次聚會的成員中，包括公司的職員和勞工代表，我能站在這裏，都是因為承蒙你們的厚愛。雖然我既非公司職員，也不是勞工代表，但是我覺得我和大家的關係異常密切，因為我是代表股東，也是董事會成員。


　　這樣的演講，難道不是化敵為友的一個最具體的例子？

　　如果小洛克菲勒不顧後果和眾礦工大辯一場，在他們面前，用罷工帶來的既成事實斥責和威脅他們，指出他們犯的錯誤，那麼結果又將如何呢？可想而知，那一定會激起更大的憤怒與仇恨，礦工會有更多的反抗，堅持自己的罷工大潮。

　　假如有這樣一個人，事實上在生活中就存在，他心中對你已

經抱有成見和厭惡情緒，你就是找出所有最有道理的理由來也不能讓他接受你的觀點，強迫不能使他接受你的意見。然而，如果我們退一步，用真誠的態度、和善的友誼、溫和的言語，則有可能化解仇恨。

大概在 100 年前，林肯就說過類似的話，他說：「一加侖的膽汁不能比一滴蜂蜜捕捉到更多的蒼蠅。」這是一句古老而真實的格言。對待他人也是如此，想要他人贊同你的觀點，首先要讓他相信你是忠實的朋友，那麼你算是走向寬暢而理智的大道上去了，因為首先有一滴蜂蜜注進了他的心。

現在再舉個例子來說：懷特汽車公司旗下有 2500 名工人，為了增加薪水，工會組織罷工的時候，那家公司的經理伯雷克並沒有震驚、憤怒、斥責、恫嚇，甚至連指責他們這是一項暴行的話都沒有說，相反對工人大加稱讚。在報上他登了一則廣告，稱頌他們的嘉行，那是「放下工具以求和平之舉」。看到罷工的糾察人員閒得無聊，他便去為他們買了棒球，請他們打球。他還為那些愛玩保齡球的工人租了一間大屋子供他們玩樂。

伯雷克的和善收到成效了。不久，罷工工人弄來了掃把、鐵鏟、垃圾車，打掃起工廠四周的紙屑、火柴和煙蒂。試想，那些正在罷工要求加薪和承認工會之時的工人，還整理工廠四周的環境。這種情形，在美國罷工史中，實在是聞所未聞的。那次的罷工，在一個星期內和解，沒有一絲怨恨就結束了。

韋伯斯托是一位最成功的律師，許多人都奉他如神，但他從

不作無謂的爭辯，只提出自己最有力的見解，平時也只運用極其溫和的措辭，來引述他自己最有力的理由。

他平時常用的語句充滿了溫和的字眼：「在座的陪審員先生所考慮到的這一點……」、「這情形似乎還有進一步探索的可能……」、「諸位，下面幾項事實，我相信大家是不會粗心疏忽的……」或「我相信你們對人情都是十分瞭解的，所以輕易就可看出這些事實的重要性……」

韋伯斯托的話不具威脅性，也沒有執意的壓迫，不強加於人。他用輕鬆友善的方式，輕描淡寫地說服對手，而這方法使他名成利就。

你可能永遠沒有機會被請去解決一次罷工大潮，也不會有機會去跟法院陪審員「對簿公堂」，但是或許你會希望減租什麼的，這種友善的方法就有可能起到作用。

工程師斯托伯的房租太高了，他希望房東可以減租，可他知道，房東是個老頑固。斯托伯在講習班上說，他寫信給房東，告訴他租約期滿，他就會搬走，其實他並不想搬走，如果房東仁慈一點，把房租減低一些，他還是願意繼續住下去的。但他知道希望渺茫，其他房客都試過了，無一例外都慘敗而歸。他們告訴他，房東是個很野蠻的、不講道理的人。可是他對自己說他正在研讀處理人際關係的課程，不妨就在那房東身上碰碰運氣。房東收到信後，帶了他的秘書一起來。房東還在門口，斯托伯就用司華伯那種熱烈歡迎的方式來迎接他。他並沒有開頭就說房租的

事，而是說他如何喜歡這公寓。他敬佩房東管理房子的方式，同時還告訴他，他很願意繼續住下去，只是他無法負擔這麼沉重的……

斯托伯相信房東從沒有受到房客這樣的歡迎，顯得有點手足無措了。

接着，房東據實相告目前的處境。他說有些房客一直都對他不滿，有個房客寫過 14 封信給他，有的簡直是侮辱和謾罵。還有一位房客恐嚇他說，再不把樓上睡覺打鼾的人趕走的話，就要立即取消合同。

房東對斯托伯說：「有你這樣的房客，那是再好不過了。」這時不等他開口，房東自動提出減少一些租金。斯托伯希望再少些，他說出自己所能負擔的，房東一句多餘的話都沒說就接受了。房東臨走時問斯托伯：「屋子還有沒有需要修一修的地方？」

試想，如果當時斯托伯跟其他房客一樣枕戈待旦來要求減低房租，相信他會遭到與他們同樣的下場。可見，友善、讚賞、同情，才使他得到了自己滿意的結果。

再看一個例子。主角是長島沙灘花園城的黛夫人，這是她的經驗之談，她是個社交上很有聲望的女士。

黛夫人說，她請幾位朋友共進午餐，這對她來說是個很重要的聚會，當然希望所有的事情都能稱心滿意。

艾米爾是她的一個得力助手，可是這次他讓她失望極了。

那次午餐飯菜很糟糕，艾米爾自己沒有到場，僅派來一個侍

者。這個侍者對高等宴會的情形完全搞不清楚，把宴會弄得很糟。她心裏怒極了，但在客人面前也不得不勉強裝出笑臉，她暗揣，要是再見到艾米爾，一定不會輕饒他。

這是星期三的事……第二天，她聽了關於人際關係學的課，聽完後她領悟到責備艾米爾是起不了作用的。事情一嚴重反倒使他憤怒、懷恨在心，說不定以後再也沒辦法找他幫忙了。

她試着從他的立場出發：首先，菜不是他買的，也不是他親自下廚，只怪那侍者太笨，才把那次宴會弄糟了。對艾米爾而言，他也沒有辦法。其次，自己把事情看得過於嚴重了，沒怎麼思索就發火，這是不對的。最後，她決定，以友善的、讚許的、誇獎的辦法來處理這件事，肯定奏效。

第二天，她見到艾米爾，既沒有憤憤不平，更沒有跟他爭論、分辯，而是這樣對他説：「艾米爾，你知不知道？那天要是有你在場，那該有多好。你是紐約最能幹的當事了，那天宴會的菜，不是你親手買回來做的；那天的事，在你來講，也是沒有辦法。」

艾米爾一聽到這話，臉上立即出現了笑容，他説：「真的？夫人，問題真的只出在我派來的侍者身上？」接着，她就趁機説：「我準備再舉辦一次宴會，我需要你為我提供參考意見，你以為我應該再給我們的侍者一個挑戰嗎？」

艾米爾連忙點頭説：「當然，夫人，一定不會重蹈覆轍了，你放心好了。」

第二個星期，她又設宴請客，艾米爾熱情向她提供菜單資料，她給他半數小費，不再提到上次宴會上所犯下的錯。

客人來到席間，桌上擺着兩束漂亮的鮮花，艾米爾親自在旁照料，對來賓殷勤萬分。菜肴美味可口，服務熱情周到，這次有4個侍者，時刻不離，而不是只有一個在旁侍候，最後艾米爾親自端上可口精緻的點心作為這次宴會的結束。

散席後，黛夫人的那位主客含笑問她：「你對那個管事施了什麼法？他可從來沒有這樣乖巧過。」

是的，那位客人說對了，黛夫人對艾米爾的友善，是對他誠懇的讚賞，才有這樣的效果。

很多年前，我仍住在密蘇里州的西部，還是一個必須每天光着腳走過一座樹林到鄉村小學上課的小孩時，我讀到一個關於太陽和風的寓言。太陽和風爭論不休，到底誰的力量更大。

風說：「你不信我就證明給你看。你看到那穿着大衣的老人沒有？我要把他身上的大衣脫下，那時你就明白我的力量比你大了！」

於是，風使勁刮起來，幾乎形成一陣颶風。可是風沒有想到，它吹得愈大、愈猛烈，老人反而把身上的衣服裹得愈緊。

太陽躲在雲裏看着。

最後，風不得不停止！太陽才從白雲後面緩緩露出來，面帶和善的微笑，對老人笑着，沒過多久，老人就不斷地擦着臉上的汗，過了不久，他就從身上把大衣脫下。於是太陽對風說：「友善

永遠勝過暴力。」
・・・・・・

　　在波士頓發生的那件事幾乎就發生在我剛讀到這段寓言時，同時也證明了這篇寓言的意義所在。波士頓是美國文化教育中心，小時候，我不敢奢想將來有機會去到那裏。而證實那個真理的 B 醫生，在 30 年後，則是我講習班的學員。B 醫生這樣講：

　　那時，波士頓各大報紙上幾乎刊滿偽醫藥廣告，如專門打胎等，用駭人聽聞的話恐嚇病人，使我們很擔心，他們的主要目的只有一個，那就是招搖撞騙。患者任憑那些庸醫的擺佈，造成很多無辜的死亡，可這些庸醫被繩之以法的卻很少，他們花上一點錢或者利用政治勢力就輕易擺脫了懲罰。

　　這種情形愈來愈嚴重，波士頓城裏的上流社會羣起而攻之，牧師在佈道時抨擊、痛責那些刊登污穢廣告的報紙，指責他們不講職業道德，祈求上帝能停止那類廣告的刊登。其他市民團體、商人、婦女會、教會、青年會等，均站出來紛紛痛責，可仍舊無濟於事。州議會中也有激烈的爭辯，要讓無恥的廣告成為非法的，並繩之以法，可對方有政治背景，因此效果並不明顯。

　　B 醫生作為基督教團體的主席，他用盡可能想到的一切方法，但均告失敗，對付醫藥界敗類的運動眼看就要沒有辦法。

一天晚上，時間已經相當晚了，B醫生還在憂心忡忡地思考着這事還未休息。終於，他想出一個所有波士頓人都沒有想到的辦法，他要用友善、同情、讚賞來化解這些報紙的各主編，讓他們自動停登這一類廣告。

B醫生寫了一封信遞給波士頓銷量最好的一家報社，他對該報社大加讚譽，說那份報紙刊登的新聞內容翔實，尤其報上那篇社論，更是令人矚目難忘，無疑，那是一份最好的家庭報紙。B醫生在信上說他們的報紙是全州最好的報紙，也是全美最完美的新聞讀物之一。但他接着話鋒一轉，他的一位朋友不久前跟他說，他有一個小女兒，有天晚上突然朗誦你們報上的一則廣告，那是一則專門打胎的廣告，那女兒弄不明白這則廣告上的含義，就問父母那些字句的意思。他給自己的女兒問得很窘迫，他不知道該如何向純潔天真的女兒解釋這是怎麼回事。

他稱讚該報紙在波士頓高尚的家庭中佔據着十分重要的位置。那麼，發生在他朋友家的事在別的家庭中是否也同樣在發生呢？要是你也有這樣一個純潔天真的女兒，你是不是也願意讓她看到這類廣告？當你的女兒向你提出這樣的問題時，你又怎麼回答她呢？

他還說該報在各方面都做得十分完美，但由於上述情形的存在常使做父母的擔心，不得不禁止他們的子女閱讀該報。對此，他為該報感到十分惋惜和擔憂，他相信還有其他千千萬萬讀者會有跟他相同的看法。

不久，準確說是兩天之後，這家報社的發行人給 B 醫生回信了，信上標明的日期是 1904 年 10 月 13 日。B 醫生把這封信保存了 30 多年，當他到我的講習班上時，他把那封信拿給大家看，信的內容是：

先生，您好，本月 11 日，本報編輯交來您的這封信，閱後非常感激，這是多年來本報延宕至今、一直未能實施的一個願望。

本報所有報道中，自星期一起，將刪除一切讀者不歡迎不喜歡的廣告。至於那些暫且無法停刊的醫藥廣告，經編輯部慎重處理後，以不引起讀者反感為基本原則，才予以刊登。

謝謝您的來信，您的關切使我們獲益多多，非常感謝。

本報發行人

海斯格爾

《伊索寓言》是一部不朽的作品，它流傳至今的秘密何在？人性。生活於公元前 600 多年的伊索原是希臘克洛賽斯宮中的奴隸，他編寫的這本書對於人性的教育，就如同波士頓報社發生的情形，即使是在 2500 年前的希臘雅典也是一樣的：太陽比風更能使人脫去外套！

以慈愛和友善的方法接近，能使人改變他原有的心意，那比

暴力的攻擊更為奏效。

　　記住林肯所說的那句話：「一加崙的膽汁不能比一滴蜂蜜捕捉到更多的蒼蠅。」

　　當你要獲得他人對你的贊同時，別忘了第四條規則：

　　以友善的方法開始。

🐮 卡耐基心得 🐮

以慈愛和友善的方法接近，能使人改變他原有的心意，那比暴力的攻擊更為奏效。

# 設法使對方立即說「是」

一開始的時候他就能得到很多肯定的反應，

只有這樣，才能將聽者的心理引導向正面方向。

與他人談話時，不要一開始就談彼此意見相左的事，先說一些基本上能談得來的事情。假如可以，你可以先提出自己的見解，告訴對方，你們所追求的目標差不多，不同的只是方式罷了。

這樣，對方在一開始就會連連說「是！」總的來說，就是盡量防止你的對話方說「不」。

奧佛瑞教授在他的《影響人類的行為》（*Influencing Humun Behavior*）一書中說：「『不』字是一種障礙，是最不容易克服的一個反應，當人說出『不』之後，為了自己的尊嚴就不得不堅持下去。爭論過後，或許他可能覺得自己錯了，說出這個「不」字是不對的，但是在那種場合，他必須維護自己的尊嚴。他對自己

說的每句話必須堅持到底，因此，使人在一開始就往你的方面，即正面引導，那是非常關鍵的談話技巧。」

那些有說話技巧的人，你仔細聽，一開始的時候他就能得到很多肯定的反應，只有這樣，才能將聽者的心理引導向正面方向。

不說其他的，就拿人們的心理來講，當一個人將「不」字說出口後，他心中就潛伏了這種拒絕和反抗的意念，進而使他所有的生理器官、神經完全陷入這種狀態，形成一個強健的防護狀態。反之，當一個人給出肯定的回答時，他體內的器官就沒有收縮動作的產生，各種生理組織處於一種開放和接受的狀態。所以，一次談話開始時，能引出對方更多肯定的回答，就更容易為我們後面的談話博得對方更多的讚賞。

得到「是」的反應本來是件很容易的事情，但在生活中卻常被人們忽略了。一些人好像一開口就是準備要反對他人的意見，好像這樣就顯出了他的與眾不同。激進的人和保守、守舊的人會談，極易將其中一方激怒。這樣做，如果只是為了滿足感官上的一時之快，或許還可原諒，要是需要完成一件事，那就太不划算了。

假如，你的學生、顧客、丈夫或者妻子，他們一張口就是「不」，那就算你絞盡腦汁，有極大的耐心，也很難改變他們的反對或者抵抗情緒。

「是」的方法，在現實生活中，運用是很妙的。紐約一家儲蓄所的出納員愛伯生，運用此方法拉住了一位富翁存戶。

愛伯生先生是這樣講述這個故事的：

　　有個年輕人走進銀行準備存款，我按照銀行的規定，把存款申請表遞給他，有些問題他回答很爽快，但有些卻不願回答。

　　在我未研究人類關係學之前，我的做法是直接告訴顧客，假使他不填上表格，就只能拒絕他的存款了。往常我都是這樣做的。自然，當我說出這些話，我有一種權威感，自己會覺得很自重，甚至得意。

　　但是這天上午，我運用了一點剛學來的知識，決意不談銀行所需要的，轉而談一些顧客需要的事情。所以我決定先誘使他回答：「是！是！」於是，我先同意他的觀點，告訴他那些他所拒絕回答的材料，其實並不是非寫不可。

　　我對那位顧客這樣說：「假如你離開這個世界後，你有錢存在我們銀行，可否願意讓銀行把存款轉交給你最親愛的人？」

　　客人馬上回答說：「當然願意。」

　　「那麼，你就依照我們的辦法，把最親密的人的姓名及其他情況，填到這份表格上，假若你萬一出現不測，銀行就會立即把這筆錢移交到他手上去。」

　　那顧客又說：「嗯，好。」

　　那位存款客戶態度軟化的原因，是他明白填寫這份表格對他有利。他離開銀行之前，不但把表格填好，還接受了我的建議，用他母親的名義開了個信託賬戶，有關他母親的情況，也按照表格要求填上。

由於使顧客一開始就說「是！是」，對方便忘了爭執之事，並且很愉快地按照我的建議去做。

西屋公司推銷員愛里森也說出他的一段經歷：在他負責的推銷區域內住着一位十分有錢的企業家。他們公司很想賣給他一批貨。然而，過去那位推銷員花了近 10 年的工夫，始終沒有與他談成一筆買賣。他接管這一地區後，用 3 年時間去兜攬他的生意，但是也沒有什麼結果。經過 13 年不斷地訪問和會談後，對方僅僅買了他幾台發動機，但是他有這樣的希望，假如這次交易成功，發動機沒有毛病，對方感到滿意，也許以後他會買進更多的發動機。

而發動機到底會不會發生故障？當然，他知道這些發動機不會有任何故障。於是，過了些時候，他便去拜訪那位大企業家。

他原本很高興，但是這份高興似乎來得太早了，那位負責的工程師見到他，當面就說：「愛里森，我們不想再買更多的發動機了。」

他心頭一驚，立即問是怎麼回事。

那位工程師毫不客氣地說：「你的發動機散熱不好，太熱，我連手都不能放在上面。」

他很清楚，如果跟對方爭辯，那是不會有任何好處的，過去就遇到過這種情況，他想運用如何讓他說出「是」字的辦法。

愛里森向工程師說：「史密斯先生，我完全同意你所說的，如

果發動機發熱過高，我希望你也別再買了。你所需要的發動機的熱度，當然不能超出標準，是不是？」

工程師完全同意。因此，他獲得了第一個「是」字。

愛里森又說：「一架標準的發動機可以高出室內溫度華氏72度，這是電工協會的規定，是不是？」

他同意這個說法：「當然，但你的發動機卻比這溫度高出許多。」

愛里森沒和他爭辯，只問：「你們廠溫是多少？」

他想了想，回答說：「大約華氏75度。」

愛里森說：「這就是了。廠溫華氏75度，再加上原有的華氏72度，一共是華氏147度。如果你把手放進華氏140度或華氏150度的開水裏，手是不是會燙傷呢？」

他還是說「是。」

最後，他向工程師建議說：「史密斯先生，你別用手去碰那架發動機不就行了！」

他接受了這個建議，說：「我想你說得對。」他們交談了一陣後，他叫來秘書，為下個月訂了3萬美元的貨物。

愛里森費了多年時間，損失數萬元的生意，最後才懂得爭論並不是一個明智的做法。你要從對方的觀點去看問題，設法讓對方給你的回答是「是」，那才是成功的秘訣。

古希臘大哲學家蘇格拉底是個風趣的老頑童，他愛赤腳，40歲時就謝頂了，卻跟一個19歲的女孩結了婚。他對人類的貢獻，

歷史上能跟他相比的不多。他改變了人們思維的習慣，直到今天，人們還尊他為有史以來最能影響這個紛擾世界的勸誡者之一。

那麼，蘇格拉底運用了什麼方法？他是指責別人的過錯嗎？不，蘇格拉底不會這樣做。

他的處世技巧我們現在稱之為「蘇格拉底辯證法」，也就是以「是」作為他唯一的反應觀點。他問問題的對象都是他的反對者，是來跟他辯論的，但他們之所以願意接受他的觀點，也是因為他連續不斷地獲得對方的認可，到最後使反對者在不知不覺中，接受了在數分鐘前自己還堅決否認的結論。

當我們要指出他人的錯誤時，首先要記住赤足謝頂的蘇格拉底，並且問一些能夠獲得對方回答「是」的和緩性問題。

中國人有一句老話，充滿了東方悠久的智慧：「輕履者行遠。」

中國人花了 5000 年漫長的時間去研究人的天性，那些博學的中國人寫下了許多智慧的名言，就如「輕履者行遠」這句話一樣。

如果你要獲得人們對你的贊同，那麼，第五條規則就是：

設法使對方立即説「是！是」。

------

😈 **卡耐基心得** 😈

**設法使對方立即説「是！是」**

# 給他人說話的機會

在生活中，我們應表現出虛懷若谷，處處謙遜，

即使你有很多成就，也不要張揚、囂張，

那樣會永遠使人喜歡，誰都肯接近你。

　　盡量讓對方說出自己的看法來，因為每個人對於自己的事，或是他的問題，要比任何人清楚得多。很多人，當想要別人贊同他的意見時，就是話說得太多，說得過了頭，尤其是推銷員很容易犯這個毛病。所以，你應該問對方問題，讓他來訴說。

　　或許你不同意他的看法，或許你會想插嘴，但不要這樣做，那是危險的。當他還有很多看法要說時，他的注意力不會集中到你身上的。所以，你有必要忍耐，並且懷着舒暢的心情，靜靜地聽下去，而且還要用最誠懇的態度鼓勵他，讓他把所要說的話都說完，將想法表達清楚。

這種策略用在商場上是否有效呢？讓我們看看下面這個例子：

幾年前，美國最大的汽車公司正要採購那一年中所需要的坐墊布料。當時有 3 家廠商把樣品送過去給他們備選，該公司的高級管理員驗看樣品後，便約定日期與 3 家廠商代表商談，到時再決定選購哪一家的產品。

奇伯是其中一家廠商的代表，偏偏就在那一天患上了嚴重的咽喉炎。當輪到他去見汽車公司的高級管理人員時，他竟然幾乎連一點聲音也發不出來。但他仍被帶進辦公室，跟紡織工程師、採購部經理、營銷部主任以及那家汽車公司的總經理都一一見了面。這時，他站起來想要說話，可只能發出沙啞的聲音來。

他們坐在圓桌旁，因為嗓子發不出聲音來，奇伯只有用筆把要說的話寫在紙上，他寫道：「諸位，我患了咽喉炎，嗓子啞了。」

那位總經理說：「好吧，我替你說吧。」這位總經理代替他說了。他把他們廠家的樣品逐一展開，並稱讚它們的優點。他們就這樣開始了討論。因為那位總經理替他介紹產品，所以在他們討論時，他只能點頭微笑示意，或用手勢來表達自己的意思。

無疑，這是一個奇特的會議，討論結果是他獲得了汽車公司的訂貨合約，這家汽車公司向他訂購了 50 萬碼的坐墊布料，總價是 160 萬美元。這是他至目前經手的最大一筆訂單。

他知道，如果不是他的喉嚨啞掉，說不出話來，他很可能會失去那份訂貨合同，因為在這之前，他對整件事持錯誤看法。而這次，他無意中發現，原來讓別人來替你講話，有時是很好的方

法。

費城電氣公司的職員范伯在賓夕法尼亞荷蘭農民區 —— 一個富庶的農民區作視察訪問時也有類似的發現。當他經過一家整潔的農家時，他問該區代表：「這家人不愛用電，這是為什麼？」

代表煩惱地說：「他們都愛財如命，幾乎不買我們任何東西。他們對電氣公司還很討厭，我已經跟他們談過好幾次，毫無希望。」

范伯相信區代表講的是實話，可是他想再次嘗試。下面是范伯親述。

我上前輕敲這家人的門，一會兒，門打開了個小縫，年老的特根堡太太探出半個腦袋。老太太看到是電氣公司的代表馬上把門關上。我又敲門，老太太又把門打開，這次她乾脆直截了當地告訴我，她對我們公司的看法。

我跟她說：「很抱歉，特根堡太太，要打擾您一會，我不是來向您做推銷的，我只是想買些雞蛋。」

她把頭探出來，門開得大了一些，那懷疑的眼光直盯着我們。

我說：「我看到，你餵養的都是多米尼克雞，所以我想在您這兒買打新鮮的雞蛋。」

老太太又把門拉開了些，說：「你怎麼知道我養的是多米尼克雞？」她突然感到很好奇。我說：「我自己也養雞，

但從沒有見到過比您這更好的多米尼克雞了。」這位老太太十分懷疑地問：「那麼，你為什麼不用自己的？」

「我養的是來亨雞，生的是白色的雞蛋；」我告訴她說：「您是懂烹調的人，自然知道做蛋糕時，白雞蛋不如黃色的好，是不是？我太太總對她做蛋糕的手藝感到很自豪。」

這時，特根堡太太才放下戒心，放心地走了出來，態度也變溫和了。我看到院子裏有個牛奶棚，所以，我接着說：「我敢打賭，特根堡太太，你養雞賺來的錢比你丈夫賣牛奶賺到的錢要多很多吧。」

「當然是我賺得多！」她高興極了，可她那個頑固的丈夫卻不承認這個事實。

她請我去參觀她的雞房。參觀時，我表示很讚賞她的養雞技術，的確很高超，還找了很多問題向她請教。同時，我們還交換養雞方面的經驗。

這位老太太突然談起一件事，說鄰居都在他們的雞房裝置電燈，據說效果很不錯。她徵求我的意見，如果她也用那種裝置的話，是不是合算。

兩星期後，特根堡老太太的雞房裏亮起了電燈來。

我做成了這筆交易，而她得到更多的雞蛋，這是雙贏的，何樂而不為呢！但這故事的重點是，假如我不投其所好，我就永遠無法將電器賣給這位荷蘭老太太。

這種人你決不能要求她去幹什麼，而必須讓她自己來買。

一份銷路很不錯的紐約報紙，在經濟版一欄中刊登一則佔據很大篇幅的廣告，要聘請一位有特殊能力和經驗的人，柯伯尼思寫信過應徵。幾天後，他收到回信，約他面談。於是，他在應徵前，花了很多時間，在華爾街打聽所有有關這家商業機構創辦人的創業事跡和人生故事。

當見面時，柯伯尼思說：「假如我能進入像你這樣有成就的商業機構，我會感到相當自豪。據說，28 年前，你還是處在創業之始時，除了一間屋子、一張桌子和椅子，以及一個速記員外，什麼都沒有，是不是真有這回事？」

幾乎每一個事業有成的人，都愛回憶自己早年吃苦的情形。面前這位老總也不例外，他談到那時他用 450 美元現金和一股創業的意志，怎麼樣創造今天這項事業的奮鬥歷程。談到他如何克服困難，與失望奮鬥，節日假日都不休息，每天工作 12 甚至 16 個鐘頭，最後，他又是如何擊敗困難。現在，華爾街最有地位和身份的金融家都來向他請教。他對自己取得的成就引以為豪。最後，這位老總只問了問柯伯尼思的經歷，便把一位副總經理請來，說：「我想這位先生就是我們要找的人。」

柯伯尼思費盡心思和周折去收集他未來上司過去的創業光榮史，這是他對他未來上司表示出的關心，並且鼓勵他多多說話，講述自己的經歷，而使他對自己留下美好的印象。

每個人都喜歡多談他們自己的成就，而喜歡聽我們講述的人，可說少之又少，即使是我們的朋友。

法國哲學家洛希富克曾說：「假如你想得到仇人，勝過你的朋友就可以了；反之，要是你想獲得更多的朋友，那麼就讓你的朋友勝過你吧。」

這怎麼解釋呢？當朋友勝過我們時，就能滿足他的自重感；而當我們顯示出勝過他時，那會給他帶來自卑感，並會引起無端的猜忌。

德國人有句俗話：「當我們所猜忌的人發生不幸的事時，我們會產生一種惡意的快感。」

是的，有些人，甚至朋友，寧願看你遭遇到困難，比看你成功或許更為得意和有快感。

因此，在生活中，我們應表現出虛懷若谷，處處謙遜，即使你有很多成就，也不要張揚、囂張，那樣會永遠使人喜歡，誰都肯接近你。作家考伯就有這等技巧。在證席上律師對考伯說：「考伯先生，在美國，我聽說你是一位很著名的作家，對不？」

考伯回答說：「實不敢當，那是十分僥倖的事。」

我們應該謙遜，因為沒有什麼了不起的，百年之後，一切都要過去，我們都將為人所遺忘。生命是短促的，別把我們不值一提的成就作為誇讚的資本，聽了令人厭煩。我們要鼓勵別人多說話。仔細想一想，你，或者我，確實沒有什麼可炫耀的。

所以，你要獲得對方對你的同意，第六條規則就是：

盡量給對方多説話的機會。

-------------------------- 🐮 **卡耐基心得** 🐮 --------------------------

**盡量給對方多說話的機會。**

# 如何使人與你合作

沒有人喜歡被推銷，

或者被人強迫去做一件事，

我們喜歡照自己的方式去購物或者按照自己的意思行動，

我們喜歡別人徵詢自己的願望、需要和意見。

你是否總覺得自己的意念，比別人硬塞到你手中的更可信呢？如果是的話，那麼你硬要把自己的意見塞給別人，豈不是差勁至極的做法？提出建議，然後讓別人去想出結論，那樣不是更聰明嗎？

以尤金‧威森的例子來說明吧。他在獲知這項真理之前，損失了數不清的佣金。威森為一家專門替服裝設計師和紡織品製造商設計花樣的畫室推銷草圖。一連 3 年，威森先生每個禮拜都去拜訪紐約一位著名的服裝設計師。威森先生說：「他從不拒絕接見

我，但他也從來不買我的東西。他總是很仔細地看看我的草圖，然後就說：『不行，威森，我想我們今天談不成了。』」經過 100 次的失敗，威森終於明白自己過於墨守成規。於是他決定每星期抽出一個晚上去研究做人處世的哲學，以及發展新觀念，創造新的熱忱。

不久，他嘗試了一項新方法。他隨手抓起 6 張畫家未完成的草圖，衝入買主的辦公室。他說：「如果你願意的話，希望你幫我一個小忙，這是一些尚未完成的草圖，能否請你告訴我，我們應該如何把它們完成才能對你有所幫助？」這位買主默默看了那些草圖一會兒後說：「把這些圖留在我這兒幾天，然後再回來見我。」

過了 3 天，威森又去了，聽取買主的建議後，取回草圖返回畫室，按照買主的意見把它們修飾完成。結果呢？全部被接受了。

這是 9 個月前的事了。從那時起，至今這位買主已訂購了許多其他的圖案，全都是根據他的想法畫成的——而威森卻淨賺了 1600 多美元的佣金。威森說：「我現在明白，這麼多年來，為什麼我一直無法和這位買主做成買賣。我以前只是催促他買下我認為他應該買的東西。現在我的做法完全相反，我鼓勵他把他的想法交給我。他現在覺得這些圖案是他創造的，確實也是如此。我現在用不著去向他推銷，他都自動會買。」

當西奧多‧羅斯福當紐約州州長時，他完成了 4 項很不尋常的功績。他一方面和一眾政治領袖保持良好的關係，另一方面又強迫進行一些令他們十分不高興的改革。以下便是他的做法。

當有重要職位空缺時，他就邀請所有的政治領袖推薦接任人選。羅斯福說：「起初，他們也許會提議一個差勁的不恰當的人，就是那種需要『照顧』的人。我會告訴他們，任命這樣一個人不是好政策，而且大家也不會贊成的。

「然後他們又提另一個差勁人選的名字給我，這一次是個只求一切平安少有建樹的老公務員。我告訴他們，這個人將無法達到大眾的期望。接着我又請他們，看看他們能否找到顯然很適合這職位的人選。這次建議的人選終於差不多了，但還不太理想。

「接着，我謝謝他們，請求他們再試一次。而他們第 4 次推舉的人終於可以接受了，這次他們的提名也恰恰是我心目中的最佳人選，我對他們的協助表示感激。接着就任命那個人 —— 我還把這項任命的功勞歸之於他們……我會告訴他們我這樣做是為了能使他們感到高興，現在該輪到他們來使我高興了。

「而他們果然也樂意這樣做，他們以對《文職法案》和《特別稅法案》這類全面性改革方案的支持來使我高興。」

記住，羅斯福盡可能地向其他人請教，並尊重他們的忠告。當羅斯福任命一個重要人選時，他讓那些政治領袖覺得，選出了適當的人選，完全是出於他們自己的主意。

愛德華‧豪斯上校在威爾遜總統執政期間，在國內及國際事務上有極大的影響力。威爾遜對豪斯上校的秘密諮詢及意見依賴的程度，遠超過對自己內閣的依賴。

豪斯上校利用什麼方法來影響總統呢？很幸運地，我們知道

這個答案。因為豪斯自己曾向亞瑟‧何登‧史密斯透露，而史密斯又在《星期五晚郵》的一篇文章中引述了豪斯的這段話。

「認識總統之後，」豪斯說：「我發現要想改變他一項看法的最佳辦法，就是把這個新觀念很自然地建立在他的腦海中，使他發生興趣——使他自己經常想到它。第一次這種方法奏效，純粹是一次意外。有一次我到白宮拜訪他，催促他執行一項政策，而他顯然對這項政策不表贊成。但幾天以後，在餐桌上，我驚訝地聽見他把我的建議當做他自己的意見說了出來。」

豪斯是否打斷他說：「這不是你的主意，這是我的。」哦，沒有，豪斯不會那麼做。他太老練了。他不願追求榮譽，他只要成果。所以他讓威爾遜繼續認為那是他自己的想法。甚至更進一步，豪斯讓威爾遜獲得這些建議的公開榮譽。

且讓我們記住，我們明天所要接觸的人，都會具有威爾遜所具有的人性的弱點，因此，且讓我們使用豪斯的技巧吧。

一個在新布崙茲維克的人，在我身上也應用了這項技巧。那時，我正計劃到新布崙茲維克去釣魚及划獨木舟。於是我寫信給觀光局，向他們索取資料。顯然，我的名字和住址是被寄出去了，因為我立刻就收到了從各個露營區及鄉公所寄來的信件、小冊子及宣傳單。我被弄得頭昏腦脹，不知道選哪一個好。有家露營區的主人做了一件很聰明的事，他把曾經服務過的紐約人的姓名和電話號碼寄給我，並請我致電詢問，讓我自己去發現他有什麼好。我很驚訝地發現，名單上竟有一個我認識的人。我打電話向他詢問看法後立刻打電話把我抵達的日期通知那家露營區。

其他人想向我強迫推銷，但卻有另一個人讓我把自己推銷出去。於是他勝利了。

在 2500 年前，中國的哲人老子說了一段話，本書的讀者可能用得上：

「江海所以能為百谷王者，以其善下之，故能為百谷王。是以聖人欲上民，必以言下之；欲先民，必以身後之。是以聖人處上而民不重，處前而民不害。」（《道德經》第 66 章）

有一位長島的汽車商，用同樣的方法把一輛舊汽車賣給了蘇格蘭人。但過去，這位汽車商讓蘇格蘭人看過一輛又一輛的車，他總認為有問題，不是嫌這，就是嫌那的，再不就是說價位過高。當時這位汽車商正在我的講習班上聽講，他在班上請求援助。

我們建議他，不要強迫意志不穩定的人買你的車，相反，要想辦法讓他自己主動買，也不必告訴他適合買什麼牌子的車。總之，要讓他覺得這一切都是他自己的主意。

結果情形很好。幾天過後，有一位顧客想以舊換新，那汽車商馬上想到那蘇格蘭人，也許他喜歡這種老爺車。他打了個電話給蘇格蘭人，說是有個問題想請教他。汽車商這樣說：「我知道你對車子很在行……你看這部舊汽車可以值多少錢，你告訴我後，我可以在交換新車時有個底。」那蘇格蘭人接到電話後立刻來了。

他滿面笑容……終於有人向他請教，有人看得起他了。他坐進車內，駕着這部車子兜了一圈回來，說：「這車子你能以 300 美元買進，就算你走運了。」汽車商問他：「好，那麼，要是我以你

説的這個數目買進，再轉手賣給你要不要？」

「300 美元！」

當然，這是他的意思、他的估價，這筆生意就立即做成了。

一位 X 光儀器製造商也是運用同樣的技巧，把一批機械儀錶賣給了勃洛克林市的一家大醫院，因此獲得一筆很高的利潤。這家醫院正準備擴充某個部門，需要一套最好的 X 光儀器，這項工作是由 L 醫生負責的，故他被一眾推銷員包圍了，大家都説自己的東西是天下最好的。可是其中有一位製造商比較聰明，他懂得技巧。他寫了一封信給 L 醫生。這封信的內容是這樣的：

> 敝廠最近完成了一套 X 光儀器，第一批貨已運到辦事處，實在不敢說已經十分完美，我們還想再改進，而您是專家，所以若您能抽空來我們這裏參觀一下，並告訴我們如何才能使其更適用於醫學上的話，我們將十分感激。我知道您工作繁忙，請您告訴我您方便的時間和地點，我們可安排車輛來接您。

L 醫生在講習班上説出這件事的經過：「接到那封信，我很驚訝，不但出乎意料，還很高興，從來沒有 X 光儀器製造商會徵求我的意見，我感到很光榮，因為感覺受人重視。那星期我每晚都很忙，可是我取消了一個約會，特地去看那套新的儀器，我愈看愈喜歡。

「沒有人強迫我去買，但我覺得替醫院購進那套儀器是為醫院好，因為我認為那套儀器很好，所以我決定買下來。」

所以，你要影響別人而使其同意你，第七條規則是：

使對方以為這是他的意志。

♛ **卡耐基心得** ♛

使對方以為這是他的意志。

# 站在他人的
# 立場上來看問題

永遠要站在對方的立場上去看問題，

一如你自己的一樣，

這或許會成為影響你終身事業的一個轉捩點。

對方為什麼會有那樣的思想和行為，自有他自己的道理，探尋其中隱藏着的原因來，你就得到瞭解他人的鑰匙了。

記住，當對方並不承認自己有錯時，你別去責備他，因為只有愚蠢的人才會去責怪人家。在這種情形下，稍微聰明的人都不會這樣做，他們會試着努力去瞭解對方，原諒對方。

要真誠地站在別人的立場上看問題。

告訴自己：「如果是我，在他的位置上，我將會有怎樣的感受，又將做些什麼？」這樣的想法可以省去許多煩惱。既然你已

清楚事情的起因，那就不會恨這個結果了。除此之外，你還可學到許多人類關係學上的技巧。

古德在他那部《如何將人變成黃金》（*How to Turn People Into Gold*）的書中説：「停下一分鐘，把你對你自己的事的關心程度和對他人的淡然漠視冷靜地做一比較，馬上你就會發現，世界上其他人也都是這樣的。然後，你可以跟林肯、羅斯福一樣，穩固地把握住任何事業的基礎。換言之，應付人的成功，靠設身處地地瞭解別人的觀點。」

數年來，我大部分時間的消遣都是在我家附近一座公園騎馬、散步。因此，漸漸地就對樹木有了愛護之心，當我聽到樹林起火的消息時，心中感到很難受。這些火災不是由於粗心的吸煙者所造成的，而大多數是孩子來林間生火野餐時不小心引起的。有時候樹林燒得很厲害，需要消防隊來才能撲滅。

而在公園的邊上，明確寫着一個告示牌：「凡引起樹林火災的肇事者，將被罰款或監禁。」

但告示牌立得很偏僻，不起眼，根本沒人看到。那騎馬的警察是負責管理這片公園的，但他對他的職務並不認真負責，因而公園常會起火。

有一次，我急忙跑去告訴他，樹林起火，正在急速地蔓延，要他去通知消防隊。可他反應極為冷淡。他説這不是他的負任，那片山不歸他管。自那以後，我每逢騎馬來公園，便自己執行保

護公園的職責。

　　起初，我從未想過那些孩子會怎麼想，我看到他們在樹下生火野餐時，心生不快便想要阻止他們。事實上，我做錯了！我騎馬去那些孩子那邊，嚴肅地跟他們說，樹下生火是要被關起來的，語氣非常嚴厲，要他們趕快把火熄了。我還說，如果不聽，馬上就要把他們抓走。這樣做，只是在發洩我的情緒，因為我們不希望有人在樹林裏生火，我並沒有想到他們的想法。

　　結果怎麼樣呢？

　　那些孩子遵從我了，但是心裏極不服氣，當我騎馬離開後，他們又重新生起火來，甚至還想把整個公園都燒光。

　　幾年後，我開始學習待人處事、與人相處的辦法和技巧，知道多從別人的角度去看問題。從此，我不再使用祈使句。如果幾年後的今天，我在公園再看到孩子們玩火，我可能會這樣跟他們說了：「小朋友，晚餐打算做些什麼呢？我小時候跟你們一樣，也喜歡野炊，現在還記憶深刻呢。可是你們知道嗎？在公園隨便生火是十分危險的。但我知道你們都是最乖的好孩子，不會惹出什麼事來的對嗎？

　　「要是別的孩子，我相信他們就不會像你們這般小心注意火災了。他們看到你們在生火玩也跟着玩起火來，回家時沒有把火熄掉，乾燥的樹葉都燒着了，結果連整片樹林都燒了。假如我們再不小心，這個公園就沒有樹木了。

「你們有誰知道，在公園玩火是禁止的，違者是要坐牢的。我不是干涉你們野營，我也希望你們玩得都很開心。只是你們不要讓火靠近乾燥的樹葉，在你們回家的時候，別忘了滅火，在火堆上蓋些泥巴。如果下次想烤東西時，我建議你們去沙堆那邊，那就不會有任何危險。小朋友，謝謝你們，祝你們玩得愉快，再見。」

要是當時我說出這些話來，相信會有很好的效果，而且孩子會很樂意跟我合作。他們就不會反感和抱怨，他們不會感到被人命令。他們既保全了面子，也會玩得很開心。這樣，大家都很滿意，因為我首先是站在他們的立場上來處理這件事。

當我們想要別人去做一件事時，我們自己首先不妨先閉上眼睛思量一番，站在對方的立場上把整個情形想一想。然後問自己：「他為什麼要這麼做？」是的，那是有點麻煩，費時間，但是你想過沒有，那樣做會獲得更多的友誼，減少不該有的麻煩，也不會增加不愉快的氣氛。

陶亥姆——哈佛大學商學院院長曾說：「在跟一個人會談之前，我願意在他的辦公室外的走廊上來回走上兩小時，我要把我所說的話，想得更有條理，而且我會設想他將如何回答我的問題，我不會冒失地闖進他的辦公室。」

當你把這本書讀完時，定能令你有了一種傾向：即當你接觸到每一件事時，你首先會先替別人想想，而且能夠以對方的觀點去看待事情。雖然你從這本書只能得到這些，但它會給你成就終

身事業帶來好處。

　　所以，你如果要人們贊同你的觀點，第八條規則是：

　　站在他人的立場上看問題。

················· ☙ 卡耐基心得 ☙ ·················

**要真誠地站在別人的立場上看問題。**

# 瞭解每個人所需要的

成人也同樣如此，

他們會趁機向人們展示他的傷痛之處，

講述他們遭遇到的意外事故、疾病，尤其是手術的經過。

實際上，自憐是一種天性。

你是不是願意得到一句神奇的話，這句話可以讓爭辯停止，怨恨消除，製造出好感，並使人們注意聆聽你的談話。

呵，確實有這樣一句話，讓我告訴你吧：「對現在的情形，我不會責怪你，如果我是你，我也會有同樣的感受。」

就是這樣一句簡簡單單的話，世界上心腸最硬、最固執的人也都會軟化下來。可有一點，你必須真誠。我們就以匪酋卡邦來說，假如你受遺傳的影響，身體、性情、思想與卡邦完全相同，那麼進一步假設你們的處境也相同，有他的經歷，那你就會成為

跟他一樣的人，而那些便是他淪為盜匪的真正原因。

再比如：你不是一條響尾蛇，當然不是，而唯一的理由是，你的父母不是響尾蛇。再比如你不會跟牛親嘴，不把蛇奉若神明，唯一的原因是，你不是出生於勃拉烏波答河岸的印度人。

你之所以會成為你現在的這個樣子，可居之自傲的地方實在很少。而那個使你憤怒、固執不講理的人，他之所以會成為他那種人，他過錯的地方同樣也很少。但我們可對那些生活不如意者表示出惋惜、憐憫，甚至同情。當約翰柯看到街上一個搖搖晃晃的醉漢時，他常說的一句話是：「要不是上帝的仁慈，我也會走上他的道路。」

你明天遇到的人，其中可能有四分之三都渴望得到同情！如果你出自真心同情他們的處境，他們就會很喜歡你。

有一次，在做播音演講時，我說起《小婦人》的作者奧爾科特女士。我自然知道她出生在麻塞諸塞的康考特，並且在那裏完成她的不朽名作。但我誇口說我曾到「新罕布夏的康考特」拜訪過她的家鄉。假如我只說了一次新罕布夏還好，還可能得到原諒，可要命地是我說了一次還不夠，又補說一次。

隨後，可想而知，信函、電報雪片般飛來，質問我、指責我，有的已經是侮辱，就像一羣野牛似的，我已無法抵抗。其中有位老太太從小就生長在麻塞諸塞的康考特，而當時她在費城，她聽了我的播音後，怒不可遏。我看到她的信後，對自己說：「感謝上帝，幸好我沒有娶到這樣的死婆娘。」

我打算回信告知，儘管我不小心弄錯了地名，可她卻連一點禮節性的常識都不講……當然，這是我所能做到的最不客氣的回擊。我還想告訴她我對她的印象是多麼的惡劣……但我並沒有按我想的那樣去做，我盡量克制自己，不讓自己也跟着墮入愚蠢。

我不想變得愚蠢，同他們一般見識，所以，我決定化解我們之間的憎恨，我對自己説：「要是我是她，可能也會有同樣的感受。」我大概知道該怎麼做了，我去費城時，給這位老太太打了個電話，當時的談話內容我還記得很清楚。

在電話中，我對她説：「科爾太太，幾星期前你給我寫的信我看了，非常感謝你！」

電話那邊是她柔和流利的聲音，她問：「你是哪一位呀？對不起，我聽不出。」

我説：「對你而言，我是一個你非常陌生的人，我叫戴爾·卡耐基。幾星期前，你聽我在電台的廣播，指出一個無法寬恕的錯誤，那個做播音的人就是我，那是多麼愚蠢啊……我為了這件事特地向你表示歉意，你花時間給我寫信，指正我的錯誤，很感謝你。」

聽我這樣一説，她連忙説：「卡耐基先生，其實我也不對，在信中我過於粗魯，向你發了一通脾氣，還請你包涵才是。」

我堅持説：「不，不，不該由你道歉，科爾太太，該道歉的是我……即使是個小學生也不該犯下那樣的錯誤。那事我已在電台更正過了！現在，一來對你給我寫信表示感謝，二來請你接受我

的道歉。」

她説：「我生長在麻塞諸塞的康考特……200 年來，我的家庭在那裏一直很有聲望，我以我的家鄉為榮。當我聽你説奧爾科特女士成了新罕布夏州人時很難過。可我那封信也使我為自己的粗暴感到愧疚。」

「我願意老實告訴你，」我説：「你的難過不及我的十分之一。我的錯誤對那地方來講，並沒有損傷，可是對我自己卻有了傷害。像你這樣有身份、有地位的人，是很難得給電台播音員寫信的。以後在我的演講中，如果再發現錯誤時，我希望你繼續寫信給我。」

她在電話中説：「你有這種願意接受人家批評的態度，大家會願意接近你、喜歡你的……我相信你是一個好人，我很願意認識你。」

從這次電話來看，當我已站在她的角度，對她表示理解並道歉時，我得到了她的同情和理解。我對自己能控制住脾氣這點感到很滿意……以友善交換了對方所給的侮辱，這一點也使我感到滿意。到她説喜歡我時，我得到了更多的快樂。

身居白宮的要人差不多都會遭遇到人際關係的困擾。塔夫脱總統也不例外……他從經驗中得到這樣一個結論——理解是消解惡感的靈藥。他寫了一本叫做《倫理服務》(Ethics in Service)的書，塔夫脱舉了一個十分有意思的例子，提到他如何使一位母親平息心中怒火的故事。

華盛頓的一位太太，她丈夫是政界的要員；她纏了我差不多有兩個月時間了，要我給她兒子弄一個職位。她還拜託幾位參議員，陪她到我這兒，替她兒子謀職的事說好話。

但那個職位需要的是一名技術人才。我根據主管部門的推薦委派了另外一個人。不久，我接到那位母親的來信，在信中，她指責我忘掉了施予別人恩惠，因為我的拒絕而使她成為一個不愉快的太太。言下之意，我的舉手之勞就可使她快樂、高興，可我卻不肯這樣做。她又提到她曾經如何規勸她那一州的代表支持我提出的一項重要法案，可是我對她卻如此忘恩負義。

也許，當你接到這樣一封信時，第一件事就是考慮如何用嚴正的措辭去對付一個魯莽的女人，接着，或許就是動筆寫信了。

可是，如果你是一個冷靜的有腦的人，你會把這封信鎖進抽屜，兩三天後，再把它拿出來……像這類信，晚幾天寄出也不會有什麼惡劣的影響。但當你過後拿出這封信時，你不會將它投入郵箱了，這就是我所採取的辦法。

在那之後，我平心靜氣地坐下來，盡自己最大的努力，客氣地告訴她，我能夠理解，一個做母親的遇到這種事情，誰都會感到極大的失望。可我坦誠地告訴她，那樣一個職位需要找一個合適的技術人才，這並非能由我個人的好惡決定，所以我接受了那主管部門的推薦。

我表示希望她的兒子繼續在他原來的工作崗位上努力

工作，以期將來有所成就。那封信使她安靜下來，她回了一封短信，對她上次的信表示遺憾。

但我所委任的那個人短時期內還不能來上班。這樣，過了幾天我又接到一封她丈夫署名的信，信上的筆跡跟過去的兩封信一模一樣。

這封信告訴我，說他太太因為這件事患上了神經衰弱症，臥牀不起，胃已經長瘤了。為了恢復他妻子的健康他請求我，能否把已委任的那人的名字換上他兒子的姓名，以恢復她妻子的健康。

我回了一封信給她丈夫……我希望他太太的病屬於誤診。而對他所遇到的情形，我表示理解，可是要撤回委任那幾乎不可能。幾天後，那人正式接任……幾天之後，我在白宮舉行音樂會，最先到場向我和夫人致敬的就是這一對夫婦。

喬伊斯‧諾里莎是密蘇里州聖路易斯的一位鋼琴老師，她講述了她如何與她的學生發生摩擦的故事，她的一位女學生芭比手指上留着長長的指甲，對於想彈好鋼琴的人來說，這當然是一個很大的障礙。

我明白她的長指甲對於彈鋼琴的壞處，但在上課之前我絕口不提這事，因為我怕因此使她上課分心，而且我還知道，她為了她的指甲花費了無數的心思，並以此為榮。

上完第一次課後，我感到時機成熟了，就對她說：「芭比，你的手和指甲都十分迷人，但是如果要彈好鋼琴，就應該將指甲剪短一些，這樣一來，你就會感到彈鋼琴並不是一件困難的事情。你不妨想一想，可以嗎？」她對我做了一個鬼臉。

一個星期後，當芭比再來上課時，我非常吃驚，她的指甲剪短了，我當即對她大加讚揚，說她是為藝術作出了犧牲。我還向她母親表示感謝，她母親告訴我，這可是芭比自己的決定。

是諾里莎夫人嚇住芭比了嗎？她告訴對方自己不願意教一個長指甲的學生了嗎？沒有。她僅僅稱讚芭比的長指甲很美，但為了藝術，有時候必須作出犧牲。她的意思是，我對你的長指甲表示出了同情，但只有付出代價，才能得到你所需要的。

伍勒是美國第一位音樂會經理人，他差不多有 20 多年的經驗，接觸過像嘉利賓、鄧肯、潘洛弗等舉世聞名的藝術家。他告訴我為了要應付那些性格特殊的音樂家，使他獲得了一個寶貴的教訓……必須同情他們，對他們可笑、古怪的脾氣，必須要深深地理解和同情。

有 3 年的時間，伍勒擔任世界低音歌王嘉利賓的經理人。最使伍勒傷腦筋的是，嘉利賓本身就是一個問題，他就像一個被寵壞了的孩子。用伍勒的話來說就是：「各方面都很糟。」

假如晚間有音樂會的話，嘉利賓會在當天中午打電話給伍勒

説：「我覺得很不舒服，喉嚨沙啞得厲害，晚上不能上台了。」伍勒聽他這樣説後就馬上同他爭辯？才不，伍勒不這樣處理！

他太明白了，做藝術家的經理人絕對不能這樣直接簡單地處理事情。所以，他會立即去嘉利賓住的旅館，十分理解地安慰他道：「可憐的嘉利賓，這是多麼不幸……當然，你是不能再唱了。我馬上去通知他們，取消今晚的節目，你損失的只是兩三千美金，可跟你的名譽比，那算不了什麼，真的。」

嘉利賓聽伍勒這話，會懷着感觸的心情歎息道：「你等一會再來好了，下午 5 點鐘來，看那時我的情形會怎樣！」

到了 5 點，伍勒先生再次到嘉利賓的賓館，他堅持要替嘉利賓取消節目……可是嘉利賓又會這樣説：「你再晚一點來吧，到那時，或許我會好一點了！」

到了 7 點半，這位低音歌王終於心軟，答應上台演出了。他唯一的條件就是要伍勒先生到台上預先向聽眾報告，嘉利賓因患重感冒嗓子不好。伍勒當然會假意答應下來，因為這樣嘉利賓才會上台。

蓋慈博士在他的《教育心理學》（*Educational Psychology*）裏這樣寫道：「追求同情是人類普遍的行為。孩子都會急切地展示他受傷的地方，有的甚至故意割傷、弄傷自己，以博大人的同情。」

「成人也同樣如此，他們會趁機向人們展示他的傷痛之處，講述他們遭遇到的意外事故、疾病，尤其是手術的經過。實際上，

自憐是一種天性。」

　　所以，你要獲得別人對你的同意，第九條規則是：

　　體恤他人的意念和慾望。

　　　　　　　　　　　　☙ 卡耐基心得 ☙

　　體恤他人的意念和慾望。

# 激起對方高尚的動機

一個人去做一件事通常是為了兩種原因：
一種是真正的原因，另一種則是聽來很動聽的原因。

我自小在劫車大盜傑西‧詹姆斯活動的密蘇里州鄉下長大；我曾到基爾尼拜訪過詹姆斯的農場，傑西‧詹姆斯的兒子仍然住在那裏。他的妻子給我說了一些故事，提到傑西如何搶劫火車及銀行，然後把搶來的錢分給鄰近的農人，讓他們把銀行的抵押款付清。

傑西‧詹姆斯可能把自己當做一名理想主義英雄。兩代之後的蘇爾茲、「雙槍手」克羅里，以及阿爾‧卡邦也都存在這種想法。事實上，你所遇見的每一個人——甚至你在鏡子中看見的那個人——總是把自己看得很高，在做自我評價時，總認為自己是個大好人，一直喜歡美化自己。

蓬特‧摩根在著作中說，一個人去做一件事通常是為了兩種原因：一種是真正的原因，另一種則是聽來很動聽的原因。

每個人本身都曾想到那個真正的原因，但你用不著強調它。我們每一個人，在心底裏都是理想主義者，總喜歡想到那個好聽的動機。因此，為了改變人們，就要激發起他們的高尚動機。

在進行商務活動時，這種做法會否因為太天真而難以實現呢？先讓我們看看再說。我們就以賓州米契爾公司的漢彌爾頓‧法里爾先生為例子。法里爾先生有一個對房子很不滿意並且威脅要搬家的房客。這位房客的租約還有 4 個月才到期，每月房租是 55 美元。儘管租約尚未到期，他卻通知法里爾先生，他馬上就要搬出去。

這個人已在我的屋子內度過整個冬天——也就是一年當中房租最貴的一段時期。我知道，要在秋天之前把公寓再租出去是相當困難的。我可以預見，220 美元就要泡湯了——相信我，我已看到赤字了。

現在，按照一般情形來說，我可能會面對那位房客，奮力展開挽救行動，勸告他把租約再細看一遍。我本來可以指出，如果他搬家，房租的餘款將立刻到期，我也將會那樣採取行動，把那些款項全部收回。

不過，我並沒有因此而大鬧一場，反而決定試試其他戰略。我一開始就這麼說：「先生，聽說你想搬家，但我相信你並不打算搬走。從事租賃業多年，我閱人無數，對

人的本性也有所掌握。一開始，我便仔細地觀察了你，我認為你是一個信守諾言的人，對於這一點我深信不疑，因此，我很情願來冒個險。」

「現在，我有一個建議，把你的決定暫時擱在一邊，仔細想一想。如果你在下月初房租到期之前來見我，並告訴我你仍然打算搬家，我向你保證，我一定接受你的決定。我會給你搬家的權利，並承認我的判斷錯了。但是，我仍然相信你是一個遵守諾言的人，你一定會住到租期屆滿為止。畢竟，我們是人，或是動物——選擇權在我們自己！」

果然，到了下月初，這位先生親自來把房租付清。他說，他和他太太討論過了，決定再住下去。他們已經獲得一項結論——唯一的光榮做法，就是履行合約，住到租期屆滿。

現已去世的諾德·諾斯克利夫，有一次發現一家報紙刊登了一張他極不願公開的個人照片，於是他寫了一封信給編輯。他是否寫「請你不要再刊登我那張照片，我不喜歡它」？不，他提到一個高尚的動機。他利用我們每個人對母親的尊敬及喜愛的心理寫道：「請不要再刊登我那張照片，我母親不喜歡那張照片。」

當約翰·洛克菲勒希望阻止報社的攝影記者拍攝他孩子的照片時，他也同樣針對更高尚的動機。他沒有說：「我不希望他們的照片被刊登出來。」不，他利用我們每個人心中避免傷害小孩子的那種慾望。他說：「你們都知道孩子的脾氣。你們當中有些人也

有孩子。你們都知道，孩子太出風頭並不好。」

希魯斯・寇帶斯，這位來自緬因州的窮小子，經過一番奮鬥後，終於成為百萬富翁，擁有《星期六晚郵》和《婦女家庭月刊》。當他剛開始創業時，付不起像別家雜誌社那樣高的稿酬，無法請一流的作家為他的雜誌寫稿，於是他就激發他們的高尚動機。例如，他甚至說動了不朽著作《小婦人》的作者奧爾科特小姐為他寫稿。當時她正聲名大噪。而他只是寄出一張 100 美元的支票；不是寄給她，而是寄給她最心愛的一項慈善事業。

說到這裏，或者有些人會質疑說：「哦，這套把戲對諾斯克利夫和洛克菲勒，甚或是那位重感情的小說家來說，當然行得通。但是，老天！我真想看看你把這一套實行在我必須向他們討賬的那些不講道理的家伙身上！」

你也許說得很對。但沒有一件事是可以適用於任何情況的。我最近決定以稍微圓滑和體諒的方式，來遣散我們公司的多餘員工。因此，我在仔細考核了他們在冬天的個人工作表現之後，把他們一一叫進來。而我就說出下列的話：「史密斯先生，你的工作表現很好（如果他真是如此）。那次我們派你到紐華克去，真是一項很艱苦的任務。你對遭遇到的困難，都處理得很妥當，我們希望你知道，公司以你為榮。你對這一行業懂得很多 —— 不管你到哪裏工作，都會有很光明遠大的前途。公司對你有信心，支持你，我們希望你不要忘記！」

結果呢？他們走後，對於自己被解僱的感覺好多了。他們不會覺得被遺棄。他們知道，如果我們有工作給他們的話，我們會

把他們留下來。而當我們再度需要他們時，他們將帶着深厚的私人感情再來報答我們。

在我的講習班有一位名叫詹姆斯·托馬森的學員講述過這樣一件事。

我所在的一家汽車公司的 6 個客戶拒付車輛服務費。他們並非拒付所有的費用，只是對賬單上的某一項費用有質疑，但是，賬單上的每一項服務項目都有他們的親筆簽名，所以公司認為賬單沒問題。

信貸部的員工採取下列幾個措施去催逼欠款：

1、他們找到了客戶，明確地告訴對方，他們是來收取欠款的。

2、他們表示公司不可能出現錯誤。

3、他們還聲明，公司對汽車知識的瞭解強於客戶，探討下去徒勞無益。

結果：爭吵不休。

面對這種情況，信貸部的經理決定提起訴訟，控告客戶，這件事引起了總經理的關注，他仔細核查了這幾位客戶，發現他們此前信用良好，從不拖欠款項，總經理意識到收款方式出了問題，於是讓我去收取這筆欠款。

我是這麼做的：

1、我去拜訪客戶，但我不提賬單的事，我對他們說，我是奉命來調查這件事，以便瞭解公司有什麼處置不當的

措施。

2、我明確表示，我願意聆聽他們的陳述。

3、我告訴對方，他對自己的車最有發言權。

4、等到對方說完他想說的一切，我再告訴他，他的陳述顯示了公正和耐心，正因為他的公正，我要託他辦好賬單的事，相信他的處理結果會是非常妥當的。

結果怎麼樣呢，他們全部付清欠款，並且，在之後的兩年內，又來我們公司買了新車。

最有效的方法是把他們都當做品行端正的誠實人。即使那些行騙者，應讓他感到你特地將他當做一個正直誠實的人那樣對待，大多數情況下，他們會作出寬容的回應。

所以，你要獲得人們對你的同意，第十條規則是：

激起對方高尚的動機。

## 🐮 卡耐基心得 🐮

我們每一個人，在心底裏都是理想主義者，總喜歡想到那個好聽的動機。因此，為了改變人們，就要激發起他們的高尚動機。

# 使你的想法
# 具有天才的戲劇效果

> 這是一個表演的時代，如果只是敘述原理，
> 是不夠的，沒有具體的效果。
> 這種原理需要具體化，需要生動活潑、有趣、戲劇化，
> 所以需要表演。

還是很多年前，《費城晚報》受到謠言的惡意攻擊。有人指責該晚報廣告多於新聞，沒有實質內容，缺少真實報導，失去吸引力，報紙消費者感到非常不滿，報紙的銷路也受到嚴重影響。該報社雷厲風行，立即採取有效措施，設法阻止這種惡意謠傳的擴大。

採取什麼樣的措施呢？

該晚報將一天中各項閱讀資料剪下來，分門別類編成一本書，叫做《一天》，厚達307頁，而該報社只賣幾分錢一本，和

一本價值 2 美元的書差不了多少。

　　該書出版後，把《費城晚報》新聞資料豐富翔實的特點，具體地表現出來。這比用任何圖表、數字和辯解都有趣、清楚得多，並且給人深刻的印象。

　　科特‧考夫曼在他《商業上的表演術》一書中，舉過很多例子，為説明如何增加一家公司的營業額，這本書引述了一家電氣公司是如何銷售冰箱的。他們為向買主證明冰箱在接通電源後是沒有噪音的，請買主到冰箱邊擦燃火柴，要是還能聽到擦火柴的聲音，那就説明冰箱是沒有一絲雜音的。還有，如洛巴克帽子公司的經營項目上這樣寫着，他們公司有電影明星安蘇珊簽過名的帽子，每頂售價 1.95 美元。范爾巴把活動陳設窗關閉後，為什麼會流失 80% 的觀眾；一家玩具公司，起用米老鼠的商標之後，為何使他由破產走向興隆；克萊斯勒汽車公司在他們的一輛汽車上放上幾頭大象來證明他們出產的汽車是何等的堅固和結實。

　　紐約大學的巴頓和伯西通過對 1.5 萬個售貨訪問的分析，寫了一本叫做《怎樣贏得一次辯論》的書，在書中，他們將其中的規律總結為一篇演講稿，稱之為「售貨六原則」，再把這些規律攝製成電影，在數百家大公司職員面前放映。他們還親自到公共場所做示範表演，指出售貨時正確與錯誤方法的區別。

　　這是一個表演的時代，如果只是敘述原理，是不夠的，沒有具體的效果。這種原理需要具體化，需要生動活潑、有趣、戲劇化，所以需要表演。你也應有像他們那樣的表演能力，演員能這樣做，無線電台能這樣傳播，那為什麼你不可以這樣去做呢！

佈置櫥窗的專業人士很清楚「戲劇化」具有的驚人效果。如：一家鼠藥製造商給一位零售商佈置了一個別開生面的櫥窗，別出心裁地在裏面放了兩隻活老鼠，以證實他的老鼠藥的功效。果然，在這一星期內所賣出的老鼠藥比平時增加了 5 倍。

《美國週刊》的波恩頓做了一篇市場調查報告，報告的內容很長。他的公司給一家牌子最響的潤膚霜製造商完成了一篇詳細的研究，然後他必須要向潤膚霜的客戶說明這一情況。

波恩頓先生不得不承認頭一回的接洽算是糟透了。

頭一回進去，我感覺遇鬼了，沒多久就轉到徒勞無功的討論調查方法的方向去，他辯論，我跟他爭論，對方指出是我有誤，而我一味想證明自己並沒有什麼不對。

最後，儘管在理由上我佔盡優勢，自己也很滿意，但我的時間到了，會談也結束了，我一無所獲。

第二次，我沒有去搭理那些數字和各種資料，我把事實表演給他們看。

我進入辦公室，他正在接電話。電話筒一放下，我把手提箱打開，掏出 32 瓶潤膚霜，放到他面前；他知道這些東西，並也清楚那都是同業的競爭品。

我在每一個盒子上貼上一張紙條，上面寫着我調查所得的結果，那些紙條上還簡明地寫上該項商品的歷史。

結果怎麼樣呢？

這次不再有爭論了，反倒發生了新奇的事情。他一瓶

又一瓶地拿起潤膚霜來看標籤上的說明，融洽的談話展開了，他問了一些問題，而且對我的解說也非常感興趣，本來他只給我 10 分鐘時間，但是 20 分鐘過去，40 分鐘過去了，快到一個小時了，我們還在繼續談着。

這次我講的跟上次的一樣，但是這次我把事實具體化了，改用表演的模式，所得的結果卻是多麼的不同！

所以，你要獲得人們對你的同意，第十一條規則是：

給你的想法一個戲劇化的演繹。

···················· 🐮 **卡耐基心得** 🐮 ····················

給你的想法一個戲劇化的演繹。

···································································

# 能讓他人
# 不斷面臨刺激和挑戰

求勝的慾望，再加上挑戰心理，

對任何一個有血氣的人來說，都是一種最有效的激勵。

司華伯手下有個經理，無法使他管理的工人的生產達到標準產量。

司華伯問他：「怎麼回事？像你這樣有能力的人，為什麼不能讓工人達到預計的生產量？」

經理回答說：「我也弄不清楚這是怎麼回事。我用了很多方法，就是沒有辦法讓他們辛勤工作。我鼓勵過他們，不得已時責罵過他們，甚至用處分、革職來嚇唬他們，可是這些都沒有用。」

他們談話的時候，正好是日夜班交接之時。

司華伯向經理說：「你給我找支粉筆來。」他拿着粉筆，走近旁邊的工人，問他：「今天你們這一班完成了多少個單位？」工人

回答：「6 個。」

司華伯聽後不說一句話，就在地上寫了一個大大的「6」字後，扭頭就走了。

夜班工人接班後看到這個「6」字，就打聽這是什麼意思。

日班的工人就說：「大老闆剛才來這裏，他問今天我們一共做了幾個單位，我告訴他說 6 個，他就在地板上寫了這個。」

第二天早晨，司華伯又來了，夜班工人已把「6」字換成一個大大的「7」字了。

這天，日班的工人看到地上已換上「7」。他們感到夜班工人的工作效率比自己強了。哦，真是這樣？是的，那就可以了。他們想要有更好的表現，就只能加緊他們的工作。那天，白班工人快要下班時，他們「留下」一個大得出奇的「10」字，情況也就這樣扭轉了。

沒過多久，這家工廠的生產量提高了，且比公司裏任何一家工廠的生產量都要多。這是為什麼呢？

用司華伯自己的話來說就是：「假如想做成一件事，就必須施行競爭法則，那並不是說眼中只有錢，而是要具備一種勝過他人的強烈競爭慾！」

求勝的慾望，再加上挑戰心理，對任何一個有血氣的人來說，都是一種最有效的激勵。

就拿羅斯福來說，假如當初沒有這種挑戰慾，他就不可能坐上總統的寶座。這位英勇的騎士從古巴一回來便被推舉為紐約州

州長候選人。但他的反對黨指出羅斯福不屬於紐約州合法居民，他得知這一情況後，心理十分恐慌，想要退出競選。

黨魁普拉德轉身向羅斯福大聲地喊道：「難道聖巨恩山的英雄，竟是這樣一個弱者？」這句話使羅斯福鼓起勇氣，挺身跟反對黨對抗。後來的種種演變，歷史上都有詳細記載。

這個挑戰不只改變了羅斯福自己的命運，對美國歷史也產生了很大的影響。

司華伯很清楚挑戰有極大的力量以及誘導力。普拉德知道，史密斯也知道。

鬼島西端有一座臭名昭著的辛辛監獄，而這座監獄缺少一位典獄長，史密斯需要一位品格堅毅勇敢、具有治理才幹的人來管理辛辛監獄。可是有誰能勝任這個職務呢？他召來波士頓的勞斯。

「去辛辛如何？那裏需要一個勇敢的人來管理！」

勞斯知道辛辛監獄的情況，那是何等的危險，時時刻刻都會受到政治變化的影響，那裏的典獄長不停地在更換，從來沒有一個能待超過 3 個禮拜，他要考慮自己是否值得冒這個險？

史密斯見他猶疑不決，微笑着勉勵他說：「我不會責怪你，年輕人。是的，那的確不是一塊太平之地，那需要一個人物，需要一個有才幹、有才能、有魄力的人。」

史密斯是不是下了一個挑戰，激了他一下？勞斯的心中立即被激起了一種願意嘗試這個需要一個「大人物」的工作的念頭。

他真的去了，而且長久地呆了下去，成了當時最有名的典

獄長。他寫了一本《辛辛監獄兩萬年》（*20,000 Years in Sing Sing*）的書，一出來就洛陽紙貴，暢銷全國，還上電台廣播，他寫的獄中生活的那些故事，被當做電影素材，拍成多部影視作品。而且，他對罪犯人道化的見解，成為後來許多監獄改革的先聲。

菲斯頓橡皮公司創辦人菲斯頓曾說：「只有競爭和挑戰，才能發揮他們的工作效能。別以為高額薪金就可聚集人才。」

挑戰是任何一個成功的人，都喜愛的競技！挑戰，既是難度，又是表現自己和證明自己能力、價值的機會。由此造就了一些稀奇古怪的競技，如競走、吃饅頭比賽等等，而這能滿足人類爭強好勝獲得自重感的慾望。

所以，假如你想得到那些血氣方剛、鬥志昂揚的人的同意，就必須記住第十二條規則，那就是：

提出一項挑戰。

----

**☺ 卡耐基心得 ☺**

**如果我們想幹成某一件事，就必須鼓勵競爭。**

**4**

# 使人心平氣和地接受批評的九條規則

# 給予真誠的讚賞

當我們聽到別人對我們的稱讚後，

如果再聽到其他不愉快的話，就比較容易接受了。

讚美在心理學上是很巧妙的，就像理髮師替人修面時先敷上一層肥皂水。

心理學研究表明，當我們聽到別人對我們的稱讚後，如果再聽到其他不愉快的話，就比較容易接受了。我的朋友在一次週末應柯立芝總統之邀到白宮做客，他走進總統辦公室時，正好聽到總統在向女秘書說：「你今天的衣服真好看。」

平常總是沉默寡言的柯立芝總統很少這樣說話。這次卻對女秘書說出這樣的話來，使女秘書的臉頓時紅了起來。總統又說：「別不好意思，我這麼說，是為了使你感到高興點；以後對公文的標點符號稍稍仔細點。」

總統對女秘書的方法，儘管明顯了點，但他所運用的心理學方法卻是很巧妙的。

麥金利在 1856 年競選總統時所採用的方法，正是運用了這項原理。

共和黨一位重要黨員傾其才華為麥金利寫了一篇演講稿，他感覺這次寫得異常出色，認為這是他的不朽之作，所以很高興地在麥金利面前朗讀了一遍。這篇演講稿雖有很多可貴的地方，但並非他想像的那樣好，麥金利聽後覺得並不十分適合發表出去，這樣的話可能會導致反對黨的批評風波。但是麥金利不願打擊他的一番熱忱，但他又不能不說出「不」字，讓我們來看看他怎樣應付這種場合。

麥金利說：「我的朋友，這真是一篇精彩絕倫的佳作，我相信再也沒有人能比你寫得更出色了。就許多場合來講，這確實是一篇天才級的演講稿，但在某種特殊的場合是否適合呢？在你看來這是合適的、慎重的；但我必須從黨的立場來考慮你的演講稿發出後可能產生的一切影響。現在你回去根據我所提出的幾點，再修改一下，並送一份給我。」

果然，他那樣做了。麥金利也很認真，用藍筆把他的第二次草稿再加以修改。結果證明，那位黨員在那次競選中成為麥金利最得力的助手。

林肯寫的第一封最著名的信件，是給畢克斯貝夫人的，為她的 5 個兒子在戰場犧牲而表示哀悼。寫那封信，林肯可能只花了 5 分鐘。可是，那封信在 1926 年公開拍賣時，售價高達 1.2 萬美

元，比林肯半輩子所有的積蓄還多。下面，則是林肯寫的第二封最著名的信件。

這封信寫於 1863 年 4 月 26 日，那是內戰最黑暗的時期，戰爭已經持續 18 個月了，林肯的一眾將領帶着聯軍屢遭慘敗，整個戰爭除了大屠殺外，已沒有什麼意義。那時人心惶惶，數以千計的士兵臨陣脫逃，全國譁然，甚至參議院的共和黨議員也起了內訌，更令人不安的是他們強迫林肯離開白宮。

林肯自己也說：「我看不到一絲希望的曙光，現在，我們已走到了毀滅的邊緣，上帝好像也在反對我們。」這封信就是在那麼黑暗混亂的背景下寫出來的。

我摘錄這封信的目的只有一個，就是想說明林肯在這樣一個非常時期怎麼樣改變了一位固執的將領，而成敗的命運，就繫在這位將領身上。

這是林肯任職總統期間寫過的措辭最銳利的一封信。但你仍然可看到，林肯在指出他犯下的嚴重錯誤之前，還是先稱讚了對方。的確，那些是他曾經犯下的嚴重錯誤，但林肯筆鋒穩健，具有外交的策略，他把責備隱藏於機智和幽默之中。

下面就是林肯寫給胡克爾將軍的信：

> 我已任命你為麥克軍隊的司令官，我這樣做是有充足根據和理由的。可是我想你也明白，有些事你做得讓我感到為難。當然，我確信你是一個難得的驍勇善戰的將軍，

這點令我感到寬心。但同時我也要說，你不應該把政治和軍人的職責摻雜在一起，這方面你並沒有錯，你對自己有堅強的信念，那多麼好，那是一個軍人有價值的可貴品德。

你有野心，在某種範圍內，那是十分有益的。但在波恩賽將軍帶領軍隊的時候，你縱容了你的野心，阻撓他。在這件事情上，對於你的國家，對一位功勛卓著的同僚，犯下了一個難以饒恕的錯誤。

我聽說，你最近曾說軍隊和政府需要一位獨裁者。當然，我授予你軍隊的指揮權，絕非此因；同時，我也不希望是這個原因。

只有那些凱旋而歸的將軍才有資格當獨裁者。眼下，我對你的最大期望就是這種勝利，到那時，我會冒着危險授予你獨裁權，司令官先生。

政府盡其所能支援前線的你，就像支援其他將軍一樣。但我真的很擔心你灌輸給軍隊和長官不信任上司的有害思想，以至於不良後果落到你自己身上。所以我願意竭力幫你平息你這種危險的思想。

軍隊一旦染上這種思想，即使是拿破崙再世，也不能從軍隊中得到些什麼？眼下，不要過於匆忙，需要小心謹慎，切莫輕率推進，竭盡全力去爭取我們的勝利。

當然，我們不是柯立芝，不是麥金利，更不是林肯，但你想知道這個道理在日常生活中對你如何有用嗎？現在就以費城華克

公司的卡伍先生為例：卡伍先生是個普通人，跟你我一樣，他是我在費城講習班的學員。這個故事就是他講的。

在費城，華克公司承包下一座辦公大廈的建築工程，指定必須在規定的日期內竣工。工程進展很順利，眼看快要完成了，但承包外面銅工裝飾的商人突然說他不能如期供貨了。

眼看整個建築工事就要因此停下來了！如果不能如期完工，公司就要付巨額賠償！這慘重的損失，僅因承包銅工裝飾的商家不能如期供貨。

接二連三的來電，激烈的爭辯、吵罵，起不了任何作用。就在這樣的情況下，卡伍被派往紐約，找承包銅工裝飾的商人進行當面交涉。

卡伍走進經理的辦公室，他說的第一句話就是：「你的名字在布魯克林市是絕無僅有的！」這位經理聽到這話，感到驚訝和意外，他搖搖頭說：「我自己都不知道呵。」

卡伍說：「今天早上，我下了火車翻電話簿，找你的住址，發現整個布魯克林市只有你一個人叫這個名字。」

那經理說：「真的？我可從來沒有注意過。」於是他很感興趣地把電話簿拿來查看，一點不假，那經理很自豪地說：「是的，這確是個不常見的姓名，我的祖籍是荷蘭，來到紐約已有 200 年了。」接着就談論他的祖先和家世的情況。

這件事談完了，卡伍又找了一個話題，讚美他的工廠規模如此龐大。卡伍說：「這是我見過的所有銅器工廠中最漂亮、完美的

一家。」

那位經理説：「是的，我所有的精力都花在經營這家工廠上，我以此為榮，閣下是否願意參觀一下？」

「當然。」卡伍説。參觀時卡伍盛讚工廠組織系統的優越性，並且指出哪一方面遠勝於其他的工廠，特別讚許了幾種該廠擁有的特殊機器。這位經理自豪地告訴卡伍，那幾項機器還是他自己發明製造的。他在解説這種機器的使用方法上花了很長時間，他堅持要請卡伍一起吃午餐！有一點請讀者務必記住，直到現在，卡伍對他這次來訪的目的一個字都沒説。

午餐吃完了，經理説：「現在，言歸正傳。我當然很清楚你此行的目的。可真沒想到，我們會談得這麼愉快。」他滿臉笑容，説：「你先回費城，我保證貨準時到，一分鐘都不會差，即使耽誤了別的生意，我也要它準時到達。」

卡伍沒有提出任何要求，可他此行的任務順利完成了，材料全部如期到達。現在想，假如卡伍跟那位經理爭辯，會不會有這樣的結果？

所以，改變一個人的意志的第一條規則就是：

以真誠的稱讚和欣賞開始。

-------------------------- 🦊 卡耐基心得 🦊 --------------------------

**以真誠的稱讚和欣賞開始。**

# 如何批評才不致招怨

> 我們要勸阻一件事，永遠要避實就虛，
> 躲開正面的批評，這是很關鍵的。
> 有必要的話，我們應旁敲側擊地去暗示對方。

一天中午，司華伯偶然走進他的一家鋼鐵廠，看到幾個工人在吸煙，而在那些工人頭頂的牆上，就掛着一塊「禁止吸煙」的牌子，司華伯是不是指着那塊牌子向工人說：「難道你們不認識字？」

不，司華伯絕不會這般沒有策略。

他走到工人面前，拿出煙盒，給每人發一支雪茄，說：「嗨，各位弟兄，別說謝謝，假使你們能到外面抽煙的話，我就非常滿意了。」眾工人已知道自己違反紀律，可他們欽佩司華伯沒有責備他們，反而給他們每個人派雪茄，讓他們充分感覺到自己的重要和高貴。像他這樣的人能不讓人喜歡嗎？

范那梅克——費城一家大百貨公司的老總，他也愛用這種方式。每天，范那梅克都去他的百貨公司一趟。有一次，他看到一位女客人站在櫃枱外等着買東西，可就是沒有一個人過去招呼她。

售貨員都聚在櫃枱遠處的一個角落談笑風生。范那梅克悄悄走到櫃枱，招呼那位女顧客。然後他把成交後的貨物，交給售貨員，讓他去包裝一下，自己卻一聲不響地走開了。

在批評他人而不會招致怨恨方面，常常因不同連接詞的使用是否恰當，而帶來不同的結果，許多聰明人常常會在作出批評之前先來一番讚揚，接着再說一個轉折詞。比如在批評孩子學習上的粗心時，我們通常會這麼說：「約翰，你這個時期的成績不錯，我們為你感到高興，不過，如果在運算上再認真一點，那就更好了。」

這種說法會讓約翰覺得受到了鼓勵。

大多數人對於直接的批評都深惡痛絕，因此有必要婉轉地提醒他。而一旦用語婉轉，就會效果驚人。

羅德島的莫吉·嘉就曾在培訓班上說過，她說服建築工人改變隨地亂扔東西的習慣的事。當時，那些工人在為她建一個儲藏室。

在開始施工的那幾天，我一下班回家，就發現滿院子都是木碎，心裏很不舒服，但我不願意得罪他們，因為他們幹活非常辛苦。等他們離去後，我和孩子把這些碎木塊撿拾起來放在牆角。第二天早上，我把工頭叫到一旁告訴他：「你瞧，我很滿意你們把前院收拾得那麼乾淨，各位鄰

居都沒有表達任何不滿。」

從此以後，工人不再亂扔木塊了，而是照着我們拾放木塊的方式擺放在牆角。工頭每天還要問我是否滿意。

1887 年 3 月 8 日，以善於佈道著稱的皮雀牧師去世了。所以，下一個週日，埃伯德牧師就被邀登壇佈道。他相信自己能使這次佈道有不俗的表現，所以他事先寫了一篇佈道的稿子，準備到時候用。他修改潤飾多次，才完成那篇稿子。然後，讀給他太太聽，但是，這篇佈道的演講稿並不很理想，就跟普通演講稿一樣。

假如他太太修養不夠的話，一定會對他嚷着說：「埃伯德，這稿子糟透了，絕不能用，照你這樣演講，聽的人一定會睡大覺的，它讀起來就像哲學書、百科全書。你講道這麼多年，應當明白，親愛的，為什麼不跟平常講話一樣，為什麼不自在一些呢？」

她當然可以向丈夫說如上這番話！若她不這樣說又如何呢？埃伯德太太顯然知道這是怎麼回事，所以她很巧妙地暗示丈夫，要是這篇演講稿拿到《北美評論》上去發表，那的確是一篇很好的傑作。換句話說就是，她讚美丈夫的同時，卻又向他暗示，這篇稿子並不適合用來佈道。埃伯德肯定會看出他妻子的暗示。所以，他把那篇絞盡腦汁完成的演講稿撕了，什麼也不拿就去佈道了。

必須記住的是，若我們要勸阻一件事，關鍵是要避實就虛，躲開正面批評。有必要的話，應旁敲側擊地去暗示對方。正面的批評會毀損他人的自重，傷害人的自尊，而採用旁敲側擊的方法，對方知道你用心良苦，即使一時不能接受，但是他會感激你。

　　所以，要改變人們的原有意志，又不會引起對方的反感，第二條規則就是：

　　間接迂迴地指出他人的過錯。

卡耐基心得

　大多數人對於直接的批評都深惡痛絕，因此有必要婉轉地提醒他。

# 先說出你自己的錯誤

一個人欲要批評別人前，

先要謙遜地承認自己也不是十全十美、無可挑剔的，

然後才指出他人的錯誤，

這樣會比較容易讓人接受。

我的侄女約瑟芬，3 年前離開她在坎薩斯城的家，到紐約來給我做秘書。那時約瑟芬才 19 歲，高中畢業，還沒有什麼工作經驗；而現在她是一位很稱職的秘書了。

剛來的時候，我看她實在有待好好學習。一天，我剛想批評她時，先對自己說：「慢着，再等一等，戴爾‧卡耐基。你年紀比約瑟芬大上一倍有餘，現在你處事的經驗高過她 100 倍還要多。你怎麼要求她具有你的觀點、你的判斷力、你的想法和見解呢？戴爾，當你在 19 歲的時候，你又做了些什麼？還記得你那拙劣愚

蠢的行為嗎？」

公平地認真對比後，我發現，約瑟芬比我在她這個年紀時好多了。從此以後，當我提醒約瑟芬要注意某些地方時，我總是這樣對她說：

「約瑟芬，你只是犯了一丁點錯，可是上帝知道，你並不比我當年所犯的錯誤更糟糕。人不是一生下來就能判斷一件事的，那需要學習，從經驗中不斷得來。

「而且，我在你這年紀時並不如你，甚至比你差多了。那時我犯過很多極其可笑的錯誤，我絕不是要批評你或者其他任何人，只是如果你照我說的方式去做，會不會更好一點呢？」

1909 年，圓滑的布魯親王就已深刻感悟到利用這種方法的重要性了。當時，德國皇帝威廉二世在位，他目空一切，驕傲自大，建立陸軍和海軍，想要與全世界的人為敵。

結果，一件讓人大跌眼鏡的事情發生在他身上。

就在他作客英國時，在大庭廣眾之中，他說的一席話震驚了整個歐洲，甚至波及世界各地。最糟糕的是，他還允許把這些可笑的、自傲的、荒謬的言論讓《每日電訊》照原意發表出來。

德皇說，他是唯一對英國感覺友好的德國人。他正在建造海軍，以對付日本國的危害。只有他才能使英國不致屈膝於法俄兩國的威逼利誘之下。英國羅伯特爵士在南非能夠戰勝荷蘭人，那完全是出於他的籌募。

在過去 100 年的和平時期，歐洲沒有一位國王會說出這等貌

似驚人的愚蠢之語。頓時，歐洲各國一片譁然，像馬蜂窩被捅開了似的。英國方面非常憤怒，而德國國內的那些政治家更是為之驚羞、汗顏。

在一陣驚慌之中，威廉二世也漸漸感覺到了事態的嚴重，顯得有點慌張了。他暗示布魯親王，要他代為受過。皇帝要布魯親王宣稱那一切都是他的主張，是他建議皇帝說出這樣一些大話來。

可是，布魯親王說：「但是陛下，恐怕德國人或英國人，都不會相信我會建議陛下說那些話的。」

布魯親王說出這話後，立刻發覺自己犯下一個極其嚴重的措辭失誤，立時激起了威廉二世的憤怒。

他幾近咆哮地說：「你以為我是一頭蠢驢嗎？連你都不至於犯下的過錯，而我卻做得出來？」

布魯親王何等聰明，他明白自己應先做一定的鋪墊或犧牲，然後再指出皇帝的過失，只是後悔已來不及了。他只能做補救工作：即在批評失當後，馬上加以讚美。結果，彩虹立即就出現了。

因此他謙卑地說：「陛下，在下絕對不敢有此意。陛下絕頂聰明，遠勝於我，不只是在海軍的知識上，尤其在自然科學方面，每次您談到晴雨錶、無線電報等高深知識時，我總感到羞愧，才明白自己對這個世界知道的實在是太少了。化學和物理一竅不通，即使普通的自然現象，我也不能作出科學的解釋。但引以為榮的也就是我的那點歷史知識，也不過稍稍知道一點，也還有一點點政治上的才能，特別是外交上的才能。」

威廉二世臉上馬上轉陰為晴，現出笑容來，那是布魯親王極度地稱讚了他。布魯親王貶低了自己，以抬高了威廉二世。經布魯親王作出解釋後，這位皇帝馬上原諒了他。威廉二世很高興地說：「我不是常跟你講，我們以彼此能相輔相成而出名嘛。我們需要真心、熱忱的合作，而且我們都願意為之努力。」

他同布魯握手，不止一次，而是很多次。那天的一整個下午，他都緊緊地握着布魯親王的手，說：「要是哪個王八蛋對我說布魯不好，我的拳頭就會砸在他的鼻樑骨上。」

布魯親王及時挽回了自己的過錯。只用幾句謙稱自己而稱讚對方的話，就把盛怒中傲慢得不可一世的德國皇帝變成朋友！可想而知，謙遜和稱讚在我們的生活中是多麼重要！由此可見，恰當地運用謙遜和稱讚，在人際關係上，真會發生不可思議的事情。

要改變一個人的想法而不激起他的反感，第三條規則就是：

在批評對方之前，不妨先談談自己的錯誤。

---

🐮 卡耐基心得 🐮

在批評對方之前，不妨先談談自己的錯誤。

---

# 沒有人喜歡被人指使

> 用提問的方式代替命令更容易讓人接受，
> 而且往往還會激發起被問方的創造能力。

他從沒有聽到揚·歐文向任何一個人說出一句直接命令的話。他使用的措辭，始終是建議，而不是命令。

最近，我很榮幸，能同美國著名的傳記作家泰勒女士共進午餐。我告訴她我正在寫《人性的弱點》，當我們討論到人與人相處的重要問題時，她告訴我，她在撰寫揚·歐文傳記時訪問過一位跟他在同一辦公室工作 3 年的人。

那個人說，3 年來，他從沒有聽到揚·歐文向任何一個人使用命令口氣。他使用的措辭始終是建議性質的，而不是祈使句。

揚·歐文從不這樣說：「做這，做那。」或者：「別這樣幹，別那樣幹。」平時他對人的措辭是：「你不妨再考慮一下。」或是：

「你覺得那樣有用嗎？」

當他寫完一份文件後，常這樣問：「你以為怎麼樣？」當他看過秘書寫完的一份文件之後，他這樣說：「或許，這樣措辭會比較好一些。」他就是這樣，他決不告訴助手應該怎麼怎麼樣，而是讓他們從錯誤中總結經驗，在學習中自我鍛煉、成長。

他的這種方法讓人容易改正自己原來犯過的錯誤。既尊重了對方的自尊，又使人有自重感。這種方法也容易取得真誠的合作，而對方不會拒絕。

因急躁地給人發佈命令所帶來的怨恨，可能會持續一段很長的時間，即使是為了糾正明顯的錯誤而發佈的命令也不例外，賓夕法尼亞州懷俄明的一位學校教師丹‧桑塔里，在我的培訓班上講述了這樣一個例子：

有一個學生因為違章停車而把學校工場的入口塞住了。一位教員氣呼呼地衝進了課室，大聲說：「是誰的車把通道塞住了？」那位學生承認是自己的車。可是教員卻不依不饒，又大聲說：「趕緊把它挪開，趕緊！否則我就叫人將它拖走。」那位學生把車停在了不該停的地方，顯然是一個錯誤，但從那天開始，這個班上幾乎所有的學生都對那位教員心懷怨恨，事事與他作對，使他無法正常愉快地工作。

這位教員怎麼做才不至於給自己帶來麻煩呢？他應該和藹地詢問：「塞在通道上的車究竟是誰的？」然後再告訴對方，只有將車挪開，別的車才可以開走。這樣一來，那位學生便會愉快地接

受，各位同學也不會對他心生怨恨。

相比起來，用提問的方式代替命令更容易讓人接受，而且往往還會激發起被問方的創造能力。試想，如果被命令者參與決定命令，他會不樂意接受這個命令嗎？

伊恩‧麥克唐納是南非約翰內斯堡一家生產精密零件的小型工廠經理，有一次，他要面對一張很大的訂單，但是他也知道自己工廠的能力不足以完成這批訂貨。

他並沒有催促工人拼命工作，完成任務，而是把大家召集在一起，說明情況，然後提出問題：「大家看看，我們能用什麼辦法完成這批訂貨？是不是每個人都能實行一些措施？或者，有沒有辦法調整工作人員的時間？」

員工紛紛提出意見，並且堅持接下訂單，而且如期完成。

所以，要改變一個人的想法而又不冒犯他或引起反感，第四條規則就是：

指揮辦事時，盡量少用命令語氣。

---

###### 🐮 卡耐基心得 🐮

**指揮辦事時，盡量少用命令語氣。**

---

# 顧全對方的面子

> 我們只需花上幾分鐘時間好好想想，
>
> 再說一兩句體諒對方的話，
>
> 就可以免去很多不必要的刺痛。

美國通用電氣公司遭遇到一件很不易應付的事，他們要把斯坦米茨的部長職位撤掉。斯坦米茨在電學方面的學識可以說是一流的人才，可他擔任的卻是會計部部長，等於浪費了人才。他是一個很敏感的人，公司的人都不敢得罪他。最後，公司決定為他設置一個新頭銜，讓他擔任顧問工程師，而另派他人擔任會計部部長。

斯坦米茨很高興！公司的主管人員也相當滿意。他們輕易地調動了一位有怪癖的高級職員，而他們之間並沒有發生任何不愉快，因為他們顧全了斯坦米茨的面子。

　　因此，顧全他人的面子，多麼重要！可是在我們之間卻很少有人這樣做。有時，我們蹂躪他人的感情，達到不留餘地的地步，找別人的錯處，或者加以威脅，當着別人的面，批評人家的孩子或是傭工，毫不顧及別人的尊嚴。

　　事實上，我們只需花上幾分鐘時間好好想想，再說一兩句體諒對方的話，就可以免去很多不必要的刺痛。

　　那麼，如果我們遇到這種事情時，應當記住怎樣去做。

　　我在這裏引用格雷琪會計師給我的一封信：

　　辭退傭員是一件棘手的事，被辭退的人，更不會有何高興可言。我負責的業務是有季節性規律的，每到 3 月份我都要辭退一批傭員。

　　俗話說「沒有人願意掌管斧頭」，好像專門是針對我們這一行業說的。結果，就形成了一種習慣，解決愈迅速愈好。每解聘一名傭員時，我都這樣跟他說：「現在季節已過，我們已沒有什麼事給你做了。當然，我想你也知道，只是在忙不過來時，我們才請你們來幫忙的。」

　　我的這些話對這些人來說是一種失望，一種被人甩掉的感覺。他們當中的大多數人終身都依靠會計行業生活。對於就這樣草率地輕易辭退他們的公司會憎恨無比。

　　最近，當我要辭退那些額外傭員時，就稍微動上一點腦筋了。我把每人在這一季中的工作成績細看過後才召見他

們，我這樣對他們說：「Ｓ先生，你這一季的工作成績不錯。上次，我們委派你到珠瓦克城辦的那件事的確很有難度，但你卻辦得十分出色，本公司擁有你這樣的人才非常幸運，你很能幹，前程似錦，到什麼地方都會有人歡迎你這樣的人才的，公司很感激你這些日子的勞動，也相信你的能力，希望你有空就來公司看看，如果有機會我們再合作！」

結果怎樣？那些被我辭退的人，心情舒服多了，他們不再覺得像是受了天大的委屈。他們心裏明白，如果這裏再有工作機會，公司還會重新聘請他們的。當我們下一季又請他們來時，他們對我們公司更加親切，更有好感。

已故的馬洛先生有一種奇特的才能，他專門勸解兩個水火不容的生死冤家。看看他是如何做到的：他有理有據地找出雙方都會認可和接受的事實，並且加以讚許，直到雙方都滿意為止。不論最後如何解決，他決不說任何一方有錯。

一個真正的仲裁者是懂得保全任何一方的面子的。世界上那些偉大的人物不會鼠目寸光，他們大都是高瞻遠矚的。

經過好幾百年的戰爭與仇視，在 1922 年，土耳其人終於決定要將希臘人驅逐出境。土耳其總統凱末爾沉痛地向士兵說：「你們的目標就是地中海。」就這樣一句話，近代史上最慘烈的一場戰爭開始了，戰爭的結果是土耳其人獲勝。當希臘的兩位將軍鐵考比斯和狄阿尼向凱末爾請降時，沿途遭到土耳其民眾的蔑視和謾罵。

但是，凱末爾並沒有以王者自居，擺出一副驕傲的姿態來。

他握着他們的手，真摯地說：「坐吧，你們一定感到困倦了！」凱末爾談過戰爭情況之後，為減少對方的心理負擔，便說：「戰爭有如一場體育比賽，有時候高手也會失手的。」

　　凱末爾成了戰爭的寵兒，他知曉第五原則的重要性：

　　顧全對方的面子。

---

**☻ 卡耐基心得 ☻**

　　一個真正的仲裁者是懂得保全任何一方的面子的。

# 如何鼓勵他人獲得成功

> 在習慣性地未能運用的能力之中，
>
> 有一種你必定沒有發揮出來，就是讚美鼓勵別人，
>
> 激勵人們發揮潛在的才華。
>
> 才華會在批評下萎縮，而在激勵下綻放花朵。

在訓練狗時，我們都懂得讚美，即使是一點小小的進步。派特·巴洛是我的一位老朋友。他有個狗與小馬的節目，他一生都跟馬戲團和雜耍團到處表演。我很喜歡看派特訓練狗的樣子，當狗有了一點點的進步，派特就會拍牠，誇獎牠，還給牠肉吃，並逗牠一陣子。

這沒什麼新鮮的。幾個世紀來，馴獸師都是用同樣的方法。

我一直在想，為什麼當我們要改變別人時，不用嘉許來代替斥責？即使是最小的進步，也讓我們來讚美吧！這樣會激勵人們

不斷地進步。

在《孩子，我並不完美，我只是真實的我》(*I Ain't Much, Baby-But I'm All I Got*) 這本書中，著名心理學家傑絲・雷耳評論説：「稱讚對溫暖人類的靈魂而言，就像陽光一樣，沒有它，我們就無法成長開花。但是我們大多數人，只是敏於躲避別人的冷言冷語，而我們自己卻吝於把讚許的溫暖陽光給予別人。」

我能夠回顧我的生命，並找出那些改變了我命運的嘉許之言。你是否也能在你的生命中，找出同樣的東西？歷史全是由這些誇讚的真正魅力來做令人心動的註腳的。

例如，許多年前，一位 10 歲的男孩在那不勒斯一家工廠做工，他一直想當一個歌星，但他的第一位老師卻讓他洩了氣。他説：「你不能唱歌，你根本五音不全，簡直就像百葉窗被風吹一樣。」

但是他媽媽——一位窮苦的農婦——用手摟着他並稱讚他説，她知道他能唱，她認為他有些進步了；她節省每一分錢，好讓他去上音樂課。這位母親的嘉許，改變了這個孩子的一生。他的名字叫恩瑞哥・卡羅素，後來他成了那個時代最偉大的歌劇演唱家。

很多年以前，倫敦有位年輕人想當一位作家。他好像什麼事都不順利。他幾乎有 4 年時間沒有上學。他的父親鋃鐺入獄，只因無法償還債務。這位年輕人還時常遭受飢餓之苦。終於，他找到一份工作——在一個老鼠橫行的貨倉貼標籤。晚上在一間陰森

靜謐的房子裏，和另外兩個男孩一起睡 —— 他們兩個人是從倫敦的貧民窟來的。他對他的作品毫無信心，所以他總是趁深夜溜出去，把他的稿子寄出，免得遭人笑話。一個接一個的故事都被退稿，但最後他終於被人接受了。雖然他一先令都沒拿到，但有一位編輯誇獎了他，承認了他的價值。他的心情太激動了，因而他漫無目的地在街上亂逛，眼淚流滿雙頰。

因為一篇文章獲得的嘉許，改變了他的一生。假如不是這些誇獎，他可能一輩子都在老鼠橫行的工廠做工。你也許聽說過這個男孩的名字，他叫查爾斯·狄更斯。

另外一個男孩在一家乾貨店工作維生。早上 5 點，他就得起牀打掃店面，一天如奴隸般忙碌 14 個小時。那真是又單調又辛苦的工作，他自己也輕視這份工作。兩年後，他無法忍耐了，於是變得狂躁起來。有一天起牀後，還沒吃早餐，他就跋涉了 15 英里的路，投奔他做管家的母親。

他向她懇求，而且哭了，他發誓假如他繼續做那份工作，他會毀了自己。於是他寫了一封悲慘的長信給他的老校長，說他心已死，不想再活下去了。老校長給了他一些安慰，並說他確實很聰明，應該得到好一點的事做，於是請他當一名老師。

這份稱讚改變了這位青年的一生，也為英國文學史留下了不朽的一頁。這位男孩持續地寫了無數本暢銷書，並賺了好幾百萬。你也許也聽說過，他叫 H. G. 威爾斯。

　　用讚揚來代替批評，是史金納先生的基本觀點。這位偉大的心理學家以動物和人的實驗來證實，當批評減少而鼓勵和誇獎增多時，人所做的好事會增加，而比較不好的事會受忽視而萎縮。

　　北卡羅來納州洛杉磯的約翰・林傑波夫就拿這種態度對待他的孩子。如同許多家庭一般，父母與孩子溝通的形式是吼叫。這些家庭的例子顯示，這樣子一段時期之後，孩子與父母的關係變壞了。林傑波夫決定使用在我們課堂上學的一些方法來解決這個問題。他在報告中說：「我們決定以稱讚別人來代替挑剔別人的過失，當我們看到他們做的都是負面的事情時，這非常不容易做到。要找些事情來稱讚，真的是很難。我們想辦法去找出他們值得讚美的事情，而他們以前所做的那些令人不高興的事，真的就不再發生了。接着，他們一些別的錯處也消失了，他們開始照着我們的讚許去做。居然，竟出乎常規，他們乖得連我們也不敢相信。當然，這並沒有一直持續下去，但總是比以前要好得多了。現在我們不必再像以前那樣糾正他們。孩子們做對的事要比做錯的多得多。這些全都是讚美的功勞，即使讚美他最細微的進步，也比斥責他的過失要好得多。」

　　這對工作來說也是一樣。凱斯・羅伯在加州木林山的公司也運用了這一原則。他的印刷廠有時需要印刷高品質的產品。但印刷工人是位新人，他不太適應他的工作。他的監督很不高興，想解僱他。

　　當羅伯先生知道了這個情形以後，親自到印刷廠，跟這位年

輕人談了一次話。他告訴這位年輕人他剛收到新近完成的一批印刷品，覺得十分滿意，還告訴他，這是他在公司看到的最好的成品之一。他指出好在哪裏，以及那位年輕人對公司來說十分重要。這能不影響那位年輕人對工作的態度嗎？幾天以後，情況大大改觀。

他告訴他的同僚，羅伯先生非常欣賞他的成品。從那天起，他就成為一位忠誠細心的工人了。

我們都渴望被賞識和認同，而且會不惜一切去得到它。但沒有人會要不誠懇的東西。

讓我重複一遍，這本書所教的原則，只有真心誠意才會有用。我不是擁護詭計，也不是教你欺詐，我說的是一種新的生活方式。

談到改變人，假如你我願意激勵一個人來瞭解他所擁有的內在寶藏，那我們所能做的就不只是改變人了，我們是徹底地改造他。誇張嗎？聽聽威廉·詹姆斯睿智的話語吧（他是美國有史以來最有名、最傑出的心理學家）：「若與我們的潛能相比，我們只是半醒狀態。我們只用了我們的肉體和心智的極小部分而已。往大處講，每一個人離他的極限還遠得很。他擁有各種能力，但往往習慣性地未能運用它。」

在這些習慣性地未能運用的能力之中，有一種你必定沒有發揮出來，就是讚美別人、鼓勵別人，激勵人們發揮他們的潛在才華。才華會在批評下萎縮，而在激勵下綻放花朵。

因此，第六條規則就是：

用讚美去激勵他人的潛在能力。

········································ ❤ 卡耐基心得 ❤ ········································

用讚美去激勵他人的潛在能力。

# 給他人一個美好的名聲

假如你想糾正某人某些不足之處，

你要看到並表示出他已經具有某方面的優點了。

　　沁德夫人住在紐約百利斯德路，她是我的一位朋友。她剛僱了一位女傭，告訴她下週一開始來做事，然後打電話給女傭以前的女主人，那夫人說這個女傭並不很好。週一，女傭來上班時，沁德夫人說：「林俐，昨天我打電話給你之前做事的那位善良的夫人，說起了你，她說你誠實可靠，很會做菜和照顧孩子；但她也說了，就是有時候你稍微隨便了點，總不能將房間收拾乾淨。我想她說的沒有什麼道理吧，你穿得那麼整潔，這是誰都可以看出來的。我敢打賭，你收拾的房間也一樣整潔乾淨，同時也相信我們會相處得很好。」

　　果然，她們相處得不錯，林俐為了顧全自己的名聲，沁德夫

人所講的她都做到了。她把屋子收拾得乾乾淨淨，寧願自己多費些時間，辛苦一些，也不想破壞沁德夫人對她本人的良好印象。

華克倫是鮑德文鐵路機車工廠總經理，他說：「假如你得到別人的敬重，而你對他的某種能力也表示出真心的尊重，一般而言，他都會願意接受指導。」

我們也可以如是說：假如你想糾正某人某些不足之處，你要看到並表示出他已經具有某方面的優點了。正如莎士比亞所說的那樣：「如果你不具備某種美德，那就假定你已經有了。」假使對方已經有你所要激發的美德，並給他一個美好的名聲，讓他去表現，他會盡自己所能，他不會使你失望，更不願意使自己感到失望的。

雷布理克在她的《我和梅托林克的生活》（*My Life with Maeterlinck*）一書中，曾講述過一個卑微的比利時女傭的驚人改變。

她寫道：

隔壁酒店裏有個女傭，人稱「洗碗女瑪麗」，每天替我端茶送飯。她那副長相真古怪，一對鬥雞眼，兩條彎曲的腿，身上瘦得沒有二兩肉，總是顯得無精打采，迷迷糊糊的。

她端着一盤麵來給我時，我坦白真誠地對她說：「瑪麗，你知不知道你有內在的財富？」

　　瑪麗平時好像總是極力約束自己的感情，生怕招來什麼災禍，不敢作出一丁點高興的樣子，她把麵放到桌上後，才歎了口氣說：「夫人，我可從來不敢這樣想的。」她沒有什麼問題，也沒有任何懷疑，只是回到她的廚房反覆思考我剛才的話，這是不是人家跟我開的玩笑？

　　從那天起，她自己好像也考慮到這件事了，在她心中，起了一種神奇的反應。她相信自己是看不見的隱形玫瑰；她開始注意修飾自己的容貌和身體。不久，她那原本枯萎了的身體，漸漸洋溢出青春般的氣息來。

　　兩個月後，當我要離開時，她突然告訴我：「我要去做人家的夫人了！我要跟廚師的侄兒結婚了！」她向我道謝，因為我那天的話使她改變了自己對人生的看法。

　　雷布理克只是給「洗碗女瑪麗」一個讚美，就使瑪麗本人願意與自己所接受的讚美名副其實，改變了她的一生。

　　利士納將軍要影響在法國的 200 萬美國士兵的行為時，他也使用同一個方法。哈巴德將軍是一位十分受人敬重的將軍，他告訴利士納說，照他看，在法國的 200 萬美國士兵是他生平接觸過的最理想、最整潔的軍隊。

　　這算不算過份的讚美？或許是。但關鍵是我們看利士納怎樣應用它！利士納說：「我從未忘記把哈巴德將軍所說的話如實轉告給眾士兵，我並不懷疑這話的真實性，哪怕並不真實，士兵們知道哈巴德將軍的看法後，他們也會努力去達到那個水準的。」

有一句古語這樣説:「假如不給一條狗取個好聽的名字,還不如勒死它算了。」

不管是窮人富人,還是乞丐盜賊,幾乎每一個人都願意竭盡其能保持別人贈予他的讚譽,這是人類的天性。

辛辛監獄典獄長勞斯說:「假如你必須去面對一個盜賊或者騙子,只有一個辦法可以制伏他,那就是你必須待他如同一位誠摯體面的紳士。先假定他是位規規矩矩的正人君子,他會感到受寵若驚,他會很驕傲,因為他以為有人在信任他。」

這句話太重要,太好了!我們不妨再説一遍:

「假如你必須去面對一個盜賊或者騙子,只有一個辦法可以制伏他,那就是你必須待他如同一位誠摯體面的紳士。你假定他是位規規矩矩的正人君子,他會受寵若驚,他會很驕傲,因為他以為有人在信任他。」

所以,如果你想要影響一個人的行為,又不引起他的反感,記住第七條規則:

給人一個美好的名聲。

---

## ❦ 卡耐基心得 ❦

給人一個美好的名聲。

---

# 使錯誤看起來容易改正

如果你指出孩子、丈夫，或者員工，

他在某一件事上顯得愚蠢至極無藥可救，

簡直沒有一點天賦，他所做的完全不對頭，

那你就毀滅了他想要上進的理想。

我有一個朋友，已經 40 歲，不久前才訂婚。他未婚妻勸他學習跳舞，這對他來說或許太遲了。他告訴我說：

上帝知道，我的確應該去學跳舞。因為我現在跳的舞步還跟 20 年前的一樣。我所請的第一位舞蹈老師告訴我說，我的舞步完全不對頭，必須從頭再來，使我很灰心。她說的或許是真心話，但卻令我沒心思再繼續學下去了，所以我辭掉了她。

於是請了第二個老師，她說的也許都不是真的，可我聽了覺得高興。她笑着說，我跳的舞步是有點老套了，但基本步子還是對的。她還說，我要學會幾種流行的新舞步不算難。

第一位老師，一開始就從根本上打消了我的興趣。第二位則相反，她不斷地稱讚、鼓勵，並拼命地減少我初學的擔心。她肯定地說：「你對韻律感有一種很自然的把握，你該是一位天才的舞蹈家。」可我自己知道，我只是一位不入流的舞蹈者罷了。但在我心中，我卻希望她所說的是真的。或許是我付了學費，才使她那樣說的。

但不管怎樣，我現在跳舞，要比她還未說我有一種很自然的韻律感那句話之前，明顯好多了。我很感激她，她那句話鼓勵了我，使我看到了希望，我自己也願意改進。

如果你指出孩子，或者丈夫，或者員工，他在某一件事上顯得愚蠢至極無藥可救，簡直沒有一點天賦，他所做的完全不對頭，那你就毀滅了他想要上進的理想。但是假如你運用相反的辦法，多給他鼓勵，把事情看得容易些，讓他知道，你對他有信心、有期待，他還有尚未發展出的潛能，那他就會付出更大的努力去爭取這個勝利。

湯姆士是人類關係學上一位偉大的藝術家。他會毫不猶豫地讚美你，給你信心，他用勇氣和堅定的信念鼓勵你。最近的週末，我同湯姆士夫婦在一起打發時間，星期六晚上，他們請我一

起打橋牌。我不懂這玩意，我感覺那是一個極神秘的東西。「不，不，我不會！」我不得不跟他們這樣說。

湯姆士說：「戴爾，沒有什麼難度。玩橋牌時，稍微動點腦筋就行了，談不上任何技巧。你不是寫過一章關於記憶術的文章嗎？所以，橋牌對你來說是一項再容易不過的小遊戲。」

這是我生平第一次坐到橋牌桌前，在我心裏，因為湯姆士說我有玩牌的天賦，才使我感覺到這種遊戲並不難。

說到橋牌，我便想起科伯遜來，這個人，但凡有橋牌的場所，沒有人不知道他的名字的。他寫的那本有關橋牌的書，已經譯成 12 個國家的文字，銷售量不下 100 萬冊。可是，他曾跟我講過他玩橋牌的起因，如果不是有一位少婦告訴他，說他有玩橋牌的稟賦，他一定不會把玩橋牌當做職業。

1922 年，他剛來到美國時，打算找一個教授哲學或是社會學的職業，可是沒有如願。

後來，他替人家推銷煤，結果失敗得一塌糊塗。

之後，他又給人家推銷咖啡，也是一無所成。

那時候，他從未想到去以教人玩橋牌為職業，他不但不精於玩牌，而且還很固執，他常找出很多問題去為難別人，惹出很多麻煩，所以誰也不喜歡跟他一起玩牌。

後來科伯遜遇到迪倫女士，一位美麗的橋牌老師，他愛上了她，後來他們結婚了。當時，迪倫注意到他能十分精確地分析手中的牌，於是說他對於橋牌有潛能。科伯遜對我說，就是由於迪

倫那句話鼓勵了他，才使他後來成為職業玩家。

　　所以，假使你要改變他人的意志而又不觸犯人和引起他人的反感，第八條規則是：

　　多多鼓勵，使對方覺得改正錯誤或做某事是很容易做到的。

························· ☙ 卡耐基心得 ☙ ·························

**多多鼓勵，使對方覺得改正錯誤或做某事是很容易做到的。**

# 使人樂意去做

機警而處世經驗豐富的豪斯上校遵守了
人際交往中一項非常重要的規則，
那就是：「使人樂意去做你所希望的事。」

1915 年，歐洲各國互相爭戰，讓美國大為震驚；戰爭之慘烈，是人類戰爭史上極為罕見的。能不能實現和平？誰也不清楚。不過，威爾遜總統願意為和平付諸行動，他計劃差遣一名代表，一名和平特使，去跟歐洲交戰各國商議。

時任國務卿的勃雷恩，是力主和平的人，他很想為和平效勞。他敏銳地感覺到這是一次絕佳的機遇 —— 可以完成一椿永垂不朽的偉大抱負。沒想到威爾遜總統卻另外差遣了別的人 —— 豪斯上校。而豪斯上校是勃雷恩的好朋友，他琢磨着怎樣把這個任命告訴勃雷恩，又不傷害勃雷恩的自尊心。

　　豪斯上校在他的日記上是這麼寫的：「當我擔任歐洲和平特使的消息被勃雷恩知道後，他大為失望。勃雷恩告訴我，這事他原本是希望落到自己頭上的。

　　「我跟他說，總統覺得讓政府大員擔當此任不合時宜。如果他去了歐洲，將會導致人們過份的注目，甚至會驚訝於美國政府派來談判的怎麼是國務卿，而不是別的人。」

　　當中的暗示你是否看出來了？豪斯上校暗示勃雷恩國務卿，他的職位何等重要，他去擔任那項工作是極不合適的。勃雷恩當然感到滿意了。

　　機警而處世經驗豐富的豪斯上校遵守了人際交往中一項非常重要的規則，那就是：「使人樂意去做你所希望的事。」

　　威爾遜總統請麥克杜擔任他的內閣成員時，運用的同樣是這項法則，這是麥克杜自己敘述的故事：「威爾遜總統說他正在組建內閣，假如我能答應擔任財政部長一職的話，他會非常高興。他把這件事說得叫人很開心，他讓我覺得，假如我接受這項榮譽的話，那就是幫了他好大的一個忙。」

　　可是威爾遜總統沒有把那一種手腕繼續運用下去，如果他繼續運用了的話，歷史的演變或許就是另一個樣子了。

　　譬如在美國加入國際聯盟，並沒有獲得議院和共和黨贊同的事件中，威爾遜總統拒絕攜洛德、休士，以及其他有名望的共和黨黨員隨行去參加和平會議，反而只帶了兩個在黨內沒什麼聲望的人。他一再冷落共和黨，不讓他們覺得創辦國聯是他們的意

見；相反，他讓人覺得這只是他個人的意願，不需要他們插手此事。威爾遜這等草率的決定毀了他的大業，而他的身心健康也開始惡化，甚至危及生命。最終美國未能加入國際聯盟，否則此後的世界歷史將改寫。

非常著名的雙日頁出版公司同樣遵守這條規則。著名作家亨利說，雙日頁出版公司有時拒絕替他出書，但他們拒絕得謙遜得體，決不讓人產生不愉快的感覺。亨利覺得雙日頁出版公司雖然拒絕了自己，但比別家接受他的小說還要來得高興一些。

我有一位朋友，許多人要請他去做演講，他必須得拒絕其中的一些。但大凡來邀請他去的又都是自己的朋友，或一些很有交情的人。在這樣的情況下，他運用非常巧妙的措辭，雖然對方遭到了他拒絕，可仍然沒有感到任何不滿。

他是怎樣應付他們的呢？告訴他的朋友因為自己太忙，沒有空閒的時間？或者其他什麼原因？不，都不是。首先他感激他們的盛情邀請，但同時又很抱歉，最後給他們推薦一位能代替他演說的人。總之，他不會讓人感到不愉快。

他這樣推薦：「為什麼不請我的朋友洛格斯先生？他是《勃洛克林鷹報》的編輯，他的演講很棒。」「哎，有沒有想到那位伊考克先生，他在巴黎住了足足 15 年，當時他在歐洲做通訊員，相信他會有許多驚奇的東西呢。」「還有那位郎法洛先生，他收藏了很多在印度打獵的照片。」

萬特是紐約萬特印刷公司的經理，他目前面對的情況是他想

改變一位技師的態度，但又不想引起他的抵觸情緒。這位技師負責管理公司的打字機和其他日夜運轉的機器。他抱怨工作時間太長，工作太多，因此提出需要一名助手。

但是你可看到，萬特先生既沒有縮短他的工時，也沒有為他找助手，就使這位技師高高興興地不再抱怨了。他是怎樣做到的呢？萬特想出的辦法十分簡單，他給技師設置了一間私人辦公室，外面掛上一塊牌子，上書「服務部主任」和他的名字。

這麼一來，他不再是被人呼來喚去的修理匠了。現在，他是部門主任，瞬間，他有了自尊、自重感，因此現在身為「服務部主任」的他十分有幹勁，不再抱怨了。

這是不是顯得很幼稚？可能吧……可是即使是偉大人物拿破崙也會這樣做。他訓練榮譽軍，給他的士兵發出 1.5 萬枚十字徽章，封他的 18 位將軍為「法國陸軍元帥」，並把自己的軍隊稱作「偉大的軍隊」，有人說他「孩子氣」，譏笑他拿破玩具給那些浴血奮戰、出生入死的老軍人。拿破崙回答說：「哈，有時候，人就是受玩具統治的。」

以名銜或權威贈予的方法，在拿破崙那兒有效，在你我這兒也同樣有效。我的朋友琴德夫人有一塊草地，被那些頑皮的孩子糟蹋得一塌糊塗，令她很苦惱。勸告和嚇唬都不管用，她終於想出一個辦法來了，她從他們之間找出一個最「壞」的孩子，並給那孩子一個頭銜，使他有一種權威感。她叫那孩子做她的「密探」，專門偵察那些侵入她草地的孩子，她這個辦法果然奏效。做她「密探」的那個孩子，在後面院子燃起一堆火，把一條鐵條燒得紅紅

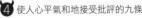

的，恐嚇那些孩子，誰再闖進草地，他就用燒紅的鐵條燙誰。

這是人類的天性使然。所以，想要改變他人的意志，而又不引起他的反感、抱怨的辦法，第九條規則就是：

使人樂意去做你所希望的事。

☙ 卡耐基心得 ❧

要使人們樂意去做你所希望的事。

# 人性的優 💀 點

How to stop worrying and start living

# 序

## 此書的寫作經過與緣起

35 年以前，我是紐約最不快樂的年輕人之一。那時候我靠推銷卡車維生，但我對卡車的運作原理一竅不通。這還不打緊，最大問題是我一點都不想去了解。我鄙視自己的工作，鄙視自己住在西五十六街那間只有廉價家具而且蟑螂為患的房間。至今我還記得我在牆上掛着幾條領帶，有一天早上，我伸手去拿一條領帶時，把蟑螂嚇得四散逃竄。我也厭惡在那種骯髒便宜，大概也滿是蟑螂的餐廳裏吃飯。

每天晚上，我都帶着頭痛回到冷清的房間，這頭痛完全是因為失望、憂慮、苦悶和不甘心而引起的。我之所以不甘心，是因為大學時代的美夢，竟成為了噩夢。難道這就是人生？這就是我先前熱切盼望會生氣勃勃的闖蕩？這就是我所有的人生意義嗎——做我看不起的工作、與蟑螂為伍、吃惡劣的伙食——而對未來又不抱希望？我渴望有閱讀的閒暇，寫一些我在大學時代就想寫的書。

我知道放棄這份我深惡痛絕的工作，我只會有得無失。我在意的並非要賺許多錢，而是想人生過得充實有意義。簡言

之，我已到了破釜沉舟的時刻，也就是大部分年輕人初涉人世所面臨的抉擇時刻。於是我做了個決定，這個決定徹底改變了我的未來，使得我過去 35 年過得非常快樂，而且獲益良多，完全出乎意料。

我的決定是這樣：辭掉我所厭惡的工作，而既然我在密蘇里州華倫堡州立師範學院讀過 4 年書，受過教學訓練，不如就到夜校教成人班維生。這樣的話，白天我就可以看書、備課、寫小說和短篇故事。我要「為寫作而生，為生而寫作」。

我在夜校成人班應教什麼科目呢？我回顧和衡量自己在師範學院所受的訓練，發現對我的工作及生活最有實用價值的，是在公眾演說方面的訓練和經驗，其他我在校時所學過的東西全部加起來，都比不上它來得重要。為什麼？因為它消除我怯懦和缺乏自信的毛病，賦予我勇氣和信心去與人打交道，並令我清楚明白，佔據領導地位的人，往往是那些敢於站起來說出心中所想的人。

於是我同時向哥倫比亞大學和紐約大學申請教職，希望在夜校教授公眾演說課程，不過，這兩所大學都認為，沒有我的協助它們還是能夠辦得好好的。

當時我很失望，但現在我卻為此感謝上帝，由於被這兩所大學摒諸門外，我就跑到基督教青年會夜校任教，而在青年會夜校，我必須拿出具體成果，並且要很快讓校方看到。那可真是個大挑戰！這些到我班上來的成年人，並不是來拿學

分或者獲得社會地位，他們來上課只為一個原因，就是要解決他們的問題。他們希望開會時能夠站起來說幾句話，而不會因恐懼而暈倒。推銷員希望有勇氣直接去拜訪難纏的顧客，而不必事先在街上來回走幾趟壯膽。他們希望培養泰然自若的態度和自信心，希望事業有所進展，希望為家裏多賺點錢。由於他們是以分期付款方式繳交學費，如果得不到成果，就不會再繳學費，我所領的也不是薪水，而是按淨利潤分成。所以，如果我想掙一口飯吃，就非實事求是不可。

當時我覺得自己是在很不利的情況下授課，現在才明白那是寶貴的訓練。我必須激發學生的學習動機，幫助他們解決問題，令每一堂課都對他們都有所啟發，這樣學生才會繼續來上課。

那真是刺激的工作，我喜歡得不得了。看到這些生意人這麼快就培養出自信心，許多人很快獲得晉升和加薪，我實在驚訝不已。這些課程的成功，遠超我最樂觀的估計。青年會原本連每晚付給我 5 美元薪金都不願意，但不到 3 季，它根據百分比分成，每晚要向我支付 30 美元。剛開始時我只教公眾演說，但幾年下來，我看出這些成年人也需要贏取友誼與影響別人的能力。由於找不到關於人際關係的合適教科書，我決定自己寫一本。寫這本書——應該說，這本書不是以一般方式寫出來，而是從我班上成年學生的經驗發展和演化而成。這本書我取名為《人性的弱點》(*How to Win Friends and*

*Influence People*)。

　　我寫那本書，原本只是作為我所教的成人班的教材，而我之前所寫的另外 4 本書，全都無人聽過，因此，這本書竟然大為暢銷，我實在始料不及，我大概是現今世上最喜出望外的作者。

　　再過了幾年，我發現這些成年人有另一個大問題，那就是憂慮。我的學生大多是商界人士——行政人員、推銷員、工程師、會計師，包括各行各業——而他們大多數都有問題！班上也有女士，有的是職業婦女，有的是家庭主婦，她們免不了也有自己的問題！很明顯，我又需要一本教人如何克服憂慮的教科書，所以我又試着去找一本。我跑到位於第五大道和四十二街交界的紐約公共圖書館去，出乎意料的是，在這間大型圖書館裏，以「憂慮」(WORRY) 為題的書只有 22 本，而以「蠕蟲」(WORMS) 為題的書卻有 189 本。關於蠕蟲的書，數目幾乎是關於憂慮的書的 9 倍！夠不可思議了吧？既然憂慮是人類面臨的重大問題之一，你一定以為每所高中和大學都會開一門叫「如何不再憂慮」的課吧？或許有某所大學開過這麼一門課，但我從來沒聽過？難怪《如何憂慮得法》(*How to Worry Successfully*) 一書作者西伯利 (David Seabury) 會在書中說：「我們邁入成年，對於如何處理將要承受的壓力，卻毫無準備，情況就像書呆子突然被叫去跳芭蕾舞一樣。」

　　結果呢？醫院有一半以上的病床，都被那些因精神緊張及

情緒困擾而住院的人佔據。

我把紐約公共圖書館書架上那 22 本有關憂慮的書都看遍了，還把坊間所能找到關於憂慮的書都買下來，可是沒有一本適合給我的成人班作教材。於是我又決定自己動手寫一本。

其實我在 7 年前已開始準備寫這本書了。怎麼寫？我閱讀古今中外哲學家對憂慮的看法，也看了好幾百本傳記，古至孔子，近到邱吉爾。我還訪問了各行各業許多傑出人物，例如拳王鄧普西 (Jack Dempsey)、布雷德利 (Omar Bradley) 將軍、克拉克 (Mark Clark) 將軍、亨利 · 福特 (Henry Ford)、羅斯福總統夫人 (Eleanor Roosevelt)，以及著名專欄作家多蘿西 · 迪克斯 (Dorothy Dix)。不過，那只是開端而已。

我還做了一些比採訪和閱讀更重要的事情。我在一個克服憂慮的實驗室中工作了 5 年——所謂實驗，就是我的成人班。就我所知，這是世界上首個和唯一這樣的實驗室。我們實驗的方法是這樣，我們向學生傳授一套關於如何克服憂慮的原則，叫他們在生活中實踐，然後向全班報告結果。另一些人則報告他們過去曾經運用的技巧。

由於有這種經驗，我認為，若論世上哪個人聽過最多以「我如何克服憂慮」為題的演講，古往今來沒有人及得上我。此外，我還讀過好幾百份其他人談「我如何克服憂慮」的演講——這些演講是用信件寄來給我的——這些演講曾在我們於全美國和加拿大 170 多個城市所開的課堂中獲獎。因此，

這本書絕非象牙塔的產物，也不是探討或許能克服憂慮的方法的學院派論述。反之，我所寫的是一份節奏緊湊、簡潔明了，而且確鑿有據的關於成千上萬成年人如何克服憂慮的報告。有一點是肯定的：這是本講求實用的書，你大可潛心研讀。

我欣然告訴各位，在本書所說的故事之中，你不會找到虛構的「甲先生」或含糊籠統的「張三李四」，沒有人弄得清楚究竟是誰。除了很少幾個例子，本書都道出了真名實姓和地址。書中都是真人真事、有據可查，保證真確可靠。

法國哲學家瓦萊理 (Paul Valéry) 說過：「科學就是眾多成功秘訣的總匯。」這本書就是如此，書中匯集了眾多成功和經得起時間考驗的秘訣，這些秘訣有助我們消除生活中的煩憂。不過，我得先警告你：你在書中不會找到什麼新事物，倒是會發現一些不常為人所用的方法。事實上，就這方面而言，你我都不須再學什麼新觀念。對於如何能過美滿的人生，我們所知已經夠多。我們都讀過做人處世的金科玉律和耶穌的登山寶訓，我們的問題並非無知，而是知而不行。本書的目的是把諸多古老而基本的真理重提，加以闡明、簡化、改良和頌揚，藉以鞭策你，促使你採取行動，實際應用這些真理。

你拿起這本書看，當然不是為了知道它怎麼寫成。你是想知道怎樣行動。好吧，我們現在就開始。請你先讀書中頭 53 頁，看完之後，要是你不覺得自己獲得了新力量或新啟示，

幫助你不再憂慮，並且享受人生，那就把書扔到垃圾桶好了，
因為它對你毫無益處。

戴爾・卡耐基

# 1

憂慮的真相

# 生活在獨立的隔艙裏

昨天已逝，明日未知，珍惜今天，把握當下，
才是最重要的。

1871 年的春天，一個年輕人捧起一本書，看到了一句將對他的命運產生重大影響的話。他是蒙特瑞總醫院的醫科學生，正在為怎樣通過期末考試、畢業後該做些什麼事情、到哪兒去、如何謀生等問題而憂慮不已。

這位年輕的醫科學生在 1871 年看到的一句話，最終使他成為了他所處的時代最了不起的醫學家。他創建了聞名世界的霍普金斯醫學院，成為牛津大學醫學院的欽定講座教授——這是在英國醫學界所能得到的最高榮譽，他甚至被英女王冊封為爵士。他死後，需要厚達 1466 頁的傳記作品，才能記述其輝煌的人生經歷。

他就是威廉·奧薩爵士。

下面，就是他在 1871 年春天所看到的那句話，一句由歷史學

家湯瑪士·卡萊里寫的話，使他度過了愉快的一生：做手邊清楚的事情，不要看遠處模糊的風景。

42 年後，在一個鬱金香開滿校園的夜晚，威廉·奧薩爵士在耶魯大學發表了演說。他對學生們直言相告，像他這樣一個曾經在 4 所大學任教的知名教授、暢銷書作家，大家一定會認為他有「過人的天賦」，但事實並不是這樣。他說，他的朋友都知道，他其實是一個普通的人。

那麼，他取得成功的秘訣何在呢？他說這是因為他能夠生活在一個「獨立的隔艙裏」。這到底是什麼意思呢？

在去耶魯演講前的幾個月，奧薩爵士乘一艘輪船橫渡大西洋，他發現船長站在駕駛室裏，按下一個按鈕，同時下令全速行駛，接着就聽見一陣機械轟隆作響的聲音，船上的幾個艙門立即關閉，成為了幾個完全獨立的隔艙。

每一個人都要比那艘大海輪更神奇，而且要走更遠的航程。我想忠告大家的是，要學會控制自己人生的航程，以便讓它處於一個「完全獨立的隔艙」裏，這樣才能確保航行的安全。到艙房裏去，你至少應該檢查一下那些艙門是否可以使用。按下按鈕，然後仔細一聽你生活的每一個時段，關上鐵門，隔斷已經死去的昨天；再按下另一個按鈕，關上鐵門，隔斷未知的明天。這樣你就平安無事了。將過去隔在艙門之外，讓逝去的昨天自動埋葬，讓那些傻子為昨天的事物哭泣吧。昨天的重負加上明天的重負，已經成為今天最大的障礙，它會把最強壯的人壓垮。要像隔斷過去一樣隔斷未來，未來就在今天，因為明天是不存在的。放棄了今天，為

假想的未來浪費心血、精神苦悶、內心憂慮，都只是在折磨自己。養成習慣，把艙門都關上，生活在一個「完全獨立的隔艙裏」。

奧薩爵士是不是說我們不應該為明天做準備呢？不。他在講演中強調，為明天做最好打算的方法，就是對今天的工作投入全部的心智和熱情，這是你贏得未來唯一有效的方法。

奧薩爵士忠告耶魯學子，要以耶穌的禱詞來開始每天的人生：「我們今天需要的糧食，請今天賜給我們。」

請牢記這句禱詞，它只是在祈求今日之糧，但並沒有抱怨我們昨天吃的陳糧，也沒說：「主啊！近來麥地裏乾旱嚴重，乾旱還會持續下去，明年秋天我們拿什麼去做麵包呢？或許我會失業，主啊，那時我上哪兒去吃麵包呢？」

是的，這句禱詞只教導我們去祈求「今天的麵包」，因為「今天的麵包」才是我們可能吃到口的唯一食物。

從前，一位身無分文的哲人在窮鄉僻壤間漫遊。一天，他與一羣人聚集在一個小山坡上，對眾人說出了一句後人在各種時間與場合都引用得最為頻繁的箴言。這句箴言流傳至今：「不要為明天憂慮，因為明天自有明天的憂慮；一天的難處一天擔當就夠了。」

許多人都不信耶穌的這句箴言──「不要為明天憂慮」。他們聽不進這句完美的忠告，認為耶穌說的太不現實。他們說：「我必須為明天早作打算，我必須給家人投保，我必須為養老存上一筆錢，我必須周密計劃才能取得成功。」

沒錯！我們當然要未雨綢繆。耶穌的這句箴言是 3 百年前的譯

文，它在今天的意思當然與英國詹姆士王朝時的理解大不相同，現代人對這句箴言的解釋是：別為明天而焦慮不安。

沒錯，你無論如何也需要為明天打算，深思熟慮、做好安排，但不要憂慮不安。

第二次世界大戰期間，盟軍軍事領導人都在為明天制定計劃，但卻沒有時間為明天憂慮。美國海軍上將阿爾斯特·金說：「我把最精良的裝備供應給最優秀的士兵，然後把精心策劃的任務交給他們。我已做了我該做的一切。如果一條船被擊沉了，我無能為力。如果船正在往下沉，我沒有辦法阻止它，我得把時間用在處理明天急切的問題上，這比為昨天的事情煩惱不已有效多了。否則，我會因為憂慮而早逝。」

無論是在戰爭年代還是和平時期，心態好壞的差別在於以積極的心態去考慮前因後果，從而讓人能夠做出合乎邏輯的正確決策；而消極的心態會因找不到前因與後果而陷入混亂，從而導致精神緊張和崩潰。

我曾榮幸地採訪了亞瑟·索爾伯格，他是世界上最有影響力的報紙——《紐約時報》的發行人。索爾伯格先生告訴我，在二戰期間，當戰火蔓延到整個歐洲時，他非常恐懼，這使他根本無法入眠。他經常在半夜醒來，準備好畫布和顏料，對着鏡子畫自畫像。雖然他從來沒有接觸過繪畫，但是他還是信筆塗鴉，借此讓自己憂慮的心情平靜下來。索爾伯格先生告訴我，他的憂慮最終被一段讚美詩打消。從此，他把此詩作為自己的座右銘。原詩如下：

只注視眼前的燈光。

引導我的、仁愛的燈光，

讓你常伴在我的身旁。

我無須仰望遠方模糊的風景，

只需看清距我一步之遙的燈光。

1945 年 4 月，泰德·班哲明諾因憂慮過度而患上了結腸痙攣，這種病讓人非常痛苦，如果戰爭不及時結束，他完全有可能垮掉。班哲明諾回憶道：

那時我疲勞到了極點。當時我在第 94 步兵師，從事戰爭中死傷者和失蹤者的登記工作，包括記錄在激戰中因陣亡而被匆忙掩埋的士兵。我負責收集這些官兵的遺物，然後要準確地把這些遺物送到他們的家人或親友手中。然而，我總在擔心我的工作是否出現了失誤，我不知道自己還能撐多久，擔心自己還能不能活着回去把我從未謀面的兒子抱在懷裏，他已經出生 16 個月了。我心力交瘁，整整瘦了 15 公斤，只剩下皮包骨了。

想到自己可能客死異鄉，我害怕到了極點，渾身發抖地哭得像個孩子。在德軍進行最後一次大反攻的那段時間，每當我獨自一人時，我常常淚流滿面，我對自己能否成為一個正常人已經不抱希望了。

　　我最終被送進了醫院，是一名軍醫的忠告徹底改變了我的一生。他為我做完全身檢查之後，認為我的病因是神經過度緊張。他對我說：「泰德，我希望你將人生看成一個沙漏。你看，沙漏裏裝有數不清的沙子，但它們只能一粒一粒地從中間那條細縫間慢慢流過。我們都想不出辦法在不弄破沙漏的情況下，讓兩粒以上的沙子同時通過那條窄縫。生活中的每一個人都像這個沙漏。每天從清晨開始，就會有成百上千件工作等着我們去做，並且要在這一天內完成。但如果我們不是一件一件地去做，讓它們如沙粒通過沙漏窄縫一樣依次通過，就會傷害到自己的身心。」

　　軍醫的這段話我銘記在心，此後我一直實踐着這種人生哲學：一次只通過一粒沙子，一次只能做好一件事情。戰爭期間的特殊經歷拯救了我，指導着我現在在印刷公司公關廣告部中的工作，從中我受益匪淺。我發現在業務上也像在戰場上一樣，有很多事情等着你去辦，你卻沒有充足的時間，例如原材料不夠，新的報表需要處理，還有安排訂貨、變更地址、分公司開業或關閉等工作要處理。我不會再憂慮不已，「一次只通過一粒沙子，一次只能做好一件事情。」我不由自主地重複着軍醫告訴我的這句話，更因而提高了工作效率，再也沒有經歷過像戰場上那種前所未有的憂慮情緒。在生活中，我已推開了一扇令內心平靜的大門。

　　目前，令當代人最為尷尬的事情是：在我們的醫院，有半數以

上的牀位是留給那些精神上出現問題的人，他們都是被昨天的重負加上明天的重負壓垮的病人。在這些病人中，絕大多數並不需要住院，只要他們能夠信奉耶穌的箴言——「不要為明天憂慮」，或者遵循威廉·奧薩爵士的話——「生活在一個完全獨立的隔艙裏」，就可以過上輕鬆而快樂的生活。

我們現在正站在兩個永恆的交叉點上——已經永遠消失的漫無邊際的過去，以及無限延伸到永無休止的未來。我們無法在這兩個永恆中存在，連一分鐘都不可能。否則，我們的身心就會遭到昨天與未來雙重負擔的摧殘。因此，我們要珍惜活着的此刻，做好今天的事情，從現在開始到夜晚來臨。「無論承受多大的壓力，誰都能堅持到夜晚來臨。」羅勃特·史蒂文森寫道：「無論工作有多累，每個人都能夠盡力完成。如果從日出到日落，大家都能夠開心、快樂、真誠、無憂地活着，這就是生活的真諦。」

這正是人生的真諦之一。密西根州的希爾太太在沒有懂得這個道理之前，曾陷入絕望的泥潭，甚至想過自殺。希爾太太向我講述了她的過去：

1937 年，我的丈夫去世了，當時我幾乎身無分文，情緒非常低落。我只好給以前的經理萊奧·羅奇先生寫信，他答應讓我回去做我以前的工作。兩年前我把汽車賣了，現在好不容易湊了些錢，用分期付款的方式購買了一輛舊車，又開始幹起了給學校推銷《世界百科全書》的工作。

本以為回到工作崗位能夠幫助我擺脫憂慮。但要一個人

獨自駕車、吃飯，這讓我感到艱難無比，工作上幹不出什麼成績不在話下，就連小額分期付款買車的錢也難以支付。

1938年春天，我到密蘇里州的維沙里市去做推銷。那裏的學校缺少經費，道路又年久失修，一種難以抗拒的孤獨感籠罩着我。想到成功是不可能的，活着也看不到希望，這讓我失去了生活的勇氣，甚至想到了自殺。每天清晨，我都擔心起牀後所要面對的生活，一切都讓我感到憂慮：我擔心自己付不起車錢，擔心自己付不起房租，擔心自己沒錢吃飯，擔心自己生病了沒有錢看醫生。總之，我什麼都擔心。至於唯一支持我不自殺的理由是怕姐姐會因失去我而痛苦萬分，更何況她支付不起我的喪葬費。

突然有一天，我讀到一篇把我從無望之中解脫出來的文章，它給了我繼續生活下去的勇氣。我永遠也無法忘記那句令我心生感激和振作的話：「對一個明白生活的人來說，每一天都是嶄新的。」我將這句話打印下來，貼在車的前面，開車時也能看到它。我發現每次只活一天並不是難事，我學會了遺忘過去，也不想明天的事情，每天清晨我都會對自己說：「今天又是一個嶄新的人生。」

我徹底克服了對孤獨的恐懼和對貧窮的憂慮。今天，我生活得很愉快，事業也取得了成功，對人生充滿愛心和熱忱。無論在生活中發生怎樣的變化，我都不會再憂慮了。我明白每一個人都不必為未來擔憂，只要好好地面對近在眼前的今天，一切都會海闊天空。因為，「對一個明白生活的人

來說，每一天都是嶄新的」。

猜猜是誰寫了下面這首詩？

那些能夠善待今天的人，

是懂得歡樂的人，知道如何享受生活。

他們會把今天經營好，會對人們說：

「無論將來發生怎樣的災禍，

我都會把它過好。」

這首詩看上去是不是很現代？其實，它產生於公元前，作者是古羅馬詩人賀拉斯。

人類最悲哀的天性就是忽視今天，去期待模糊不清的未來。我們期待遠在天邊的玫瑰花園，而無暇觀賞今天在窗前怒放的薔薇。我們為何非要做如此可悲的傻瓜呢？

史蒂芬·李高克寫道：「我們的人生是多麼難以置信啊！童年時說：『等我長成少年以後……』結果如何呢？少年時說：『等我成人以後……』終於成人後，又説：『等我結婚吧……』結婚了，情況又怎樣呢？又想『退休以後……』終於退休了，回首走過的歲月，不禁有了一陣寒意。大好年華已經虛度，一切無法挽回。人生，就是要生活在每一天、每一小時裏，生活在正在發生的每時每刻裏，你要用心對待它。可是往往等我們意識到時，已經晚了。」

底特律城已故的愛德華・依文斯在學會這個道理之前，差點因為憂慮而丟掉了性命。愛德華・依文斯出生在一個貧窮的家庭，很小的時候就當了報童，長大後在雜貨店謀了份差事。為了讓全家七口人生活下去，他找到一份在圖書館當管理員的工作，雖然薪水微薄，卻依然不敢跳槽。

幹了 8 年後，他才鼓起勇氣去開創自己的事業。他向親友借來 55 美元作為啟動資金，使事業發展起來，年收入達到 2 萬美元。然而，接踵而至的厄運降臨到他身上。他為朋友做擔保，但朋友破產了。這次災禍過去不久，又一場大災禍降臨了，他存入全部資金的那家大銀行破產了。此時，他不僅身無分文，還欠債 1.6 萬美元。他的身心承受不了生活的巨變，他說：

那時我既吃不下飯，也無法入眠，更得了一場怪病，整天沒精打采。有一天我走在街上，突然昏倒在路旁，後來就再也不能走路了。我的身體非常虛弱，躺在牀上的時候，連翻身都感到困難。最後醫生對我說，我只剩下半個月時光了。我目瞪口呆，就寫好一份遺囑，然後躺在牀上等死。突然，我的心境發生了轉變，不再掙扎、不再憂慮，當我放棄一切時，身心也放鬆了下來。過去我每天都難以睡上兩個小時，可現在，我拋開了世間的所有不快，更能熟睡得像嬰兒般香甜。隨着令人窒息的憂慮逐漸消失，我吃飯時有了胃口，體重也在逐漸增加。

幾週後，我竟能撐着拐杖走動了。又過了 6 週，我已

經可以工作了。以前我的年收入是 2 萬美元，但現在，能
找到週薪 30 美元的工作我就心滿意足了。我找到了一份工
作，負責銷售船運汽車時放在車胎下面的墊板。從前的生活
教訓我不要再憂慮，不要再追悔往事，也不要再擔心未來。
於是我投入全部的時間、精力和熱情去推銷墊板。

　　愛德華·依文斯的事業很快發展起來，幾年後，他已成為依文
斯公司的董事長。依文斯公司的股票，多年來一直在紐約股票交
易所上市。如今，你要是有機會搭乘飛機到格陵蘭去，就有可能
降落在為紀念他而命名的依文斯機場。假如愛德華·依文斯沒有學
會「生活在完全獨立的隔艙裏」，絕對不可能取得如此大的成就。

　　有這樣一句話：「人們的習性是明天能夠吃果醬，昨天能夠吃
果醬，但卻不給今天的麵包塗上果醬。」我們大部分人都是如此，
總在為昨天和明天的麵包塗果醬，卻不知道為今天的麵包塗上一
層厚厚的果醬。

　　偉大的法國文學家蒙田也犯過這樣的錯誤。他說：「在我的一
生中所擔心的不幸，大部分都不可能發生。我的人生如此，你的
人生也難以例外。」

　　但丁說：「今天一去不再復返。」逝者如斯夫，生命轉瞬就流
逝了，只有「今天」才是我們最應該珍視的財富。「今天」真正
的價值，在於我們能夠去把握它。

　　這也是絡維·湯姆士的座右銘。最近我在他家度週末，看見他

將《聖經》中的一首讚美詩裝裱起來，掛在書房牆上，以便隨時都能看到：

> 這是耶和華創造的今天，
>
> 我們要歡快地分享它。

約翰·羅斯金在他的書桌上放着一塊石頭，上面刻着「今天」兩個字。我的書房裏沒放石頭，但在我每天清晨刮鬍子的地方卻貼着一首詩 —— 《致黎明》，這也是威廉·奧薩爵士壓放在書桌上的詩，它的作者是印度著名戲劇家卡里達撒。

> 迎候今天吧！
>
> 今天就是人生，就是一切。
>
> 它轉瞬即逝，
>
> 卻包含着生存的全部成果：
>
> 成長的快樂，
>
> 奮鬥的榮譽，
>
> 美景只在今天呈現。
>
> 昨日如夢，
>
> 明天不過是一個幻景。
>
> 用心地活在今天，
>
> 昨天的每一個美夢，

都在今日實現；

而明天的虛幻，

才會成為真實的希望。

因此，珍惜今天，

這就是我們對黎明最好的問候。

因此，如果你希望自己的生活不被憂慮打擾，就按威廉‧奧薩爵士說的那樣去做，關閉過去和未來的鐵門，生活在今天「獨立的隔艙裏」。然後，請你向自己提問，並記錄下答案：

1、我是否在為未來的生活憂心忡忡？或者在追求遠方的玫瑰園？

2、我是否會時常追悔往事，把昨天的重擔放在今天？

3、清晨起牀時，我是否下定決心「把握住今天」？

4、活在今天「獨立的隔艙裏」，是否能讓我的生活更加豐富多彩？

5、我何時執行這個忠告？是明天？下星期？還是今天？

## ● 卡耐基心得 ●

關閉過去和未來的鐵門，生活在今天「獨立的隔艙裏」。

# 消除憂慮的
# 萬靈公式

先想想可能發生的最糟糕結果會是什麼，如果必須
面對它，就接受它，這樣就能使自己放鬆下來，
以平靜的心態去設法改善最壞的結果。

　　在閱讀本書時，你是否想從中覓得消除憂慮的有效辦法，以取得立竿見影的效果？那麼，讓我向你介紹威利斯・卡瑞爾所發現的方法。卡瑞爾先生是開發空調產品的傑出工程師，他在紐約州塞瑞庫斯市創辦了著名的卡瑞爾公司。他所用的方法，在我看來，是解決憂慮最有效的方法之一。

　　我和卡瑞爾先生共進午餐時，他對我說：

　　年輕時，我在紐約州布法羅市的布法羅鋼鐵公司工作。有一次，我被公司派往密蘇里州水晶城的玻璃公司安裝一套

瓦斯清潔機。

這種清潔瓦斯的新方法，我只嘗試過一次，並且和當時的條件大不相同，因此我在密蘇里州水晶城進行調試時，出現了意想不到的困難。經過一番努力後，設備雖然能夠使用，但遠遠達不到我們先前所保證的質量要求。

那次，我被失敗弄得非常沮喪，像被人在頭上狠狠地打了一拳。我的腸胃開始疼痛起來，那段時間我幾乎無法入睡。最後，我終於清醒了，意識到憂慮並不能讓問題迎刃而解。我尋找到了不需要憂慮就能解決問題的方法，且效果非常明顯。這個抗拒憂慮的方法，我已經使用了 30 多年。這個方法十分簡單，分 3 個步驟進行：

第一步，坦然地瞭解事情的全部情況，假設當它出現最壞的結果會怎樣。我想我不會被關進監獄或被判死刑吧，這一點不會有任何問題。是的，我很有可能會失去這份工作，或者公司因撤回這套機器而導致 2 萬美元的損失。

第二步，找到可能出現的最壞結果之後，在必要的時候，勇於接受它。我對自己說，這次挫折會在我的檔案上留下污點，也許會讓我失去工作。如果真是這樣，我還是能夠另找一份工作，也許薪水會低不少。對我的老闆而言，假如他們認為，現在我們是在開發一種清潔瓦斯的新方法，而這次實驗用去 2 萬美元，或許他能夠承受，就當做實驗經費。我嘗試估計可能出現的最壞結果，並勇於接受它之後，我馬上放鬆了下來，感受到這些天來從未有過的平靜。

第三步，鎮靜地把時間和精力集中起來，着力改變那個最壞的結果。我努力設計方案，以減少我們即將面臨的損失。經過我反覆的試驗後發現，要是我們再投資 5000 美元添加一些設備，問題就能夠迎刃而解。照這個方案實行，公司起碼可以賺 1.5 萬美元。

假如那時我一直處於憂慮之中，肯定無法解決這個問題。憂慮的最大危害就是摧毀聚精會神的心智。一旦憂慮，思緒就會雜亂無章，從而失去判斷力。但是，一旦我們能夠勇於面對最壞的結果並打從心底接受它，就能分析出可能出現的所有情況，而且反而能夠專注地解決問題。

這件事已經過去了很多年，因為這個方法十分有效，所以我便一直使用它。後來，我的生活中甚至不再有憂慮的出現了。

那麼，威利斯‧卡瑞爾萬靈公式的巨大價值究竟何在？從心理學上說，是因為它把擋在我們心頭的迷霧驅走了，讓我們從憂慮之中解脫出來，認清自己所處的位置。它讓我們變得理性，從而能集中精力去解決問題。如果我們喪失了理性，怎麼可能找到解決問題的方法呢？

應用心理學之父威廉‧詹姆士於 1910 年逝世，假如他能夠活到現在，聽到這個應對最壞結果的公式，也會深表贊同。我為什麼如此猜測呢？因為他曾對他的學生說：「你要樂於接受那些可能的結果。因為，接受已經存在的情況，是戰勝一切接踵而至的

不幸的第一個步驟。」

林語堂在他那本影響力極大的《生活的藝術》裏也提出了這個觀點。他說：「內心平靜，能接受最壞的結果，從心理學上來講，就能讓人挖掘出潛能。」

的確如此，它能釋放人的潛能。當我們能夠接受最壞的結果時，就不必再擔心失去什麼了，失去的也可以挽救回來。卡瑞爾認為：「當精神上能夠面對最糟糕的結果之後，人馬上就感到放鬆，並立即獲得一種前所未有的平靜。這樣，你就能夠專心思考了。」

這不是很符合道理嗎？但在現實生活中，還是有成千上萬的人被憂慮毀了自己。因為這些人往往不願面對最壞的結果，且拒絕盡力挽回。他們不是着力去重建自己的人生，而是在痛苦中徘徊，經受着內心的煎熬，結果成為憂慮的犧牲品。你想看看其他人怎樣運用威利斯‧卡瑞爾的萬靈公式，來解決他們自己的問題嗎？請看下面這個例子。

這是我的一位學員——紐約的一位石油商親身所經歷的：

有人敲詐我，真讓人無法相信！這種發生在電影中的事情竟出現在我的生活裏，然而我確實被敲詐了。事情的經過是這樣的：我的石油公司有幾輛運油的汽車和多名司機。那時正處於戰爭時期，物價條例制定得很嚴，我們提供給客戶的油量都有配額。有幾名司機在給客戶運送油時，私自把一些油賣給其他人，而我對此一無所知。

有一天，一個聲稱政府稽查員的人來找我索賄。他說掌握了我們運貨司機違法的證據，並威脅說如果我不給他錢，他就將有關證據送交地方檢察官。這時，我才知道公司裏有這種非法交易。

不過我倒不擔心，至少這件事情與我本人沒有直接關係。然而，我知道按照法律的規定，公司的老闆應對員工的行為負責。另外，一旦案子被法院審理，必然會被各家報紙曝光，這些負面影響會毀了我的公司。我一直為我的公司感到榮耀，那是我父親在 24 年前開創的事業。

我為此憂慮得三天三夜不思飲食、無法入睡，一直被這件事情困擾。我應該給他 5000 美元？還是應該對那個人說，你想怎麼樣就怎麼樣吧？我感到左右為難。

一個星期天的晚上，我隨手拿起一本名為《如何不再憂慮》(How to Stop Worrying) 的書，這是聽卡耐基培訓課時拿到的書。當我讀到威利斯·卡瑞爾先生的故事，講到我們必須「面對最壞的結果」時，我就試着問自己：「如果我拒絕付錢，那個敲詐者將那些違法證據送交法院，最糟糕的結果是什麼呢？」

答案是：我的生意被毀了。我不會被送進牢裏，最多是我的生意因媒體報道而被毀了。我對自己說：「好吧，生意不能做了，我已經接受了，接下來會發生怎樣的情況呢？」

生意無法做了之後，我得去找另外的工作。情況並不是

太糟糕，我對石油行業瞭解得不少，有幾家石油公司或許願意聘請我，想到這裏，我的心情開始平靜下來，折磨了我三天三夜的憂慮開始消失，我的情緒輕鬆了不少。令人意想不到的是，我又可以清晰地思考了。

現在我清楚地看到了第三步：怎樣面對最不利的情況。在我考慮如何處理時，一個新的策略擺在眼前：如果我把這些情況對我的律師講明，他可能會指出一個我從沒有想到過的解決辦法。

我立即決定，第二天清晨去見我的律師，隨後我躺在牀上，不知不覺酣然入夢。結果怎樣呢？第二天上午，我的律師建議我直接去找地方檢察官，告訴他全部事實。我按照他的建議做了。當我告知事情的經過之後，令人驚奇的是，地方檢察官說，這種敲詐的案件已經連續出現過幾個月，聲稱是「政府官員」的那個人，事實上是一個被警方通緝的詐騙犯。當我為 5000 美元是不是該給那個詐騙犯而受盡三天三夜折磨後，聽到地方檢察官的話，我才長長地鬆了一口氣。

這次的經歷給我上了永生難忘的一課。如今，當我再遇到壓力和難以解決的問題時，我就會自覺地運用卡瑞爾的萬靈公式。

如果現在你對威利斯·卡瑞爾公式的運用仍然感到疑惑，那就

請你聽下面這個故事吧。

那是 1948 年 11 月 17 日，艾爾·漢斯在波士頓斯帝拉大酒店親自對我講述的：

1929 年，我因為時常憂慮而患上了胃潰瘍。一天夜裏，我的胃大出血，被急救車送到芝加哥大學醫學院的附屬醫院搶救。我的體重從 175 磅迅速下降到 90 磅。

醫生警告我病情已非常嚴重，要我盡量少抬頭。由三個人組成的醫療小組中一位著名的胃潰瘍專家，說我的病情已經到了「無可救藥」的地步了。我只靠每個小時吃粉藥、半匙牛奶和半匙半流質的食物來維持生命，護士每天清晨和傍晚都用一條橡皮管插入我的胃中，把裏面的殘渣取出來。

這種狀況延續了幾個月，終於我說服了自己，自言自語道：「好好睡吧，艾爾·漢斯，如果除了等死之外你別無選擇，何不趁現在把死之前的時光好好利用呢？你不是期待着此生有機會環遊世界嗎？不然就再也沒有時間實現心願了。」

我把這個想法告訴了醫生，說我得去環遊世界了，我已經學會了一天抽取兩次胃液，他們都不敢相信自己的耳朵，反駁道：「不可能！我們從沒有聽說過這樣的事情。假如你去環遊世界的話，在旅途中你就必定死在船上，然後被海葬。」我回答說：「不，不會的！我已安排親友在我死後將

我葬在內布拉斯加州家鄉的公墓裏。因此，我計劃隨身帶着棺材。」

我和輪船公司商定好，將一副棺材裝上了船，如果我在旅途中去世了，就請他們把我的遺體安放在冷凍庫中保存，然後送回我的家鄉安葬。隨後，我踏上了環遊世界的旅程，心裏被日本禪師大道的詩句所充盈：

啊，在我們化為泥土之前，

讓我們歡快地在世間生活吧！

一旦離開世界，在那沉寂的泥土下，

將沒有酒，沒有音樂，沒有歌聲，

只有無邊無際的沉默。

我從洛杉磯上了亞當斯總統號遊輪，在遊輪前往東方的旅途中，我已感到身體好多了，漸漸的，我不需要吃藥，也不用洗胃了。沒過多久，我的胃口變得非常好，可以吃一切食物，連異國特色的食品也照吃不誤。按照醫生的說法，這些一定會要了我的命，但我卻感覺很好。

又過去了幾個星期，我已經能抽黑雪茄了，還能喝上幾杯酒。幾年來，我從沒有像今天這樣享受過生活。途中，我們在印度洋遇到過季候風，在太平洋遭遇過颱風。遇到這些驚心動魄的事情，如果我仍無法擺脫憂慮，恐怕早已睡進棺材了。然而，我卻在所經歷的冒險中獲得很多快樂。

我在遊輪上玩遊戲、唱歌和交新朋友，有時開心地玩到

深夜。到了中國和印度之後，我發現，我所經歷的生活與我在東方看到的落後與貧窮相比，像是一個在天堂，另一個卻在地獄中。我停止了全部的憂慮，心情變得舒暢起來。返回美國時，我的體重增加了整整 90 磅，差不多忘記了我曾患過致命的胃潰瘍。一生中，我從沒有這樣開心過。我開始工作，再也沒有患過病。

艾爾‧漢斯對我說，他後來知道了，自己無意之中運用了威利斯‧卡瑞爾擺脫憂慮的方法。

首先，我自問：可能發生的最糟糕的結果是什麼？答案：死亡。

第二，我已經打算接受死亡，因為我只得如此、別無選擇，醫生都說我無藥可救了。

第三，我設法改善這種局面。辦法是在所剩無幾的時間裏盡情享受生活的樂趣。如果我在船上還依然憂慮的話，我肯定會被裝進準備好的棺材運回家鄉的公墓了。可是，我讓自己完全放鬆，將所有的憂慮拋在腦後，這種平靜的心態激發了我體內的活力，從而挽救了我的生命。

如果遇到了讓你憂慮的事，就應用威利斯‧卡瑞爾的萬靈公式，去做以下 3 件事情：

1、問問自己，可能發生的最糟糕的結果是什麼。

2、如果必須面對它，就準備接受這個事實。

3、保持內心平靜，設法改善最壞的結果。

● 卡耐基心得 ●

當我們能夠接受最壞的結果時，就不必再擔心失去什麼了，失去的也可以挽救回來。

# 憂慮會危及生命

憂慮極易引發各種疾病，不懂得如何消除憂慮的
人容易早逝。如果你想擁有一個健康的人生，
就讓你的內心遠離憂慮。

數年前的一天夜裏，一位鄰居按響了我的門鈴，催促我們全家去接種預防天花的牛痘。我的這位鄰居是紐約市幾千名按門鈴志願者中的一員。許多人驚慌失措，排着長隊接種牛痘。當時，醫院、消防隊、警察局以及大的工廠裏都設了接種站，兩千多名醫護人員不分晝夜地為大家接種牛痘。之所以會如此熱鬧，是因為紐約市有 8 個人得了天花，其中 2 人死亡。換句話說就是，800 萬紐約市民中有兩人因為患上天花死了。

我在紐約已經住了很多年，在此期間，從沒有誰來按過我的門鈴，勸我當心憂慮症。在過去的 37 年裏，這種病症所造成的損害，比天花還要厲害 1 萬倍——這是最保守的估計。按門鈴的人告訴我：10 個人中會有 1 個人因精神壓力過大和憂慮而崩潰。

鑒於此，現在，我寫下這一章，當作按你的門鈴，以作警告。

憂慮極易引發各種疾病。阿列克斯·卡爾博士是諾貝爾醫學獎得主，他說：「不懂得如何消除憂慮的人容易早逝。」

事實上，不光是商人，任何人，家庭主婦、獸醫以及泥水匠一概不能置身事外。

那是前幾年的事情了，當時我正在度假，同行的還有格伯爾博士。他是聖塔菲鐵路線上的醫務主任，也是海灣羅拉多醫院的主治醫師。車經過德克薩斯州和新墨西哥州時，我們聊到了憂慮對人的影響。他感慨：

> 如果 70% 的病人能夠消除自身的恐懼和憂慮，所謂的疾病就會不辭而別。當然，我的意思並非說他們無病裝病，恰恰相反，他們的病與牙疼一樣確實存在，甚至更嚴重。我所說的這種病，它和神經性的消化不良差不多，就像胃潰瘍、心臟病、失眠症或者一些頭痛症和麻痺症那樣。這些病確實存在，這我非常清楚，因為我忍受過 12 年胃潰瘍的折磨。
>
> 懼怕帶來憂慮，憂慮導致緊張，緊張會影響人的胃部神經，長此以往，胃潰瘍就產生了。

《神經性胃疾》(Nervous Stomach Trouble) 一書的作者約瑟夫·蒙泰格博士在書中曾寫道：「導致胃潰瘍不是因為你吃了什麼，

而是由於你過度焦慮。」

梅奧診所的阿萊瑞博士則說：「當你情緒緊張時，胃潰瘍就瞄上你了；當你無憂無慮時，胃潰瘍就與你無關。」這個觀點是在對1.5萬名胃病患者進行調查後得出的，他們的說法得到了證實。80%的人並不是因為生理原因而患胃病，恐懼、憂慮、憎恨、自私以及無法適應社會環境，才是他們得胃病的真正原因，而胃潰瘍已成為使人喪命的疾病之一。

最近一段時間，我和梅奧診所的哈羅德・海恩博士有過幾次通信，他在全美工業界醫師協會的年會上宣讀了一篇論文，其中提到，他研究了176位平均年齡在44歲左右的工商界負責人，差不多有三分之一的人因為生活過於緊張而患了心臟病、胃潰瘍或高血壓。

由此可見，成功要付出何等的代價！然而，一個患有胃潰瘍或心臟病的人，能算成功者嗎？即使他贏得了世界，但失去了健康，世界對他而言，又有何用？一個人，哪怕他擁有了整個世界，他也只能睡一張牀，每日吃三頓飯，而這一切，即使是一個挖水溝的人都能做到，挖水溝的人甚至比前面提到的那些人睡得更安穩、吃得更香甜。我寧可在阿拉巴馬州做一個閒時膝上擱五弦琴的佃農，也不想自己45歲不到就為了管理一家鐵路或香煙公司而損害了健康。

最近，一位知名度很高的香煙製造商在加拿大森林裏度假時，因心臟病突發死亡。他有幾百萬的家產，但61歲就逝世了。生意上的成功，可能是他用多年的生命換來的吧。

在我的眼裏，這位富有的香煙商遠不如我的父親成功。雖然我的父親只是密蘇里州的一位農民，但他卻很快樂地活到了 89 歲。

憂慮會引發神經疾病。據梅奧診所的醫生說，在高倍顯微鏡下，用最先進的方法來檢查精神病患者的神經細胞時發現，多數人和正常人並沒有什麼差別，他們的「精神障礙」並非神經本身出現問題，而是由悲觀、煩躁、焦急和憂慮等情緒造成的。如柏拉圖所說：「醫生犯的最大錯誤是他們想治療患者的身體，而不是他們的精神。實際上，精神和肉體密不可分。」

醫學界用了無數年時間，才證明了柏拉圖所說的偉大真理。現在，醫學界開始發展一種被稱為「心理治療」的新醫學，同時治療精神和肉體，雙管齊下。現在，該是做這件事情的大好時機。如今醫學已經很發達，可以有效防治由細菌引起的可怕疾病，例如天花、瘧疾、霍亂等曾經奪去了千百萬人生命的傳染病。但令人遺憾的是，醫學界仍然無法根治不是由細菌，而是由憂慮、懼怕、仇恨、不安、絕望等情緒所引發的疾病。由情緒因素所引發的疾病，其死亡率正在迅速上升，發展的速度快得嚇人。二戰期間，在美國被徵召的年輕人中，有六分之一的人因為精神失常而不能服兵役。

是什麼原因造成精神失常？誰也難以找到全部的原因。但許多病例表明，恐懼和憂慮是首要的原因。焦慮讓人無法面對殘酷的現實生活，不和外界聯繫，從而躲進自己狹小的夢想世界裏，以求緩解內心的緊張。

我的書桌上放着一本《停止憂慮重返健康》（*Stop Worrying*

and Get Well），它是愛德華・波德斯基博士的作品。以下是書中的幾個內容：

1、憂慮對心臟的損傷

2、憂慮會引發高血壓

3、憂慮可造成風濕症

4、減少憂慮，會對你的胃大有好處

5、憂慮是導致感冒的因素

6、憂慮與甲狀腺的關係

7、憂慮與血糖的關係

卡爾・梅格爾博士的著作《人類的自我損害》（Lion Against Himself），對憂慮的認識也很深刻。梅格爾在書中並沒有提出如何避免憂慮的有效方法，而是用了許多觸目驚心的事例，來讓人們瞭解焦慮、不安、仇恨、後悔、反叛和恐懼等情緒對身心的摧殘。這本書值得大家一讀。

憂慮會令最堅強不屈的人患病。美國南北戰爭即將結束之際，格蘭特將軍深刻體會到這一點。有關故事如下：

格蘭特將軍率部圍攻里士滿 9 個月。南方李將軍手下的士兵忍飢挨餓，眼看就要失敗了，整個部隊軍心動搖，一些士兵在軍帳裏祈禱，又哭又鬧。最後，李將軍的部隊放火焚

燒了里士滿的棉花和煙草庫，同時焚燒了兵工廠，趁着火光沖天的黑夜棄城而逃。格蘭特將軍率部窮追不捨，從後方和兩翼夾擊南方軍隊，並命令謝里登將軍的騎兵從正面阻擊敵軍，炸毀鐵路，繳獲了運送補給的火車。

格蘭特當時視力微弱，劇烈的頭痛使他無法跟上隊伍，所以臨時住在一個農舍裏。他在回憶錄裏這樣寫道：「整整一個夜晚，我把腳泡在芥末冷水裏，同時還將芥末藥膏貼在手腕和後頸部，期待第二天能夠好起來。」

果然，第二天早晨，格蘭特恢復了，但卻不是那些芥末藥膏所起的作用，而是有人用快馬帶來了李將軍的降書。格蘭特寫道：「當那個軍官將信交到我手裏時，我的頭依然痛得非常厲害，但當我看了李將軍那封信的內容時，頭就再也不疼了。」

格蘭特將軍的頭疼是由憂慮、緊張等情緒引起的，一旦他的情緒放鬆下來，想到了勝利的喜悅，他就很快康復了。

70 年後，時任財政部長的亨利・摩根索也發現憂慮會讓他頭昏腦脹。他在日記裏說，政府要他每天購進 440 萬蒲式耳的小麥以提高小麥的價格，這讓他非常焦慮。他寫道：「收購只要仍在進行，就會讓我一直覺得頭昏眼花。回到家吃完午飯後，我就躺在牀上睡兩個小時。」

究竟憂慮會對人產生什麼樣的影響，已不需要到圖書館或找醫

生諮詢，你只需從我的書房向窗外望去就能發現：在這條街的不遠處有一棟房子，它的男主人因為憂慮導致精神崩潰；而另一家的男主人因為憂慮患上了糖尿病，他的血糖會隨着股票的下跌而陡然升高。

法國著名哲學家蒙田被選為家鄉波爾多市的市長時，曾對民眾說：「我很樂意用我的雙手為大家效勞，但不想讓這些日常的工作影響我的身心健康。」

然而，我的那個鄰居卻讓股票漲跌影響了他的血糖含量，幾乎為此丟掉了性命。

假如我想警告自己憂慮對人究竟有多大危害，沒有必要去看街上的鄰居，我現在居住的這座房子，其原先的主人就是因為憂慮而過早地進入了墳墓。憂慮能引發風濕病、關節炎，讓人困守在輪椅上。

羅素・希塞博士是世界著名的關節炎專家，他列舉了導致關節炎的四種最常見的病因：婚姻失敗、金錢上受損和拮据、孤獨與憂慮、長期積怨。

這種不良情緒並不是導致關節炎的唯一病因，但希塞博士認為，這是引發關節炎最常見的病因。例如，我的一位朋友在發生經濟危機時厄運不斷：煤氣公司停止給他供煤氣，抵押貸款的房子也被銀行沒收，他妻子突然在一夜之間得了關節炎，吃藥、食療都沒有什麼效果。但等到經濟狀況有了改善之後，他妻子的關節炎卻不治而癒了。

憂慮會導致蛀牙。威廉·麥高尼格博士在美國牙醫協會作演講時說：「憂慮、恐懼、積怨等不良情緒會損壞人身體的鈣質平衡，從而導致蛀牙。」麥高尼格博士告訴大家，他的一位病人原先有一口漂亮的好牙，卻因為妻子突然患病住院，3個星期內突然長了9顆蛀牙。

我見過甲狀腺亢奮的人，他們全身都在顫抖，看上去像被誰嚇到了。甲狀腺本來是對身體起調節作用的，一旦出現問題，就會使心跳加速——瞬間使身體像打開所有通風孔的火爐般加速燃燒，如果不及時診治，患者很可能因「把自己燃燒殆盡」而死亡。

幾天前，我和一位患了甲狀腺亢奮的朋友去費城。我們去見約瑟列·布蘭姆醫生，他是一位主治甲狀腺病的著名專家，具有38年的臨牀經驗。他的候診室的牆上掛了一塊告示牌，上面寫着對病人的忠告。我在等候時把它抄在了信封的背面：

學會自我放鬆和享受生活

最使你身心愉悅的有效方法：

對前途充滿信心；

要睡得香；

養成欣賞美妙音樂的習慣；

樂觀看待生活。

健康和快樂將會永遠陪伴你。

　　約瑟列‧布蘭姆詢問我朋友的第一句話是：「是否有什麼不良的情緒？」他提醒我的朋友，如果他依然憂慮，就很可能患心臟病、胃潰瘍或者糖尿病等疾病。這位專家說：「這些病症都是近親。」一點兒不錯，它們都是由憂慮所引發的疾病。

　　我採訪過電影明星梅樂‧奧白朗，她曾對我說，她絕對不會憂慮，因為她可不想讓憂慮摧毀她作為電影明星的資本——她的美貌。她對我講述了自己的一段經歷：

　　　我最初進入影壇闖蕩時，擔心得要命。那時，我剛從印度來到倫敦，人生地不熟，但我想在影片公司找個角色，於是就見了幾個製片人，但他們都不願意用我。漸漸的，我用完了最後一點積蓄，有足足長達兩個星期，我只能靠吃餅乾和喝水維生。當時困擾我的不僅僅是憂慮，還有飢餓，我告訴自己：「或許你是個傻瓜，或許你不該企圖從事電影這個行業。總之，你毫無經驗，也從未演過角色，除了長得漂亮，你一無所有。」

　　　我站在鏡子前，發現憂慮已損害了我的美貌，它已使我的臉蛋上生出了細小的皺紋。因此，我警告自己：「你必須立即停止憂慮，你所擁有的不過只是容貌，而憂慮足以毀了它。」

　　沒有什麼會比憂慮更容易使一個女人迅速衰老，進而毀掉她的容貌。憂慮會讓我們的表情僵硬，會令皮膚生出皺紋，讓人愁容

滿面，以至於頭髮變白、脫落。憂慮會讓人的皮膚暗淡，患上丘疹。

心臟病是美國人的頭號健康殺手。第二次世界大戰期間，約有30萬美國人陣亡。而在同一時期，死於心臟病的平民卻有200萬之多，其中100萬人是由憂慮和精神壓力太大引發心臟病死亡的。所以，正如卡爾博士所說：「不懂得如何消除憂慮的人容易早逝。」

美國的黑人和中國人很少因為憂慮而引發心臟病，這與他們心性隨意淡泊有關。資料顯示，死於心臟病的醫生比農民高出20倍，因為醫生的工作過於緊張。

威廉·詹姆士說：「上帝會寬恕我們的罪，而我們的神經系統卻做不到。」

這是一件令人震驚和難以置信的事實：每年死於自殺的美國人比死於五大疾病的人多。

究竟是什麼原因呢？憂慮。

西班牙宗教法庭和德國納粹集中營曾使用過一種刑罰，他們把俘虜或敵人的手腳綁起來，放在一個盛滿水的袋子下面，讓不斷往下滴的水滴落在俘虜的頭上。這些不斷滴在俘虜頭頂上的水聲，就像用棍子敲打的聲響，最終使那些人精神失常。一些殘忍的古代將軍也這樣對待俘虜。

憂慮就像不斷往下滴落的水，而那不斷往下滴的憂慮，經常會使人精神崩潰。

在密蘇里州鄉下，當我還是一個少年時，曾在某個星期天聽牧師描述地獄烈火的情景，我嚇壞了。但牧師從來沒提到折磨我們

身心的地獄烈火。假如你總陷入憂慮之中不能自拔，有一天，你就有可能會患上令人苦不堪言的「心絞痛」。

一旦心絞痛發作起來，會痛得你哭天搶地，和這種痛苦相比，但丁的《地獄篇》聽起來就如同兒戲了。那時你會自言自語道：「上帝啊上帝！要是我能不受此病折磨，我再也不會為任何事情憂慮了，直到永遠。」要是你認為我誇大其詞的話，可以回去問問你的家庭醫生。

你熱愛生活嗎？你想健康長壽嗎？卡爾博士的這句話就是你應該做到的，他說：「在無比喧鬧的現代都市裏，只有內心平靜的人才不會受到精神病的困擾。」

在現代都市的嘈雜聲中，你能否保持內心的平靜？如果你是一個正常的人，你會回答：「我肯定能。」生活中，大多數人遠比我們想像的更堅強。其實，我們的內心有許多未被發現的潛能，正如梭羅的不朽名著《瓦爾登湖》（*Walden*）裏所描述的那樣——

我相信人們能夠通過自己的意志力去改變生存處境，如果一個人能夠充滿信心地去實現他的理想，努力去追求他所期待的生活，他將能夠取得意想不到的成功。

我想，本書的眾多讀者都具有很強的意志力，能像愛達華州的奧爾嘉·賈薇小姐一樣有驚人的表現。她在十分悲慘的情況下，依然能夠拋開憂慮。只要應用本書裏所探討的一些法則，我堅信，

我們也能做得像賈薇小姐一樣。下面是奧爾嘉・賈薇寫信告訴我的故事：

八年前，醫生告訴我，我會極慢、極痛苦地被癌症折磨致死。當時國內最著名的醫學專家梅奧兄弟同時也證實了這一診斷。我無路可走，只有走向死亡。但我還很年輕，不想死。絕望之中，我打電話找主治醫生，向他哭訴我內心的絕望。他反問我：「你怎麼啦？你真的一點勇氣也沒有了嗎？你若還像這樣哭下去，我敢肯定你必死無疑。不錯，情況異常糟糕，但事已至此，不如面對現實，停止憂慮，然後想想應對措施。」聽到這裏，我把指甲深深掐進肉裏，渾身發涼，我對自己發誓：「我絕不再憂慮！不再哭泣！沒有必要去擔心，我要堅持到底！我必須生活下去！」

當時不能採用鐳照射，通常是用 X 光照射十分半鐘，30 天為一個療程。醫生為我做的放射劑量是每天十四分半鐘，49 天為一個療程。雖然我已瘦得只剩一副骨頭了，兩腳像灌了鉛一樣沉重，我卻不再憂慮，並且一次也沒有哭過。我面帶微笑，是的，我是強作笑顏。

我並沒有笨到認為只要微笑就能治療癌症，可是通過這次經歷，我堅信，樂觀的心情有助於人抵抗疾病。說到底，我創造了一次治癒癌症的奇跡。現在，我比幾年前活得更健康、更快樂。我要感謝那句激勵我去挑戰的話：「不如面對

現實，停止憂慮，然後想想應對措施。」

在本章結束之時，我想再次引用卡爾博士的那句名言：「不懂得如何消除憂慮的人容易早逝。」卡爾所説的或許就是你！

如果你想擁有一個健康的人生，就讓你的內心遠離憂慮。

---

### ● 卡耐基心得 ●

憂慮就像不斷往下滴落的水，而那不斷往下滴的憂慮，經常會使人精神崩潰。

---

## 2

# 分析憂慮的方法

# 如何分析憂慮並從中解脫出來

應對憂慮的三個步驟：

查明憂慮的真相——分析真相——做出決斷並付諸行動。

用第一章第二節所提及的卡瑞爾萬靈公式能解決一切憂慮嗎？當然不能！

那麼，有什麼更好的方法呢？我們必須學會分析憂慮的 3 個步驟，以便周密地應對各種憂慮帶來的麻煩。這 3 個步驟是：

查明憂慮的真相——分析真相——做出決斷並付諸行動。

這就是亞里士多德曾傳授給他人，他人皆能運用自如、屢試不爽的辦法。非常簡便易行吧？假如憂慮整天困擾着你，那麼這一招就用得上。

第一個步驟：查明憂慮的真相。這相當重要，因為如果我們沒有查明真相，就不能理智地應對憂慮；不清楚真相，我們就會一籌莫展，無從下手。這是哥倫比亞大學的赫伯特‧霍克斯在幾

年以前使用的主要方法，他曾幫助過 20 萬名學生從憂慮中解脫出來。他曾對我說：「導致憂慮的主要原因是困惑。世人多半的憂慮是因為他們在對真相缺乏充分瞭解時就妄下定論所引起的。假設下星期二的下午 3 點有問題需要我去解決，那麼我在下星期二之前肯定不會做出什麼決策。在這期間，我會致力於查明相關的事實根據。我不會為此煩惱，也不會為此徹夜難眠，我只會專心致志地去查明真相。到週二時，我已差不多弄清了這件事的原委，所以問題的很大一部分就解決了。」

我問霍克斯這是否意味着他不再因憂慮而煩惱了，他答道：「對，坦白說，我在生活中已徹底擺脫了憂慮。」他繼續說：「我相信，如果人們肯專心地弄清事情發生的真相，他們的憂慮便會在理性之光中煙消雲散。」

請允許我再說一遍：「倘若人們肯專心地弄清事情的真相，他們的憂慮便會在理性之光中瓦解。」

如何去做呢？我們不妨借鑒愛迪生的一句話：「除了思考，別無他途。」獵犬只盯着眼前的事物，而忽略了其他相關的東西。如果我們不能客觀地查清事實，就會像牠一樣。如此一來，我們就會輕信自己的判斷。

法國作家安德烈·莫盧瓦曾說：「與我們的個人意願相符的任何事情似乎都是可信的，而不相符的事情卻令我們深感失望。」

這樣，我們找不到解決問題的答案也就不足為奇了。如果我們讓 2 ＋ 2 ＝ 5，那我們就是去做小學二年級的數學題不也同樣困

難重重嗎？可是，有許多人認定 2 + 2 = 5 甚至 500，搞得大家都很痛苦，包括他自己。

那麼，該怎麼做呢？我們考慮問題時最忌諱的一點就是一時衝動，要克服一時衝動，要像霍克斯所提倡的那樣，保證「事實的客觀公正性」。

正在憂慮的人要做到「客觀公正」可不是那麼容易，因為這時他們被情緒控制着。我發覺，有兩種方法有利於我們採取客觀公正的態度，從而更加清晰地看清事實。

1、當我們去調查事情真相時，假裝是在為他人收集資料，這有助於我們客觀公正地看待事物，不輕易被自己的情緒所左右。

2、假如我一定要在憂慮時去調查事情的真相，我會讓自己站在對方的立場，自己做對方的辯護律師。換句話說，我得弄明白那些對我不利的事情。儘管這些事和我的初衷是相反的，我並不高興這樣做，但必須這麼去做。

然後，將事實正反兩面的因素記錄下來，你會發現，真相通常就躲藏在兩個極端之間。

要着重指出的是，無論你我，還是愛因斯坦、美國最高法院法官，都不會在沒有查明真相之前就作出明智的決斷。愛迪生臨終時留下的記載各類事實依據的筆記達 2500 條之多。

所以，解決問題的第一原則就是查明真相。我們應該謹記霍克斯的忠告：在沒有以客觀公正的態度查明真相前，切勿急於下結論。

然而，查明了真相卻對真相本身不加分析，這對我們也沒什麼好處。

將事實寫下來更易於分析，這是我費了不少工夫才發現的。其實，將查清的事實和面臨的問題寫在紙上，對於我們作出正確的決定很有幫助。發明家查爾斯‧凱特林説：「將問題陳述得條理清晰，就等於把問題搞定了大半。」

中國有句老話「百聞不如一見」，我就舉個真實的例子吧。

這個故事的主人公蓋倫‧李奇費爾德與我是老朋友，他在遠東是一位很有成就的美籍商人。

1942 年，日本侵略軍的步伐到了上海，他就在那裏跑生意。在我家做客時，他對我講了他的一段經歷：

> 日軍剛剛偷襲珍珠港不久，緊接着又攻佔了上海。那時，我是上海亞洲人壽保險公司的經理。日軍派來一個「軍方賬目會計」，他是一位海軍上將，讓我協助他清查公司的所有資產。我別無選擇。
>
> 沒辦法，我只能奉命行事，但是，有一筆 75 萬美元的保證金，我沒有列入清單給他看，因為這筆賬歸香港分公司，與上海公司無關。但我很擔心、害怕，萬一日軍發現了，我就會遭受酷刑。他們真的發現了。當時，我正好不在辦公室，只有我的主管會計在場。
>
> 他事後告訴我，當日軍查出了這筆賬後，那位海軍上將

憤怒至極，破口大罵，罵我是叛徒，是小偷！說我竟敢與皇軍作對！這下可慘了，我要被他們扔進橋頭堡了！

橋頭堡！那是日軍臭名昭著的酷刑房，我有幾個朋友就是崩了自己也不情願被關進去。我的另外幾個朋友在其中因不堪忍受 10 天的審訊和酷刑，被活活摧殘致死。

現在輪到我要被關進去了。

我該如何是好？我是在星期天的下午才得知這一情況的，要是沒找到有效的應對辦法，我真會被嚇死。我坐到打字機前打出兩個問題，然後給出答案：

1、我在憂慮什麼？

2、對此我能做些什麼？

過去我常常喜歡這樣自問自答，但後來我會將問題和答案一起寫在紙上，以理順自己的思路。週日下午，我回到了我在上海的寓所，照習慣坐在打字機前，開始打字：

1、我在憂慮什麼？

明天早上，我有可能被關進橋頭堡酷刑室。

2、對此我能做些什麼？

我想了很久，將我在目前環境下唯一可能採取的 4 個對策及其結果打了出來：

a. 向日軍的這位海軍上將解釋清楚。不妙的是他不懂英文，如果我讓翻譯跟他囉嗦、解釋，一定會再次惹火他。如果他十分兇殘，寧可把我送進酷刑房也不想聽我解釋，那麼

我就必死無疑了。

b. 想法逃走。他們已經在監視我的行動了，我每天進出都會受到他們的檢查。如果我想逃走，一旦被抓住，很可能被就地槍決。

c. 躲在寓所裏，不去辦公室。這樣，這位日本海軍上將就會起疑，說不準會派人來逮捕我，那我肯定只能進橋頭堡。

d. 若無其事地像往常一樣去辦公室。這樣一來，這傢伙很可能因為忙昏了頭而忘記這件事。就算他想起來了，最重要的是這時他已平靜下來。如果他向我追究，我也有機會向他解釋一番。所以，週一我和平常一樣去上班，要是不出什麼意外的話，我就擁有了兩次免去橋頭堡的機會了！

考慮清楚後，我決定按第四個應對之策去做，星期一照常去辦公室。作決定後我頓時感到一身輕鬆。

星期一，我走進了辦公室，這位海軍上將正在抽煙，仍像往常一樣盯着我，不說話。感謝上帝，6個星期之後，他奉命調回了東京。

我的憂慮就此中止。如我所料，我救了自己，那個星期天的下午，我坐下來將我可以想到的辦法和最有可能產生的後果，一一打印出來，然後鎮靜地作出了合乎情理的決定。假如我沒有這麼做，我就會驚慌失措、猶豫，做出一些愚蠢之舉，最終毀了自己。如果我沒有在想了又想之後才作出決

定，那個週日的下午定會煩躁不安，整夜無法入睡，週一早上去辦公室時也會滿臉不安，足以引起日本軍官的猜疑，而做出對我不利的事情。

作出解決問題的決定是極其有益的，這是我的經驗。沒有作出最終的決定，只是反覆在原地兜圈子，就會遭受地獄般的煎熬，將人逼到崩潰的邊緣。在我看來，一半的憂慮在作出決定後就蕩然無存了，而另外一半的憂慮在將決定付諸實行時幾乎完全煙消雲散。

所以，我採取以下四個步驟解脫我的憂慮：

1、準確地寫出我在擔心什麼。

2、寫出我可以為此做些什麼。

3、決定怎麼樣去做。

4、立刻執行我的決定。

後來，李奇費爾德擔任了斯達·帕克·費里曼公司的遠東區總裁，負責保險業務，這使他成為亞洲地區知名的美國商人。他坦率地告訴我，正是因為善於運用這種方法，他才取得今天的成功。

他的方法到底有什麼作用？它具體、實用，直接觸及問題的本質，關鍵更在於不能或缺的第四個步驟——將這一切付諸行動。查清事實、分析事實、付諸行動，這3個步驟要有效地結合起來。正如心理學家威廉·詹姆士說的那樣：「決定一旦作出，就要果斷地實施，而不要瞻前顧後。」他的本意是說：一旦你依據事實

作出了慎重的決定，就要立即將它變為行動，切忌猶豫不定。

懷特‧菲利普斯是奧克拉荷馬州鼎鼎大名的石油大亨，我曾經問他是怎樣執行自己的決策的。他對我説：「考慮問題要適度，否則會產生迷惑和憂慮。有時，過度的查證與考慮是沒有用的。我們必須作出決策、執行決策，決不優柔寡斷。」

何不運用李奇費爾德的訣竅去擺脱自己的憂慮呢？

問題一：我在擔心什麼？

問題二：對此我能做什麼？

問題三：是否決定付諸行動？

問題四：什麼時候開始行動？

---

 ● 卡耐基心得 ●

一旦你依據事實作出了慎重的決定，就要立即將它變為行動，切忌猶豫不定。

---

# 如何
# 消除工作煩惱

當工作被憂慮打擾，請試着問自己 4 個問題：

到底哪裏出了問題？為什麼會出問題？

有哪些解決問題的辦法？採用何種方案解決問題？

　　如果你在經商，看到這個標題你會自言自語道：「這一章的標題可真滑稽。我幹這行已經有十多年了，這些東西我不比誰知道得少，想要教我如何消除工作煩惱，真是可笑！」

　　你這麼想其實也可以理解，幾年前，我看到這樣的標題也會和你一樣想，覺得它就像張空頭支票一樣毫無價值。

　　讓我們開誠佈公地説説看：或許我做不到幫你消除一半的工作煩惱。正如我在上一章所説，誰也不能代替你自己消除你的憂慮。但我能做的是，讓你看看別人是怎樣解脱憂慮的，然後，就看你自己了！你應該沒忘記我所引述的卡爾博士的忠告吧：「不知如

何擺脫憂慮的人會成為短命鬼。」既然克服憂慮對我們如此重要，那麼我只需幫助你解脫哪怕僅僅十分之一的憂慮，你應該也會輕鬆不少。現在，我來給你講個故事，看看一位公司管理人員如何消除了一半的憂慮，而且還縮短了原來消耗在開會上四分之三的時間。

我要講的故事是真人真事，絕非杜撰出來的。故事的主人公名叫萊昂·西姆金，曾是全美最大的出版商之一，任紐約西蒙舒斯特出版公司的股東兼總經理。

以下就是西姆金自述的親身經歷：

15 年來，我幾乎將每天一半的工作時間都浪費在開會討論上。我們需要這麼做嗎？或者根本不需要？我們在開會時總是放鬆不下來，屁股在椅子上扭來扭去，在會議室裏爭吵不休。一到晚上，我簡直心力交瘁。我絕望地認為自己的下半生也就這樣了，因為我已經這樣度過了 15 年，毫無改變。如果有誰告訴他能夠縮短四分之三的令人生厭的會議時間，那他一定會被我當成一個天真的瘋子。然而，一種新方法居然真的出現了。8 年來，這種方法一直被我用於工作和生活，它使我的工作效率、身心健康都出現了奇跡。

這種方法像所有的魔術一樣，說穿了十分簡單。

秘訣在於：首先，我決定取消 15 年來例會的程序，以前在會議開始時，我的屬下發瘋似地向我詳細彙報公司運作

中的各種問題，而在會議結束時，大家卻還在那裏糊裏糊塗：「究竟要採取什麼措施呢？」其次，我確立了一條新的規定，每個準備向我彙報問題的人，都要準備好以下四個問題的答案：

第一個問題：究竟哪裏出問題了？

（原先我們浪費了一兩個小時開會討論問題的根源，卻毫無頭緒。我們原先總是喜歡將問題付諸討論，卻不喜歡將問題好好整理。）

第二個問題：為什麼會出問題？

（當我回頭反思自己的職業生涯，我無比驚訝地發現，即使在開會時，我都沒有弄清問題的癥結所在，卻在討論中白白浪費會議時間。）

第三個問題：有什麼解決問題的方案？

（原先，在會上只要有人提出解決方案，馬上就有人站出來反駁，雙方一直爭吵不休，會場上鬧得跟戰場一樣。我們常常因此偏離了會議的議題，等到會議結束時，有效的解決方案還是沒有確定下來。）

第四個問題：你是否能提供一些解決問題的建議？

（原先開會的情況是大家一起在會場上着急，卻不能提出任何建設性建議，誰都不能乾脆地說出「我有個辦法」。）

現在，我的屬下已經很少找我反映問題了。原因何在？因為他們在為以上的四個問題尋找答案的時候，不得不去弄

清楚來龍去脈，將問題全面考慮。結果他們發現一個事實，那就是有四分之三的問題他們可以自行解決，根本用不着來求助於我，就好像他們將烤熟的麵包從電烤箱裏拿出來一樣，十分簡單。即使遇上必須開會商討的問題，也只需用原來會議四分之一的時間，因為問題在討論之前已經被梳理了，從而能夠很快找到合乎邏輯的解決途徑。

現在的西蒙舒斯特出版公司內，很少有人再把時間浪費在憂慮與爭辯上了，大家都學會了在自己的位置上，按照正確的方法解決問題。

我的朋友弗蘭克‧貝特格是美國最優秀的保險推銷員，他告訴我，他採用的方法與西姆金相似，既有效減輕了工作憂慮，而且收入也明顯提高。

貝特格這樣說：

幾年前，我剛剛進入推銷業時，對這份工作抱有極大的熱情，可最初的工作有點棘手，讓我感到沮喪，開始對這份工作失去信心，一度考慮轉行。幸好在某個星期天的早晨，我盡量平靜下來，思考自己憂慮的根源，否則的話現在我可能已在做另一份工作。

我首先問自己：「到底出了什麼問題？」答案是：我四處走訪客戶，累得筋疲力盡，卻收效甚微。我與客戶談話愉

快，卻不能讓他們愉快地簽約。客戶全都這麼說：「就這樣吧，貝特格先生，讓我好好想想後給你答覆。」害得我又白跑多次，並且無功而還、筋疲力盡。

我問自己：「有沒有解決問題的好辦法呢？」為了回答這個問題，我開始反思自己。我把過去一年的工作記錄作為研究對象，結果，上面顯示的事實讓我驚訝：70% 的合約是我對客戶初次拜訪時簽訂的；還有 23% 是在第二次拜訪時簽訂的；而僅有餘下 7% 的合約是我不厭其煩、三番五次地拜訪才簽訂的。就是這極小部分的合約使我費時費力，耗費了不下一半的工作時間！

如何解決呢？答案很簡單，我根本不要再做超過第二次的拜訪，省下來的時間將用於尋求新客戶。這種新方法使我取得了非常驚人的業績，因此我的收入也在短時間內大幅度增加。

按照這種方法，弗蘭克·貝特格先生成了全美優秀的壽險推銷員之一，但即使是他也曾經差點放棄這份工作，懷疑自己沒這個天分。要不是他能及時整理思考並得出結論，根本不可能有今天的成功。

當工作被憂慮打擾，請試着問自己這 4 個問題。試試看，也許這 4 個問題真的能減輕你一半的憂慮。

1、到底哪裏出了問題？

2、為什麼會出問題？

3、有哪些解決問題的辦法？

4、你採用何種方案解決問題？

------

● 卡耐基心得 ●

問了 4 個問題後，要進行反思，從而找到解決問題的辦法。

# 如何消除慣性憂慮

# 把憂慮從你的思緒中
# 驅逐出去

讓自己忙起來。只有忙碌，才能讓人從憂慮的深淵中
走出來。這種方法叫做「工作療法」。

　　幾年前的某個夜晚，學員馬利安‧道格拉斯向我講述了一個讓
我終生難忘的故事。他告訴我，他家裏接連遭受了兩次重大不幸。
第一次是他所疼愛的 5 歲女兒不幸夭折，他和妻子傷心欲絕，無
法承受這個打擊。他說道：「10 個月過去了，上帝又賜予了我們
一個女兒，可是，她僅僅存活了短暫的 5 天。」

　　這雙重打擊令他痛不欲生，這位父親說：「我無力承受，我無
法入睡，不思飲食，無力地在悲痛的深淵中掙扎。我的精神到了
崩潰的邊緣，信心完全喪失了。」最後，他只得去求助醫生。一
位醫生建議他服安眠藥，另外一位醫生告訴他去旅行。兩個方法
他都嘗試了，然而毫無效果。他說：

我的全身似乎被一把鉗子死死夾住，而且越夾越緊。這種悲哀對我身心的摧殘，只有與我有類似經歷的人才能明白。

但是，仍得感謝上帝，我還擁有一個 4 歲大的小男孩，是他讓我走出那段悲傷的日子。一天下午，我一個人呆着為自己的生活悲傷難過時，他跑過來問我：「爸爸，你給我造一隻小船吧。」我哪裏有心情去造船，實際上我對生活中的任何事情都提不起興趣。但是兒子不肯放過我，我只好滿足他的願望為他造船。

製作那隻玩具船用去了 3 個小時，當我把船交給兒子時，我突然感到我在造船的這 3 個小時，是我幾個月來過得最為放鬆、平靜的時光。這種放鬆與平靜讓我從深重的痛苦之中清醒過來，並且認真思考問題。幾個月來，我第一次去面對自己生活中出現的問題。我發現當我專心工作時，就不會有空閒去憂慮。對我來講，製作那隻玩具船就讓我從憂慮中解脫了出來，因此，我決定讓工作佔用自己所有的時間。

第二天夜裏，我檢查家裏的每一個角落，將要做的事情全部寫在一張清單上。有許多物品需要維修：書架、樓梯間、窗戶、門鎖、損壞的水龍頭……讓人意想不到的是，要維修的東西竟如此之多，兩個星期之內，我竟然列出了 242 件需要去辦的事情的大清單。

過去的兩年，清單上大部分要做的事情已經完成。我開

始充實自己生活的內容，每個星期，我抽出兩個夜晚去紐約市上成人教育班的課；積極參加社區各種公益活動，現在我擔任了一所學校董事會的主席；參加社會上的各種會議，參與紅十字會和其他機構的募捐活動。如今，我的生活很充實，不會再有時間去憂慮了。

「沒有時間憂慮！」正如邱吉爾在二戰期間戰事最緊張時所言，那時他每天工作長達 18 個小時之久。當有人問他擔負着如此重大的責任是否感到憂慮時，他回答說：「我太忙了，不會有時間憂慮。」

查爾斯‧柯特林先生在開發汽車自動啟動器的時候，也遇到過同樣的情況。在退休之前，柯特林一直擔任着名的通用公司的副總裁，領導通用汽車的開發工作。然而，當初的他一貧如洗，只能用一個破舊的倉庫做實驗室。為了購買材料，他把妻子教鋼琴所得的 1500 美元花掉了，之後，又用人壽保險單抵押貸了 500美元。我問過柯特林太太，那時是不是非常憂慮？她回答說：「是的，當時我擔心得無法入睡，然而我先生卻一點也不擔心。他一天到晚在他的試驗室裏工作，根本沒有憂慮的時間。」

偉大的科學家巴士德曾經說：「在圖書館和實驗室裏的人們，很容易找到內心的平靜。」為什麼呢？因為身處圖書館和實驗室的人大多在聚精會神地工作，他們不會有閒餘的時間為瑣事煩惱。科研人員很少出現精神問題，因為他們不會有時間來光顧這種「空閒」。

　　為什麼只用「讓自己忙碌起來」這樣簡單的方法，就可以把憂慮驅走呢？因為它是心理學上一條最基本的定理：一心無二用。一個人無論多有天賦，都沒有可能在同一時間去思考一件以上的事情。來，我們不妨做一個實驗：現在，你躺在椅子上，閉上眼睛，試試看，同時想自由女神像和明天上午你有什麼安排。結果，你可以想一件事情後再去想另外一件事情，但不可能在同一時間裏想兩件事情。人的情感也是如此。我們不可能激情飛揚地去做某一件事情，同時又對這件事情非常憂慮，一種情緒是會把另一種情緒驅走的。二戰時心理醫生把這個發現應用到軍隊中，其操作方法非常簡單，卻創造了心理治療的奇跡：戰爭時期，可怕的戰爭場面使一些人的內心遭受創傷，而得了「心理精神衰弱症」。軍醫為這些人開出的治療方案是：讓他們不斷地忙碌。一覺醒來，就讓這些在精神上受過創傷的人一刻不停地活動，安排他們釣魚、狩獵、玩球、攝影、整理花園以及跳舞等，使他們沒有空閒去回憶他們所經歷的那些血腥的戰爭。

　　「工作療法」是當代心理學上的術語，就是用工作作為治療疾病的藥。「工作療法」自古就有，公元前 500 年，古希臘的醫生就知道應用它了。在本傑明‧佛蘭克林時期，費城教友會教徒曾使用過這種辦法。有人在 1774 年訪問費城教友會療養院時，看見一些精神病人正在織布，他非常吃驚。他認為這些可憐的精神病人正在遭受摧殘，而教友會的負責人告訴他，讓這些病人參加一些輕鬆的工作，會有利於他們病情的好轉，工作能夠讓他們的情緒安靜下來。

著名詩人亨利‧朗費羅在痛失嬌妻之後，也悟得這個道理。

有一天，朗費羅年輕的妻子點蠟燭時，不小心把衣服燒着而慘叫起來，朗費羅聞聲趕去搶救，但妻子還是因為傷勢太重，無法醫治而死去。

有段時間，妻子死亡的悲慘場景總縈繞在朗費羅的腦海裏，使他快要發瘋。幸運的是，他有 3 個幼子等着他養育。他只好暫時將悲痛放在一邊，去承擔父親與母親的雙重責任。他得帶他們出去遊玩，給他們講生動的故事，和他們一起玩遊戲。他還把這段父子之間的生活經歷寫成了《與孩子在一起》(The Children's Hour) 的詩，同時他翻譯了但丁的《神曲》。這些工作讓他忙得一刻也閒不下來，使他從悲傷中擺脫出來，重新獲得了健康的心境。

正如作家丁爾生在失去摯友亞瑟‧哈蘭時說：「我必須有工作去做，不然我就會陷入絕望之中。」

對大眾來說，只要忙於工作，在精神上就不會出現多大的問題。下班之後，一旦我們有可以支配的閒暇時光，憂慮這個惡魔就會來襲擊我們。這時，我們就開始想自己是否取得了成功，生活是不是過於單調，今天老闆說的那句話是否還有其他意思。

無事可做的時候，通常我們的大腦一片空白。懂得物理知識的人都會明白，自然中不可能有真空的狀態。我們見到的電燈泡內部在理論上是真空的，但一旦打破電燈泡，空氣就會一擁而進。

當大腦一片空白時，就會有東西急於去填滿那個空間。通常什麼會填進去呢？是你的那些雜亂無章的情緒。這是因為憂慮、恐

懼、仇恨、嫉妒和羨慕等情緒所具有的巨大能量會衝破思想的控制，從而瓦解我們心中所有的平靜和快樂。

哥倫比亞師範學院教育學教授詹姆士‧默爾對此有獨到的見解：「憂慮對你危害性最大的時候，便是在你忙完一天的工作，進入休息狀態時。這時，你的思緒會凌亂起來，各種怪異的想法在你的腦海裏經過，常把一個小的錯誤想像成大的錯誤。這個時候，你的內心就像一輛空車，到處橫衝直撞，直到把自己也給毀了。去除憂慮需要讓自己忙碌起來，去幹一些有價值的工作。」

當然，不是只有大學教授才明白這個道理。二戰時，我從紐約前往密蘇里農場時，在餐車裏見到一位太太和她的先生，她是住在芝加哥的一名家庭主婦，她向我講述了她是怎樣消除憂慮的——讓自己忙碌起來，去做一些有價值的工作。

這位太太說，她的兒子在珍珠港事件發生的第二天參加了陸軍。她整天為兒子憂心如焚，幾乎到了崩潰的地步。兒子如今在哪裏？他不會有危險吧？是否正在前線？他是不是受傷了？他不會陣亡吧？

我問她，後來她是如何從憂慮中走出來的，她說：

> 我總找些事情讓自己忙碌起來。首先我辭退了女傭，自己承擔起全部家務，但這並沒有起到多大作用。因為我做家務總是按部就班的，對此太熟悉了，根本不用想，所以我一邊鋪牀、洗碗，一邊不斷地為兒子擔憂。我意識到，我必須

找一份一天到晚讓我身心都忙碌的工作。於是，我到一家大商場去當營業員。

情況馬上改變了，我發現自己被顧客團團包圍，他們不停地向我諮詢價錢、尺碼、顏色、布料等，讓我一分鐘也不能停下來，再也沒有時間想其他問題。到了晚上，我只想着如何能減輕一下雙腳的疼痛。一吃完晚飯，我躺在牀上不知不覺就酣睡了。我再也沒時間和精力去憂慮了。

這位家庭主婦的經歷，像約翰·考爾·波斯所著的《遺忘痛苦的藝術》(The Art of Forgetting the Unpleasant) 裏所說的：「當人們能夠專心工作時，所產生的鎮定精神，會有利於獲得舒適的安全感以及內心的平靜和喜悅。」

做到這一點，將會福至心靈。

著名的女探險家奧莎·漢遜曾對我講，她是怎樣從憂慮和悲傷中掙脫出來的。你可能讀過她的自傳《我的冒險經歷》(I Married Adventure)，她是一位真正經歷過冒險生涯的女人。

馬丁·漢遜娶她為妻時，她才 16 歲，然後他們離開了堪薩斯州查那提鎮，來到婆羅洲的原始森林生活。此後 25 年，這對來自堪薩斯州的夫妻在世界各地旅行，將亞洲和非洲逐漸消亡的野生動物拍成紀錄片。

後來他們回美國做巡迴演講，向人們放映他們的紀錄片。一次，當他們乘坐飛機從丹佛城前往西海岸時，飛機撞到山峯上，

馬丁‧漢遜當場喪生，醫生們診斷奧莎將永遠癱瘓在牀。醫生們對奧莎‧漢遜可以説一點也不瞭解，3個月後，奧莎就坐在輪椅上，在大批聽眾面前進行演講。實際上，那段時間，她坐在輪椅上進行了一百多次演講。我問她這樣做的原因，她説：「這樣做是為了讓自己根本沒時間去憂慮、悲傷。」

奧莎‧漢遜發現了100年前丁爾生在他的詩句裏闡述的道理：

**讓我們在工作裏尋到安寧，不然就會陷入絕望之中。**

如果我們不能一直忙着，而是在那裏閒坐，就會出現許多被達爾文稱為「胡思亂想」的東西，它們會像傳説中的鬼怪那樣掏空我們的人生，從而毀掉我們的自制能力。

人一旦忙碌起來，血液就會加速流動，從而讓你的思想變得敏鋭起來。讓自己忙碌，這是世界上最便宜也是療效最好的一種藥。

海軍上將拜德在南極也發現了這個道理。那時他在南極冰天雪地的小屋裏孤獨地生活了5個月。在看不到盡頭的南極雪地裏，藏着大自然最古老的奧秘，這是一片比美國和歐洲加在一起還要大的大陸。5個月裏，在方圓100英里之內，他找不到其他生命存在的痕跡。氣溫冷到當寒風吹過耳邊時，他似乎感到呼出的氣在空中被凍成冰粒。拜德在他的著作《孤寂》(Alone)裏，記錄了他在漫漫長夜裏受盡煎熬的5個月。他需要不斷地忙碌，才不至於發瘋。他在書中寫道：

每夜入睡前，我養成了為明天的工作提前做好準備的習慣。我安排計劃好下一步該做什麼。例如，用一個小時去維修逃生用的通道，用一個小時去清理那些裝燃料的油筒，用一個小時在儲藏室旁的洞穴邊再挖一個放書的地方，然後用兩個小時去維修雪橇……

我用上述這些工作來打發時間的方法十分有效，讓我產生了一種可以適應這裏的一切的感覺……假如沒有事情可做，生活就失去了目標。沒有目標，心理就會失去平衡，最後令人精神崩潰。

我們在生活中要是為一些事情憂慮的話，不妨用古老的「工作療法」來緩解內心的壓力。李察．科波特博士生前是哈佛大學醫學院教授，他曾經說：「身為一位醫生，當我看到許多被疑慮、猶豫、躊躇和恐懼等不良情緒困擾的人，在節奏有序的工作中得以康復，就感到無比的欣慰。工作帶給人們的勇氣，就像愛默生所倡導的『依靠自己』的論點一樣。」

我認識一位紐約的商人，他就是讓自己忙碌起來以至於沒有時間去想其他雜事，煩惱和憂慮再也無法光顧他了。他叫柏爾．朗曼，是我成人教育班的學員。他克服憂慮的經歷十分有趣，讓我記憶猶新。下課後，我請他吃晚餐，我們在餐廳裏聊到深夜，探討他的經驗。下面是他向我講述的故事：

18 年前，我因憂慮過度而患上了失眠症。那時我十分

壓抑，常常莫名其妙地大發脾氣，內心惶恐不安，我已經快要精神崩潰了。

當時，我是王冠水果公司的財務主管，公司投資了 50 萬美元生產草莓罐頭。20 年來，我們一直將這種罐裝的草莓銷售給生產雪糕的廠家。忽然有一天，我們的銷售量急劇下降，原來，一批雪糕製造商為了降低成本和增加產量，轉而去市場上購買桶裝草莓。

我們根本無法將價值 50 萬美元的草莓銷售出去，不僅如此，根據已經簽訂的合同，在一年之內我們還要再買進價值 100 萬美元的草莓。我們已經從銀行貸款 35 萬美元，這將使我們無法償還這批資金。這些事使我憂心忡忡。

我趕到公司在加州的工廠，向董事長說明市場上的情況已發生突變，請他認清我們即將面臨破產命運的形勢。然而他不肯相信這一切，而把責任全部推到紐約公司所有業務員身上。

通過幾天的努力之後，我最終說服他停止生產這種包裝的草莓，將那些新鮮草莓供應到舊金山鮮果市場上賣。這樣，我們的大部分困難得到了解決。此時我知道不應該再憂慮了，然而我卻做不到這一點。憂慮是一種惡習，一旦染上就無法擺脫。

我趕回紐約之後，每一件事情都讓我擔心，公司從意大利購買的櫻桃和在夏威夷購買的鳳梨等，都讓我感到十分擔

心、無法入睡，真的走到了精神崩潰的邊緣。

在絕望之中，我改變了原來的生活模式，結果我的失眠症消失了，也不再憂慮。我把自己全部的精力和時間都用在工作上，根本抽不出時間去憂慮。以前我每天工作 7 個小時，現在我工作 15、16 個小時。從清晨 8 點到辦公室，我一直忙到深夜，並開始肩負起其他工作。當我忙完這些工作，深夜回家時已經非常疲勞，躺在牀上不久就進入了夢鄉。

3 個月過去後，我改掉了憂慮的習慣，重新恢復到每天工作 7、8 個小時的正常狀況。這事情已經過去了 18 年，從此以後，我再也沒有失眠或憂慮過。

蕭伯納有句話說得好：「許多人的人生之所以不快樂，是因為他們有太多的空閒去想自己是不是幸福。」所以，沒有必要去想它，讓自己在工作中忙個不停，你的血液自會加速循環，你的頭腦也會更加聰明。讓自己忙碌，是世界上治療憂慮最物美價廉的一劑良藥。

戒除慣性憂慮的第一項原則：

讓自己忙起來。只有忙碌，才能讓人從憂慮的深淵中走出來。

## ● 卡耐基心得 ●

**讓自己忙碌，是世界上治療憂慮最物美價廉的一劑良藥。**

# 不要因為瑣事而煩惱

生活中許多煩惱都是自找的，因為我們過於看重
那些瑣事，結果反而被它弄得煩躁不安。
不要讓自己被那些生活中的
瑣碎小事而困擾。

人生只有短暫的幾十年時光，但很多人把不少時間浪費在一些
很快就會被人遺忘的瑣事上。這裏有一個讓人終身難忘的戲劇性
故事，是新澤西州的羅勒‧摩爾告訴我的：

1945 年 3 月，我得到了有生以來最大的教訓。當時我
們的貝耶號潛水艇正行駛在中南半島附近水域 276 英尺深
的海底下。潛水艇上有 88 名艇員，我們的雷達發現，有一
隊小型日本艦隊正朝潛水艇駛來。黎明時，潛水艇開始上浮
尋找進攻機會。我從潛望鏡中觀察到一艘日本驅逐艦、一艘
油輪和一艘佈雷艦。我們向驅逐艦發射了三枚魚雷，但均未

擊中目標。驅逐艦並未發現自己正受到攻擊，仍然向前行駛。正當我們計劃攻擊航行在最後的佈雷艦時，它卻突然調過頭來，徑直向我們的潛水艇駛來。原來有一架日本飛機發現了在 60 英尺深水下的潛水艇，立即將我們的具體位置通告了那艘佈雷艦。我們緊急下潛到 150 英尺的深水中躲避偵察，並應對接踵而來的深水炸彈。我們緊急關閉了全部的艙蓋，為了防止潛水艇發出聲響，我們把所有的電扇、冷卻裝置和電動機都關掉了。

　　3 分鐘過後，我們一下子好像置身於恐怖的地獄之中，有 6 枚深水炸彈在我們四周爆炸，其爆炸的威力將潛水艇推到 276 米深的海牀上。當時我們極度恐懼，在不到 1000 英尺深的海水裏受到攻擊會有很大的危險，如果不到 500 英尺，幾乎是在劫難逃，而現在我們在僅僅 250 英尺深的水裏受到攻擊。這好比一個人躲藏在水裏，而水只淹到他的膝蓋。那艘佈雷艦不斷地向下投深水炸彈，攻擊長達 15 個小時之久。如果深水炸彈在離潛水艇 17 英尺距離之內爆炸的話，潛水艇就會被炸出一個洞來。在我們四周，一顆顆深水炸彈在離潛水艇 50 英尺左右的地方爆炸着。我們遵守安全命令，躺在牀上靜止不動。我驚恐得甚至無法呼吸，想「這下完蛋了」。電扇和冷卻系統全部關閉之後，潛水艇的溫度迅速上升，達到華氏 100 度，然而我因害怕而全身發抖，穿上了一件毛衣，外加一件夾克，還是冷得直發抖。我的牙齒抖動得咯咯作響，渾身上下直冒冷汗。深水

炸彈持續攻擊了 15 個小時後，突然停了下來。很明顯，日本的佈雷艦在用完全部深水炸彈後，撤離了這片水域。

這 15 個小時讓我覺得簡直像有 150 萬年之久。這段時間我回憶了過去所有的生活，想起了從前幹過的全部壞事，以及我曾憂慮過的那些瑣事。在我參加海軍前，我曾做過銀行職員，那時我總為工作時間太長、薪水太低、沒有多大前途等小事而憂慮。我曾經擔心自己無錢購房子，無錢購買新車子，無錢給妻子買時裝。我對我從前的銀行老闆十分反感，他不時地挑我的錯。我記得每當我拖着疲憊的身子回家時，經常為一些小事和妻子爭吵不休。我還為在一次車禍中留在額頭上的那塊傷疤而苦悶。

多年前為之憂慮、煩惱的大事在炸彈聲中變得渺小了，就在那個時刻，我對自己發誓，如果我還能夠活着離開潛水艇重見天日的話，我將絕不再憂慮了，不會！永遠都不會！永遠永遠都不會！在潛水艇中那恐怖的 15 個小時所學到的東西，遠比我在大學 4 年裏從書本上學到的還要多。

我們常常能夠無所畏懼地面對生活中那些大的災難，然而卻被一些瑣事困住了手腳。例如，賽姆爾·佩布西在他的日記裏，記述了他見到哈利·維尼爵士在倫敦斷頭台上被砍頭的整個過程：維尼爵士被推到斷頭台後，並沒有請求有關官員饒他一命，而是要求劊子手下手利索些，別把刀砍在他脖子那個腫痛的傷疤上。

白德上將在南極嚴寒漆黑的長夜中也發現了這一點，他的助手

常常被一些瑣事搞得非常疲憊。

　　他們面臨種種危險和艱辛，在零下 80 度的環境中工作而毫無怨言。可是，白德上將卻發現，他們中有好幾個人互不理睬，懷疑對方亂放東西擠佔了自己的地方。隊裏有一個人，每口食物必須咀嚼過 28 次才咽下去。另外一個人則要在大廳裏找一個無人看見他的地方，才肯吃飯。

　　在南極的營帳中，就是這類瑣事把最為健壯的人逼到了發瘋邊緣。

　　你還可以加上一句話：生活中的瑣事，如果常在夫妻生活裏發生，同樣會讓人精神崩潰，因為它造成了「世界上一半以上的傷心事」。

　　芝加哥的約瑟夫・薩巴斯法官在判決了 4000 多件婚姻糾紛案件之後說：「婚姻生活不幸福，常常是由那些生活中的瑣事引起的。」紐約州地方檢察官法蘭克・霍根也說過：「在刑事案件裏，有一半以上都是由一些瑣事引起的：在酒吧裏逞強、家庭中的口角、侮辱的言語、粗魯的行為……正是這些瑣事，引起了爭鬥與謀殺。天性殘忍的人極其少見，那些人生悲劇只是由於自尊心、虛榮心受到了一點小傷害而引起，但它卻造成了世界上一半的傷心事。」

　　羅斯福夫人初嫁時每天都為一件事情煩惱，那就是新來的廚師飯菜做得非常差。羅斯福夫人說：「如果是現在出現這樣的事情，我聳一聳肩也就過去了。」

太棒了，這樣的做法標誌着一個人的成熟。就連最獨裁的凱瑟琳女王，在廚師把飯做糟了時，也是一笑了之。

有一次，我與妻子在芝加哥一位朋友家裏吃飯。這位朋友切菜時沒有切好，當時我沒有注意到這一點，即使我看到了，也會不以為然。然而他的妻子看見了，當場就大聲指責他：「約翰，瞧瞧你會做什麼呢！你真的永遠也學不會切菜嗎？」

隨後她對我們説道：「他總是犯同樣的錯誤，一點也不專心。」或許他的確沒專心做，但是他卻能與他的妻子生活 20 年之久，實在令我欽佩。説實在話，我寧願在祥和的氣氛下吃塗有芥末的熱狗，也不願意在他人的責備聲中去吃山珍海味。

那件事情過去後不久，我和妻子請了幾位客人來家裏共進晚餐。在他們即將到來的時候，妻子突然發現有三條餐巾與桌布的色彩不匹配。

妻子後來告訴我説：「我發現後立即趕到廚房，可廚師已將另外三條餐巾送到洗衣店去洗了。客人一會兒就到，已經來不及更換了，我急得差點哭了。我轉念一想：『我不必為此事憂慮吧，沒有必要讓它毀掉這個夜晚』。於是我便入席就座，決心愉快地享受晚餐，結果我做到了。我寧願讓我的客人説我是一個散漫的家庭主婦，也不願讓他們以為我是一個神經質、脾氣壞的女人。而且，當時並沒有一個人注意到餐巾不匹配的問題。」

大多數時候，如果想擺脫一些瑣事引起的煩惱，只要我們轉變看法，換一個角度去看世間的事物，就很容易擁有一個愉快的心

情。我的朋友荷利‧克羅伊是一位作家，他向我講述了他的親身
經歷。

以前每當他坐在書桌前寫作時，暖氣管裏所發出的難聽聲響，
都讓他忍無可忍。荷利‧克羅伊說：「然而，有一次我和幾個朋
友在野外宿營，當我聽到乾柴燒得劈啪作響的聲音時，忽然聯想
到這聲音與暖氣管裏的聲音多麼相似啊，我為何會喜歡這種聲音
而厭煩那種聲音呢？在回家的路上我對自己說：『乾柴燃燒時的
爆裂聲讓人覺得非常好聽，暖氣管裏的聲音也非常相似嘛！我該
安心睡覺了，因為這些聲音並不是噪音。』

「結果我做得很好，開始幾天我還能注意到暖氣管裏的水聲，
但沒過多久，我就把這種聲音完全忽略了。」

生活中許多煩惱都是我們自找的，因為我們過於看重那些瑣碎
之事，結果反而被它弄得煩躁不安，這一切都是因為我們誇大了
那些小事的重要性。

英國的狄士雷利首相說過：「生命太短暫，再也不能陷進小事
之中。」安德烈‧莫里斯在《星期》雜誌上撰文說：「這句人生格
言曾經幫我擺脫過很多苦惱。我們經常被生活中的一些瑣碎之事困
擾，本應該對它們置之不理，卻被它們緊緊抓住而弄得十分煩惱。
我們每一個人在這個世界上只有短暫的幾十年時光，卻耗費了不
少時間，去為一年之後就會被人們忘得一乾二淨的瑣事而苦悶。
不應該這樣，讓我們將自己有限的生命用在有價值的事情上，為
偉大的理想、真摯的感情和真正的事業去奉獻吧！因為生命短暫，
不該再為那些瑣事而消耗時間。」

即使像作家吉布林這樣著名的人物，有時候也遺忘了「生命是如此的短暫，不能再為瑣事消耗」的格言。結果怎樣呢？他和妻弟打了一場維爾蒙有史以來最著名的官司，後來有一本《吉布林在維爾蒙的糾紛》(*Rudyard Kipling's Vermont Feud*) 的書全面講述了這一事件的經過：

吉布林娶了一位維爾蒙女子卡洛琳·巴里斯特為妻，在維爾蒙的布拉陀布羅建了一座漂亮的房子，他們過得非常幸福，準備在那裏長期定居下來。他的妻弟貝提·巴里斯特成為吉布林的密友，他們倆無論工作還是遊玩都在一起。

後來，吉布林從貝提手中購買了一塊地，雙方商定，貝提可以隨時在那塊地上收割牧草。然而有一天，貝提發現吉布林要把那片土地建成一座花園，他頓時怒火中燒、暴跳如雷起來，吉布林也毫不示弱，整個維爾蒙被他們弄得天昏地暗。

幾天之後，當吉布林騎着自行車出去遊玩時，貝提駕着一輛馬車突然橫穿馬路，使吉布林從自行車上摔了下來。此時的吉布林已經忘記自己是曾寫過「眾人皆醉，你當獨醒」的人，他也失去了自制力，將貝提告到了法院。接着一場官司轟動全國，各大城市的報紙記者都擁到這個小鎮，消息很快傳遍了全世界。事情最終不了了之，這件事情過後，吉布林夫婦被迫永遠離開了他們在美國的家。

　　古希臘政治家伯里克利在 2400 年前說過：「站起來吧，各位！我們在瑣碎的小事情上談得太久了。」的確，我們還是積習難改。

　　哈利·愛默生·弗斯狄克博士曾講了一個極有寓意的故事，這是有關森林中的一棵大樹在幾百年的成長歲月中如何取勝、如何失敗的故事。

　　在科羅拉多州的古隆斯山上，橫臥着一棵巨大的枯樹。植物學家告訴我們，它已有 400 多年的樹齡。剛長出來的時候，哥倫布才剛登上美洲大陸；第一批移民定居美國的時候，它仍是一棵小樹。在漫長的歲月裏，它曾先後被雷電擊中了 14 次。400 年來，它經歷過無數風雪和暴雨的侵襲，仍頑強地挺立着。然而，當它遇到一批甲蟲攻擊時卻倒下了。這批甲蟲先蛀食樹皮，隨後漸漸蛀咬樹幹，從而摧毀了樹木的生機。這棵森林中的巨樹，久經風霜雪雨的洗禮、雷鳴電閃的擊打，依然生機勃勃，最後卻被一羣用手指就能對付的小昆蟲吞食而轟然倒下了。

　　我們不也是那棵經歷歲月風雨的巨樹嗎？我們頑強地應對了歲月中無數風霜雪雨和雷鳴電閃的侵襲，然而，我們的身心卻讓憂慮的「小昆蟲」吞噬。其實，我們完全可以在此之前，用手指把

這些憂慮的「小昆蟲」捏死。

戒除慣性憂慮的第二項原則：

不要讓自己被那些生活中的瑣碎小事困擾。

────────── ● 卡耐基心得 ● ──────────

如果想擺脫一些瑣事引起的煩惱，只要我們轉變看法，換一個角度去看世間的事物，就很容易擁有一個愉快的心情。

# 戰勝憂慮的法則

> 讓我們翻看記錄，然後問自己：根據概率推斷，
> 我正在憂慮的事情一定會發生嗎？事實上
> 很多的憂慮都是出自個人的想像，
> 而並非源於現實。

我從小生活在密蘇里州的一個農場上，有一天，在幫母親採摘櫻桃時，我開始哭了起來。媽媽問：「孩子，你到底有什麼好哭的啊？」我哭着回答：「我害怕自己會被活埋掉。」

那個時候，我整天憂心忡忡。閃電的時候，我害怕被雷電劈死；日子艱難的時候，我害怕會餓死；我還擔心死後要進地獄；我還害怕一個比我大的名叫詹姆·懷特的男孩，擔心他會割掉我的耳朵，因為他曾這樣威脅過我；我擔心我向女孩子脫帽致敬時她們會嘲笑我；我還擔心以後沒有一個女孩子願意做我的妻子；我還害怕結婚後我和妻子沒有共同語言。我想像那天在鄉下的教堂裏舉行完婚禮之後，我們乘坐着一輛漂亮的馬車回到農場，但在回去的

路上，我該對妻子説些什麼呢？該如何説呢？我在農田裏的時候，通常會花好幾個小時來想這些令我憂慮的事情。

長大後我才發現那時所憂慮的事情，有 99% 是絕不可能發生的。我兒時害怕被雷劈死，但現在知道了據有關部門統計，每年遭雷擊死亡的人大概只有三十五萬分之一。我害怕被活埋的想法更顯得可笑，我沒料到即使是在木乃伊流行的年代，也只有一千萬分之一的人可能被活埋。然而，以前我卻為此事而害怕得哭泣。

據説現在每 8 個人中就會有一個人死於癌症。假如我一定要為什麼事情發愁的話，我應當擔心的是癌症，而不是被雷電劈死，或者被活埋。當然，我剛才説的只是我在童年、少年時所憂慮的事情。然而，我們許多成年人的憂慮也差不多同樣的幼稚可笑。如果我們能夠根據概率來評估我們的憂慮是不是多餘，就能夠把其中十分之九的憂慮取消掉。

世界著名的保險公司倫敦蘇艾得保險公司，就是根據人們對一些幾乎不可能發生的事情的擔憂心理而賺取大量財富。這家公司似乎在跟人們打賭，説他們所擔憂的災難是不可能發生的。當然，他們不稱那是「賭博」，而美其名曰「保險」。

事實上，這是以概率為依據的一種賭博。這家保險公司有 200 年的歷史，除非人的本性發生轉變，否則它還將長久地存在下去。

如果我們瞭解一下概率，我們就不再害怕：例如，假設我在 5 年之內知道會有一場像蓋茨堡戰役那樣悲慘的仗要打，我必定會嚇一大跳。我會設法去購買人壽險，還會寫一份遺囑安排後事。

我會自言自語說：「我很難從這場戰爭中活下來，所以，在這 5 年裏，我得盡情享受生活。」然而實際上依據概率，在日常生活中 50 至 55 歲的人中，每 1000 個人裏死亡的人數和參加蓋茨堡戰役的 163000 軍人的陣亡率完全相同。

我在加拿大洛基山波爾湖邊寫完這本書的幾個章節，夏日的某一天，我在波爾湖邊遇見了赫伯特‧賽林格夫婦，賽林格夫人優雅恬靜、十分樂觀，她給我的印象像是未曾憂慮過。

一天夜裏，我們坐在爐火前，我問她曾經為什麼事情而煩惱過沒有。她回答說：

煩惱過沒有？我的生活曾經幾乎被憂慮毀掉了。在我沒學會克服憂慮以前，我在自尋的苦惱中度過了 11 年的漫長歲月。那時我常大發脾氣、性格暴躁，整天生活在緊張的氣氛中。每個星期，我都乘車從聖馬提奧的家到舊金山去買日用品，即使是在購物的時候，我也非常憂慮：我出門時是否忘了關掉電熨斗了；家裏是不是要發生火災；女傭是不是丟下孩子不管了；孩子騎着自行車出去是不是被汽車撞了。我時常因憂慮而背脊冒冷汗，只好匆忙趕回家，而家裏的一切都安然無恙，這就是我的第一次婚姻在不良情緒中破裂的原因吧。

我的第二任丈夫是名律師，他的性格十分穩重，能夠對事情進行深入分析，從不為任何事情憂慮。每當我緊張憂慮時，他就安慰我說：「不要緊張，讓我來分析分析，你究竟

在為何事擔心？讓我們來看看，你所擔心的事情發生的概率是多少？」

例如，我記得有一次，我們從新墨西哥州阿布庫基駕車前往卡斯巴德卡文斯，途經一條土路時，遇到了一場可怕的暴風雨。

車輪在泥濘裏打滑，車變得很難控制，我想我們肯定會滑到路邊的泥溝裏，但丈夫不停地對我解釋道：「我已經把車開得很慢了，不會出什麼大事的。就算車子滑到溝裏，我們也不可能會受傷。」他的冷靜和自信讓我鎮靜了下來。

有一年夏天，我們去加拿大的洛基山托昆峽谷野外宿營。一天夜裏，在海拔7000英尺的山上，我們躲於營帳裏，突然襲來的暴風雨似乎要把我們的帳篷撕成碎片。帳篷是用繩子綁在木樁上的，外面的帳篷布在狂風中搖動，發出震耳的聲響。我一刻也不能放鬆下來，擔心我們的帳篷會被狂風吹翻。當時我非常恐懼，但丈夫不斷地安慰我：「親愛的，我們有幾個經驗豐富的印第安嚮導，這些人對這裏的一切都十分瞭解，他們所住的帳篷已在這片山地裏搭建多年了，這個帳篷至今還沒有被吹毀。從概率上看，今天夜裏也不可能被吹毀。即使它真的被吹毀，我們還可以轉移到另外一個帳篷裏，所以沒有必要恐慌。」我的心情頓時放鬆了下來，結果後半夜睡得十分香。

當時小兒麻痹症在加利福尼亞州一帶流行，如果是幾年前，我一定會驚慌失措。這次有我丈夫開導我，讓我保持

了鎮靜。我們採取了周密的預防措施：讓小孩子遠離公共場所，暫時不去學校或影院。我們從衞生局那裏得知，即使是在小兒麻痺症發病的高峯期，整個加利福尼亞州也僅有 1835 名兒童患上此病。在正常情況下，平均人數也在 200 到 300 之間。從概率上分析，一個孩子感染此病的機會其實很小。

「根據概率，這件事情很難發生。」這一句話消除了我 90% 的憂慮。20 年來，它讓我過上了平靜而愉快的生活。

幾乎所有的憂慮都是出自個人的想像，而並非源於現實。回顧過去的生活，我發現我絕大多數的憂慮都是由此而來的。詹姆‧格蘭特告訴我，他的經驗也是如此。他是紐約佛蘭克林市場格蘭特批發公司的董事長，他每次要從佛羅里達州買 10 至 15 車的橘子。

他告訴我，他從前經常想些愚蠢的問題，例如，萬一車輛出事了，我的水果滾得滿地都是怎麼辦？如果汽車過橋時，橋突然斷了如何處理？其實水果都已上過保險，但他依然擔心水果因不能按時送到而失去銷售市場。他為此憂慮過度，患上了胃潰瘍，因此去看醫生。醫生告訴他，他的身體沒有其他的疾病，這一切皆因精神過度緊張而起。他對我說：

直到這時我才如夢初醒，開始反省一些事情：「動動腦筋，詹姆‧格蘭特，這些年來你運送過多少車的水果？」答

案是：「大約有 25000 車次。」然後我自問：「出現過幾次車禍？」答案是：「看吧，可能是 5 次吧。」跟着我反問自己：「一共 25000 輛車，只有 5 部車出過事，這意味着什麼呢？事實上出事的概率是五千分之一。」從概率上看，實際上車輛出事的可能性只是五千分之一，還有什麼讓你擔心的呢？

然後我對自己說：「格蘭特，即使橋會塌垮下來，在過去，你究竟有幾輛車是因橋塌垮而出事故的呢？」答案是：「一部都沒有。」我再對自己說：「那你為一座從未塌垮過的橋、為五千分之一的車輛出事概率憂慮而得胃潰瘍，這不是太不值得了嗎？」

當我回過頭來看這件事情，我認識到自己以前的確很傻。於是，我決心從那一刻起，以後再遇到什麼事，一定看看它發生的概率。自此以後我不再憂慮，再也沒有被「胃潰瘍」困擾過。

阿爾·史密斯當紐約州長時，我經常聽到他面對政敵的攻擊時說：「讓我們翻看記錄……讓我們翻看記錄吧。」然後，他將許多事實陳述出來。當你為一些事情憂慮時，不妨學一學有智慧的阿爾·史密斯，讓我們來查看以前的記錄吧，從中看出我們的憂慮有沒有事實依據。當年弗萊德雷·馬克斯泰正是這樣做的，那時他正躺在戰壕裏，十分害怕。下面是他在紐約成人教育班上所講的故事：

1944 年 6 月，我躺在奧馬哈海灘一個散兵戰壕裏。當時我是 999 信號連的隊員，當我們抵達諾曼第時，我看着地面一個個長方形的散兵戰壕，自言自語道：「這看起來真像是一座墳墓。」當我躺在散兵戰壕入睡的時候，感覺自己就像躺在一座墳墓裏，我不禁對自己說：「或許，這就是埋葬我的墳墓。」這天夜裏 11 點鐘，德軍的轟炸機飛過來了，炸彈從空中傾瀉下來，我嚇得魂不附體。轟炸的前三天我根本無法入睡，到了第四、第五天夜裏，我的精神幾乎要崩潰了。我明白，如果想不出應對的辦法來，我就會徹底瘋掉。所以，我告誡自己說：「5 個夜晚已經過去了，我不是還安然無恙地活着嗎？並且我們這個小組的人員也都活着，只有兩個人受了些輕傷。他們受傷的原因並不是中了德軍的炮彈，而是被我方高射炮的碎片誤傷。」我下定決心做一點有益的事情，來排解心中的憂慮。於是，我在散兵戰壕上搭起了一層厚木板，來防止被碎彈片擊傷。另外，我告訴自己：「除非炸彈直接命中這個狹窄的散兵戰壕，我才會被炸死。」然後，我估算出直接命中的概率最多只有萬分之一。這樣過了兩三個夜晚之後，我徹底平靜下來，當敵機再來襲時，我也能安然入睡。

美國海軍常採用概率統計出來的數字，來穩定軍心。有一個曾當過水兵的人對我說：

當我和一羣人被分到運汽油的油輪上服兵役時，我們全都恐懼得要命。因為我們認為一旦它被魚雷擊中，所有人都無法逃生。我們幾乎都無法接受這一事實，不能讓自己平靜下來。

海軍司令部得知這一情況後，立即公佈了一組準確的統計數據，這組數據顯示，100 艘被魚雷擊中的油輪裏，有 60 艘並沒有沉沒，而沉到海裏去的 40 艘油輪裏，只有 5 艘是在 10 分鐘之內沉入海中的。這說明發生事故時，還是有足夠的時間來逃生，而且傷亡的人員並不多。當瞭解了這組數據所顯示出的發生危險的概率後，我再也不感到憂慮了。船上士兵的情緒又高漲起來，根據概率我們會有很多逃生機會，而死在油輪上的機率的確很小。

戒除慣性憂慮的第三項原則：

讓我們翻看記錄，然後問自己：根據概率推斷，我正在憂慮的事情一定會發生嗎？

## ● 卡耐基心得 ●

如果我們能夠根據概率來評估我們的憂慮是不是多餘，就能夠把其中十分之九的憂慮取消掉。

# 直面難以避免的事實

出自內心接受已經發生的事實，是應對接踵而來的
連串不幸的第一步。勇於面對生活，我們就能夠
承受一切災難和悲劇，並走出它們的陰影。

小時候，有一次我和幾個小夥伴在密蘇里州一間破舊的老木屋
的樓台上玩耍，我站在樓台的窗戶邊，倒吸一口氣，飛身向下跳。
可是，我可憐的左手食指上戴着一枚戒指，當我往下跳的時候，
戒指正好被一枚鐵釘鈎住，結果我的整個食指被折了下來。

我驚恐地尖叫起來，簡直嚇壞了，認為自己這下好不了。但當
我的手指恢復之後，我就從沒有為它煩惱過。再去煩惱又有何益
呢？我已經接受了所發生的不幸。

如今，我甚至不去想我的左手只剩下了 4 隻手指。幾年前，我
在紐約商業中心一座大樓裏坐電梯的時候，遇到一個左手齊腕全
部被切除的人，我問他是否為缺少一隻手而憂慮，他回答説：「噢！
沒有關係的，我現在幾乎注意不到它。只是在穿針時，因為找不

到人幫助，我才會記起這件事情。」

刻在荷蘭阿姆斯特丹一所 15 世紀的教堂遺址上的一行字，讓我記憶猶新。那是一句刻在石柱上的法文格言：「事情既然是這樣，就不會是別樣的。」

在我們的人生道路上，必將會遇到一些讓人煩惱的事情，事情既然已經是這樣，就不會是別樣的。在生活中，我們只有不時調整心態去接受一些不可迴避的事實。如果我們拒不接受這些事實，那麼憂慮就會向我們襲來，直到將我們折磨得精神崩潰。

我所尊敬的哲學家威廉‧詹姆斯告誡人們：「要出自內心承認已經發生的事實。接受已經發生的事實，是應對接踵而來的連串不幸的第一步。」

住在俄勒岡州波特蘭的伊莉莎白‧康妮，在經歷過一系列的痛苦之後才領悟到了這一點。下面是她寫給我的信：

> 當美國歡慶陸軍在北非大獲全勝的那一天，我收到了一封來自國防部的電報，我生命中最親的侄兒在一次戰鬥中失蹤了。沒過多久，我又收到另一封電報，告訴我他已經犧牲了。在此之前，我一直感到自己很幸運，很滿意我的工作，並把我的侄兒撫養成人。看着他體現出年輕人所具有的一切良好品質。我認為我從前所付出的一切，現在得到了豐厚的回報。然而那份電報將我整個精神世界都擊碎了，令我沉浸在悲痛之中，我已經失去了活下去的信念，對工作再也

提不起興趣，對朋友也失去了熱情。我感到一切都完了，變得既悲傷又怨恨。為什麼我深愛的侄兒會在戰爭中死去呢？為什麼這樣優秀的青年在還未來得及開始他美好的生活時，就犧牲在戰場上呢？我無法面對這個事實。由於過度悲傷，我決定辭掉工作，離開我所居住的城市，去過隱居生活。

就在我清理材料準備辭職時，我發現了一封塵封已久的信。這是幾年前母親去世時，我侄子寄來的一封信，我差不多已經忘了這件事。「當然，我們都會懷念她，特別是你，但我相信你會振作起來。你的人生觀會幫助你渡過難關。無論我在哪裏，無論我們相距有多麼遙遠，我永遠都會記得你的教導，微笑面對生活，像一個男子漢般勇敢承擔生活的責任。」

我一遍又一遍地讀着這封信，好像此時他就坐在我的身旁，正在和我談心。他似乎在對我說：「你應該按照你教導我的那樣去做，無論在生活中發生了什麼，你都應該堅持下去，用微笑驅散心中的悲傷，勇敢地生活下去。」

因此，我又回到了工作崗位。我開始對人熱情起來，並不斷提醒自己：「侄子已經死了，我不可能讓他復生，但是我能夠按照他所期待的那樣，繼續生活下去。」

我開始把精力都投入到工作中去。我給前線的士兵寫慰問信，他們也是優秀的青年。我晚上去參加成人教育班，尋找新的生活樂趣，認識新朋友。我甚至不能相信在我身上產生的種種改變，現在我已漸漸走出了悲傷，生活裏充滿了歡

樂，這一切都是我的侄子希望我做到的。我在生活中尋找到了平靜，接受了那些不可避免的事實，過上比以往更充實更豐富的生活。

伊麗莎白·康妮領悟到了我們所有人早晚都要學會的道理，也就是說，我們必須學會坦然面對那些不可避免的事實。這樣做並不是太容易，即使是掌管江山的皇帝，也得不斷提醒自己這樣做。英王喬治五世在白金漢宮的書房中掛着一幅字：「不要為天上的月亮哭泣，也不要為打翻在地的牛奶而後悔。」哲學家叔本華也這樣說過：「能夠接受那些不可避免的事實，是你踏入人生旅途中最重要的一課。」

顯然，環境自身並不能主導我們的喜、怒、哀、樂，我們對周圍環境的態度才是決定我們處境的關鍵。

勇於面對生活，我們就能夠承受一切災難和悲劇，最終走出對我們人生不利的影響。或許我們會認為自己做不到，事實上，我們心靈的力量遠遠超出我們的想像，只要我們正確運用，就會幫助我們渡過難關。

已故小說家史恩·塔金頓的座右銘是：「我能夠接受生活中所發生的一切，但唯一不能夠接受的事情是失明。」可是在他 60 歲時，忽然有一天，當他低頭看着地毯時，卻感到眼前一片模糊、暗淡，他無法看清地毯上鮮艷的圖案。他去看眼科醫生，診斷出來的結果非常不幸：他有一隻眼睛已經接近失明了，另一隻眼睛也會緊接着失明。他最擔憂的事情，終於降臨到他的身上。

　　然而，塔金頓如何應對這「最可怕的災難」呢？他是否認為「這下完了，我的末日已經到了」呢？沒有，出人意料的是，他依然能夠談笑風生。以前，飄浮的「黑斑點」令他非常難受，它們在他眼前動時會遮住他的視線，但現在，當那些大的黑斑點在他眼前飄過時，塔金頓已顯得很幽默，他會說：「嘿！這個老傢伙又來了，這麼好的天氣，他又要到哪裏去呀？」

　　完全失明後，塔金頓說：「我發現自己能夠坦然接受失明這個事實，這與一個人承受其他事情沒有什麼不同。假如我的五種感官全部喪失了，我仍能夠繼續生活在我的心靈世界裏，因為在心靈的世界裏，我們也能夠看到一切，不論我們是否認識到這一點。」

　　為了讓眼睛復明，塔金頓在一年內經歷了 12 次手術。他沒有拒絕這些只能做局部麻醉的手術，因為他懂得只能如此，無法逃避。能減輕他的痛苦的唯一方法，就是痛快地接受這一事實。塔金頓拒絕去貴賓病房，而是住進了大病房，這樣一來，他可以和其他病人在一起，並試着去開導別人。當他接受了一次又一次的手術後，他認為自己依然是幸運的。「多奇妙啊，」他說：「現在醫學已經很發達，能夠為像眼睛這樣精微的器官做手術了。」

　　對於普通人來說，如果要忍受 12 次以上的眼科手術以及承受失明的不幸，說不定早就精神崩潰了。塔金頓卻說：「對於我來說，其他快樂經歷也無法代替這一次不幸的體驗。」這次經歷讓他學會了承受一切，也讓他明白了人生沒有不能忍受的苦難。正如彌爾頓所說：「失明並不可怕，可怕的是你不能忍受失明。」

　　要是我們因此退縮，或者是為它難過，我們也不可能改變那些

不可避免的事實。但是，我們能夠改變自己。

　　我已經明白了這些道理，因為以前我就嘗試過。有一次，我拒絕承認眼前一個無法避免的事實，我像一個傻子一樣試圖去反抗它，結果它讓我徹夜失眠、苦不堪言。我讓自己回憶起所有不願回想的往事，這樣自我虐待了一年後，我最終接受了那些不可能改變的事實。

　　這是幾年前我讀過的一首惠特曼的詩：

> **啊！人們要像樹林和動物那樣，**
> 去面對黑暗，面對風雨，
> 面對飢餓、嘲弄和意外打擊。

　　我幹了 12 年放牛的工作，還未見到過哪一頭母牛因為草地乾旱、下雪、霜凍，或者是公牛向其他母牛示愛而大發脾氣。動物都能安詳地面對黑夜、暴風雨和飢餓，所以它們是絕對不會精神崩潰或是患上胃潰瘍的。

　　是不是我們遇到任何不幸都應該忍受呢？事實並不是這樣，否則就變成了宿命論者。只要我們還有一線逆轉的機會，我們就要為之努力。可是，當我們知道那一切已經不可改變時，就應當保持理性，謹防瞻前顧後、拒不接受事實。

　　哥倫比亞大學霍克斯院長曾將一首兒歌改寫成他的座右銘：

世間的疾病數也數不清，

找找有沒有可救的藥方。

若有救，就把它治療，

若是無法治，還不如把它忘掉。

我寫此書的時候，曾經採訪過許多英國著名的商界人物。給我留下最深印象的是，當中大多數人都可以接受那些難以避免的事實，而過着平靜快樂的生活。假如他們不這樣面對自己的事業，那巨大的精神壓力將把他們摧垮。

下面有幾個實例：

創設全美潘尼連鎖公司的潘尼對我說：「假如我全部的資金都賠光了，我也不會憂慮，因為我知道自己從憂慮中得不到任何益處。我已經努力工作了，至於結果，我就沒有必要去想它了。」

亨利・福特也告訴過我這樣的話：「碰到解決不了的事情，我就讓它順其自然。」

克萊斯勒公司的總經理凱勒先生在接受我的採訪時說：「當我遇到很難辦的事情，如果能夠找到解決方案，我會盡力去做，如果找不到，我就只好置之不理。我從不為未來憂慮，因為我們誰也不能預測未來會發生什麼事情。能夠影響未來的因素非常多，誰也不知道這些因素從何而來，因此沒有必要為它們憂慮。」

假如你稱凱勒是位哲學家，他可能覺得你過獎了。他只是一個不錯的商人，但他的觀點和 1900 年前羅馬哲學家依匹托泰德的理

論基本吻合。「快樂的大道只有一條，」依匹托泰德説：「就是不要去為我們能力無法控制的事情憂慮。」

莎拉·班哈特可算是女中豪傑的代表，她是最懂得如何去面對那些難以避免的事實的人。半個世紀以來，她一直活躍在四大州的舞台上，是世界上最受歡迎的戲劇天后之一。在她 71 歲那年，她不僅破產了，而且她的醫生——巴黎的波茲教授告訴她必須把一條腿截肢。事情的經過是這樣的：她在橫渡大西洋時遇上了風暴，被重重地摔在甲板上。結果她的腿嚴重受傷，感染了靜脈炎，並開始出現萎縮，情況非常不妙，醫生認為她的腿已經到了非截肢不可的時候了。醫生有些怕把這個不幸的消息告訴脾氣一向不好的班哈特，可結果是，班哈特看了他片刻，然後十分平靜地説：「如果非要這樣做的話，也就只能這樣了，這就是命運的安排。」

她兒子看着她被推進手術室時哭了，她向他招了一下手，面帶微笑地説：「你別走開，我一會兒就回來。」

在去手術室的途中，她朗誦了一段台詞，有人問她這樣做是否為了鼓舞自己的鬥志，她回答説：「不，是讓醫生和護士放鬆下來，他們都有些過於緊張了。」

手術順利，當莎拉·班哈特完全康復之後，她繼續環遊世界，在長達 7 年的時間裏，讓她的觀眾繼續為她瘋狂。

索希·麥克米西在《讀者文摘》的一篇文章裏寫道：「當我們不再與那些難以避免的事實對抗，我們就能把節省下來的精力用來建設新生活。」

　　誰也沒有足夠的精力既能對抗難以避免的事實，又能建設新的生活。你只能擇其一，要麼就在難以避免的暴風雨中彎下腰來，要麼就與它抗爭而遭受其害。

　　我在密蘇里州的農場裏種植了不少樹木，它們都長得很迅速。後來，一場風雪將所有樹枝都裹上了一層厚厚的冰雪。這些枝條在重壓之下，並沒有順從地彎下身來，而是傲然挺立，最終被折斷，失去了往日的生機。我去過加拿大多次，在那裏看過長達幾百英里的常青森林，還沒有發現有哪一棵柏樹或松樹被冰雪壓斷。常青樹知道如何去應對壓力，如何彎下枝條去適應那些難以避免的事實。

　　在日本，柔道老師常常教導他們的學生「要如柳條般柔韌，不要像橡樹般挺直」。

　　你知道汽車的輪胎為何能在路上長時間奔跑，經受路途的顛簸嗎？最初，製造商想製造一種能夠抵抗路面衝擊力的輪胎，結果沒過多久輪胎就破裂了。他們汲取了教訓，重新製造出一種能夠容忍路面衝擊力的輪胎來，這樣的輪胎才能「耐壓耐用」。如果我們在坎坷的人生道路上也能順應所有的衝擊力和顛簸，我們便能夠更長久、更遊刃有餘地駕馭人生的旅程。

　　如果我們不順應而去抗拒人生中遇到的衝擊力，情況會怎樣呢？答案十分簡單，這將會把我們的精力耗盡，使我們因而變得憂慮、緊張、急躁和神經過敏。如果我們一直抗拒現實世界的沉重打擊，退縮到自己所築的夢幻世界內，我們最終會走向精神崩潰。

在二戰期間，上百萬內心恐懼的士兵只有兩條路可走，要麼接受那些難以逃避的殘酷現實，要麼在恐懼的壓力下精神崩潰。我們就拿威廉·凱西魯斯的事為例，下面就是他在紐約成人教育班上所講的一個獲獎的故事：

我加入海岸警憲隊不久後，就被派到大西洋附近一個可怕的單位擔任炸藥管理員。以前我是一個餅乾售貨員，現在突然成為炸藥管理員，只要一想到自己站在幾千幾萬噸的TNT炸藥上，我就會嚇得心驚膽戰。當時我只受了兩天的培訓，而在我懂得了TNT炸藥的威力後，內心更加恐懼。

我第一次執行任務時的感受讓我刻骨銘心。那天夜裏，天氣寒冷，霧氣彌漫，我接受命令到新澤西州的卡文角碼頭。我負責船上的第五號船艙，不得不和5個碼頭工人一起工作。他們每個人都十分強壯，但對炸藥卻一無所知。他們正將重2至4千磅的大威力炸彈往船上裝，每顆炸彈都含有重達一噸的TNT炸藥，完全可以把這條舊貨船炸得粉碎。炸彈被兩條鋼纜吊到船上，我不斷地自言自語：「萬一有哪一條鋼纜鬆了或者斷了，哦，我的上帝啊！」我害怕到了極點，渾身發抖、口中發乾，腿也軟了，心跳得非常厲害。我不能溜走，否則就成為逃兵了，不但我沒臉見人，連我父母的面子也會丟盡，並且我會因此而被槍斃。我不能走開，只能留在原地待着。我眼睛發直地看着那些碼頭上的工人，他們一點也不在乎地裝卸着炸彈，根本不理會這條船隨時都

會被炸毀。我在驚恐中度過了一個多小時後，終於恢復了理智，開始根據我所瞭解的一些知識去思考。我對自己說：「不要恐懼了，即使被炸死，那又怎樣？反正死時你也沒有知覺，死得痛快，這比死於癌症要舒適多了。不要像個傻瓜，人人都不免一死，你必須去幹這份工作，要不然就會被槍斃，所以你還是想開點吧。」

這樣，我跟自己談了幾個小時，漸漸平靜下來，覺得輕鬆了不少。最後，我克服了憂慮和恐懼，接受了那不能逃避的現實。

這次經歷讓我終生難忘。現在，每當我為難以改變的事實憂慮時，我就聳一聳肩說：「忘了它吧。」我感到這很有作用，至少對一個餅乾售貨員來說是這樣。

太棒了，讓我們為這位穿過軍裝的餅乾售貨員歡呼吧。

除了耶穌被釘死在十字架上，歷史上最為著名的死亡場景要算是蘇格拉底飲毒身亡了。即使經過了千秋萬代，人們依然會捧讀柏拉圖的不朽描述——那是所有文學作品中最為淒美動人的篇章：

古雅典城內有一小撮人嫉妒裸足而行的蘇格拉底，他們指控了蘇格拉底，使他受審並被判處死刑。當同情他的獄卒將一杯毒液遞給他時，說道：「請暢飲這杯必飲的毒液吧！」蘇格拉底欣然遵命，他鎮靜、順從地面對死亡，絲毫不改他

的稟性。

「面對這必須飲下的毒酒，請舉杯暢飲吧！」這句話出自公元前 399 年。如今，在這個充滿憂慮的世界中，我們比以往任何時代都更需要這句名言。

為了尋求排解憂慮的妙方，我幾乎翻閱了所有可以搜集到的書籍和報刊上的有關文章，諸位一定很想知道我從中發現的一條最佳排解憂慮的忠告吧。這短短數言的忠告，我們務必將它貼在衛生間的鏡子上，洗臉時即可順手洗掉心中的憂愁。這段無價的祈禱詞是美國牧師尼布林博士所寫的：

祈求上帝賜予我安寧的心境，

讓我接受無法更改的諸事；

給我足夠的勇氣，

讓我去改變能夠更改的諸事；

再賜予我足夠的智慧，

去分清這兩者的差異。

一個人的生活是否快樂，完全取決於他對人與事物的看法。因為，思想決定着生活的方向。

數年前，我去參加一個廣播節目，他們讓我找出「什麼才是你人生中學到的最重要的一課」。這並不難，我人生中學到的最重

要一課是：思想是非常重要的。只要知道一個人的想法，就能知道他是什麼樣的人。因為每一個人的性格都是由思想決定的，我們的心理狀態，將決定我們的命運。愛默生說：「如果一個人整天想的就是這些，他就不可能是另外的樣子了。」

我現在已經非常清楚，我們人生所面對的最大問題，實際上也是我們唯一需要應付的問題，就是怎樣運用正確的思想。假如我們這樣做了，許多問題就會迎刃而解。羅馬帝國的統治者、偉大的哲人馬爾斯・阿理流士，曾把其總結成一句至理名言：「思想決定了生活的狀態。」

沒錯，如果我們的思想裏全是愉快的想法，我們就會愉快；如果我們的思想裏全是悲傷的想法，我們就一定會悲傷；如果我們的思想裏全是一些可怕的想法，我們就會恐懼；如果我們的思想裏全是好的想法，我們就會變得很平靜；如果我們的思想裏全是失敗的想法，我們就會變得萎靡；如果過度沉浸在自憐裏，人們都不願意接近你。溫遜・皮爾說：「你並不是你想像中的那個樣子，但你的處境卻是你的想法造成的。」

我這樣說是否在暗示：面對那些困難，我們都需要用樂觀的態度去面對嗎？事實不是這樣的。非常不幸，生活沒有那麼簡單。但是我卻鼓勵人們用積極的態度，而不要用消極的態度去面對生活中出現的一切問題。換個角度說，我們必須關心我們所面臨的問題，但不能採取憂慮的態度。

消除慣性憂慮的第四項原則：

直面難以避免的事實。

──────── ◉ 卡耐基心得 ◉ ────────

一個人的生活是否快樂，完全取決於他對人與事物的看法。
因為，思想決定着生活的方向。

# 讓憂慮就此止步

當我們面對生活中某些不利情況時，一定要設定一個
「在此止步」的底線，並確立一個正確的
價值評判標準，這樣就能馬上消除
一半以上的憂慮。

是否有人想知道怎樣在華爾街上賺到錢？那是肯定的，成千上萬的人都想知道。如果我知道箇中秘密，這本書就該定價一萬美元了。在這裏，我可以向大家提供一種很多成功操盤手常用的有效方法。投資顧問查爾斯・羅伯茨向我講述了這個他所應用的方法：

當初我從德克薩斯州來到紐約時，朋友將 2 萬美元託付給我投資股市。雖然我對股票市場充滿信心，但想不到，我卻賠了個精光。雖然有幾次是賺到了錢，但最終我還是賠光了。

如果是我自己的錢，那倒沒有什麼關係，但那些錢都是

朋友的，雖然他們都非常富有，但我依然感到內疚。我感到自己無顏去見這些朋友，但出人意料的是，他們不僅沒有沮喪，而且對前景非常樂觀。

我開始認真回顧自己投資失誤的原因，分析之後，我決定在進入股票市場之前，一定要先對整個股票市場有充分的瞭解。於是我開始與一位非常成功的分析專家波頓·卡瑟斯交往，我相信他能教我許多有用的知識，包括他的成功經驗。而我知道，像他這樣成功的人，決不是僅僅憑藉機遇和運氣就能做到的。

首先他向我提了幾個問題，問我以前的策略。隨後，他向我傳授了一個最為重要的股票交易原則。他告訴我：「我在市場上每買一隻股票，都要設定一個到此為止、不能再賠的底線。例如，如果我買的股票每隻價值 50 美元，我規定的不能再賠的底線會是 45 美元。也就是說，萬一股票開始跌價，最遲在跌到 45 美元時就必須賣出去，這樣我的損失不過是 5 美元。」

「假如你最初買的眼光好的話，」波頓·卡瑟斯繼續說道：「每股你可能賺到平均 10 美元、25 美元，甚至 50 美元。因此，你的損失永遠不會超過 5 美元。即使你一半時間都在賠本，最終你還是會賺很多錢。」

從此，我一直使用這個方法，它替我的顧客和我本人賺到了上千萬的收入。

　　沒過多久，我意識到這個「在此止步」的原則，同樣能夠用在股票市場之外的其他方面。除了理財之外，我還為自己在生活中遇到的各種憂慮與仇恨設立「在此止步」的原則，其結果真是妙不可言。

　　比如，我經常與一位非常不守時的朋友共進午餐。他時常會讓我在餐廳裏等上半個小時後才姍姍來遲，最後我告訴他，如果再遇到這種情況，午餐就「在此止步」了。我提醒他說：「以後我等你『在此止步』的時限是 10 分鐘，如果你遲到 10 分鐘以上的話，那麼我們的午餐就會取消，你來的時候恐怕我已走了。」

　　天哪！為什麼許多年以前，我沒有學會這種「在此止步」的方法？我早該把它應用在鍛煉我的耐心、我的性情、我的自我認識、我的懊惱和所有精神壓力上。為何我以前沒有想到，要克制住那些可能會摧毀我內心平靜的情況呢？為什麼當初沒有學會對自己說：「這件事情並沒有那麼可怕，至少沒必要操那麼多心。」

　　不過，回想起來，至少有幾件事情我是滿意的，而且那次情況嚴重，是我有生以來的一次重大危機，那時我眼睜睜地看着我的夢想、計劃以及多年來的努力全都白費。事情的經過是這樣的：

　　那時我 30 歲，希望以寫小說為自己的終生職業，決心做第二個弗蘭克·瑞斯洛、傑克·倫敦或哈代什麼的。當時我充滿了夢想，在第一次世界大戰剛剛結束後的那段日子，

我用美元在歐洲生活長達兩年，當時生活費用低廉。那兩年內，我從事創作，撰寫一部叫做《大風雪》的書稿，這個書名取得真貼切，正如所有出版商對它的態度一樣冷淡。經紀人對我說，這部作品根本沒什麼價值，甚至會讓人因此懷疑我寫小說的天賦與才能，這讓我感到絕望，離開他辦公室的時候十分茫然，哪怕有誰用棒子來敲我的頭，我大概也不會有什麼反應了，簡直呆若木雞。我發現自己面對的是生命的岔路口，是做重大決定的時候了。我該何去何從？我該向左還是向右？幾個星期之後，我才從迷茫中漸漸醒過神來。那個時候我並沒有聽說過「給你的憂慮設下『在此止步』的限制」的辦法，但現在回想起來，當時我正是被它救了命。我把嘔心瀝血寫作的那兩年時間，看做是一次寶貴的人生體驗，然後繼續向前。我開始重新從事組織和開辦成人教育班這一行，有空閒時間就寫一些傳記和非小說類的書稿。

我是不是該為自己做出的決定慶賀一下呢？現在，每當我回憶起那件事情，我就自得地想在街上手舞足蹈。坦白講，從那以後，我再也沒有哪一天或哪一刻懊惱過自己沒有天賦成為第二個哈代。

100 年前的某個夜晚，當一隻烏鴉叫着穿梭在瓦爾登湖畔的樹林裏時，梭羅用鵝毛筆蘸着墨水在他的日記本上寫道：「不論是在我們眼前的事物，還是明天的事物，它們的價值都是以我們的生命作為代價換來的。」

換句話說，如果我們為生活中某一件事情付出了過多的代價，

我們在這件事情上就是一個傻瓜。這正是吉爾伯特和沙利文的可悲之處：他們知道如何寫出充滿快樂的詞曲，但卻不知道怎樣在現實生活中為自己尋找快樂。他們創作出不少讓世人稱道的輕歌劇，但他們卻無法控制自己的情緒。就因為一張地毯的價錢，他們互相仇視了多年。沙利文曾經為劇院訂購了一張新地毯，吉爾伯特一看到賬單就大發雷霆，甚至將這件事鬧到了法院，從此兩個人老死不相往來。沙利文替新歌劇作完曲子後，就把曲子寄給吉爾伯特，吉爾伯特填完詞之後，再寄回給沙利。有一次，他們不得不一起到台上謝幕，他們各自站在舞台的兩邊，向不同的方向鞠躬，以免看到對方。

林肯沒有像他們那樣，而是給仇恨設立了「在此止步」的限度。在南北戰爭時期，林肯的幾位朋友攻擊他的政敵時，林肯說：「對這種私人恩怨，我的感覺反而不如你們多，也許是我太遲鈍。可是我一向認為，這樣做不值得。一個人實在不應該用半生時間來和別人爭吵，如果那個人不再挑釁，我就會不計前嫌。」

我多麼希望我的愛迪絲老嬸嬸也能有林肯那樣的襟懷。

愛迪絲嬸嬸與弗蘭克叔叔生活在一棟貸款抵押出去的農場裏，那裏土壤不好，灌溉條件也差，收成總是不行。他們的日子艱苦，生活十分節儉，可是愛迪絲嬸嬸很想買窗簾和一些小物品來裝飾空蕩蕩的家，她向密蘇里州馬利維里雜貨店賒購這些小物品。弗蘭克叔叔十分擔心他們的債務，他非常看重個人的名譽，不願意在外欠債。於是，他私下告訴店老闆，不要再賒賬給他的妻子。當嬸嬸得知這件事情後，大發雷霆，都過去快 50 年了，到現在她

還不依不饒。她曾對我說起這事，不是一次，而是至少有 100 次。我最後一次去看望她，她已經年屆 80 了。我問：「愛迪絲嬸嬸，弗蘭克叔叔那樣做給您造成羞辱肯定不對，然而這件事情已經過去了 50 年，您一直都在埋怨，比起他的錯誤來，您給自己造成的傷害不是更大嗎？」

愛迪絲嬸嬸為她這些不美好的記憶，付出了過於昂貴的代價，她支付了半生平靜而美好的日子。

佛蘭克林 7 歲的時候，曾犯了一個小錯誤，讓他 70 年來都無法忘懷。

那時他喜歡上了一隻哨子，於是興沖沖地跑進玩具店，沒有和店老闆討價還價，就花光了所有的私房錢，把那隻哨子買了回家。「然後我就一路小跑回到家，」70 年後他寫信告訴朋友說：「在整個屋子裏興高采烈地吹着哨子，洋洋自得。」可是，當他的哥哥姐姐發現他買哨子多付了很多錢後，紛紛取笑他。據他後來所說：「我懊惱地哭個不停。」

很多年過去了，佛蘭克林成了美國駐法國的大使，成為世界著名的人物，他還念念不忘這件小事，因此他得到的痛苦遠遠超出那隻哨子所帶給他的歡樂。

後來，佛蘭克林在這件事情裏獲得了極大的收益：「我長大成人以後，開始觀察身邊的人時，我發現很多人都為買他們的『哨子』付出了過多的代價。也就是說，我觀察到，人類有很多悲劇都源於他們對事物價值做出錯誤的判斷，導致他們為自己的『哨子』

付出了太高的代價。」

吉爾伯特與沙利文為他們的「哨子」付出了巨大代價，我的愛迪絲嬸嬸也是，我本人在很多情況下也不能免俗。還有偉大的作家托爾斯泰，他寫出了兩部偉大的小說《戰爭與和平》和《安娜·卡列尼娜》。根據《大英百科全書》記載：托爾斯泰在他去世前的 20 年裏，「被認為是世界上最偉大的人」。這期間，崇拜者不斷地造訪他家，只是希望能有機會見他一面，哪怕只是聆聽他的聲音，即使只觸摸到他的衣角，也能感到滿足。他隨意的言談舉止都被人們記錄下來，彷彿被作為「神的啟示」。但即使在托爾斯泰 70 歲高齡的時候，他的日常生活，還趕不上 7 歲的佛蘭克林聰明，他簡直可以稱作愚蠢。我為什麼敢如此斗膽說這種話呢？

托爾斯泰和一個他十分愛戀的姑娘結成眷屬，當初，他們生活在一起非常幸福，他們常常跪着向上帝祈禱，希望上帝能夠保佑他們永遠如神仙般一樣生活。然而，托爾斯泰的妻子天性好妒，她常裝扮成鄉下女人去跟蹤丈夫，甚至跟蹤到森林深處。因此他們發生過許多次激烈的爭吵，她甚至嫉妒起自己親生的兒女來，曾用槍把她女兒的畫像射了個洞。她發脾氣的時候會滿地打滾，拿着一瓶鴉片往嘴裏倒，聲稱要自殺，嚇得孩子哭泣着蜷縮在牆角。

結果，托爾斯泰是這樣還擊的：如果他暴跳如雷地把家具打得稀爛，這倒無可厚非，我們都能夠理解。然而他做的事情比這要更糟糕，他記了一本秘密日記！在日記裏，他不停埋怨、怪罪他的妻子，這個就是他那隻代價昂貴的「哨子」。他努力讓後代原諒自己，而把所有的過錯都推到他妻子身上。他妻子是怎樣回應

的呢？她將奪過來的日記本撕個粉碎，然後扔進火爐裏燒個精光。她也寫了同樣的一本日記，開始回擊托爾斯泰，將所有的錯誤都推到托爾斯泰身上。她甚至還為此寫了部名為《誰之錯》的小說。她在書中將托爾斯泰描寫成一個破壞家庭和睦的人，而她自己卻成為一個受難的女人。

兩個無聊的人為自己的「哨子」付出了過於昂貴的代價，用50 年的時間，終於把他們的家庭變成了一個可怕的地獄。這兩個人是怎麼把他們本該溫馨的家變成了托爾斯泰所稱的「瘋人院」呢？原因不少，其中之一就是他們都太在乎別人的看法。沒錯，他們最擔心的事情不過是別人心裏會怎麼想。生活中的我們真想弄清他們誰對誰錯嗎？當然不會，我們只有時間注意自己的問題，而不會浪費哪怕一分鐘在托爾斯泰的家務事上。

他們沒有任何一個人說「在此止步吧」。他們誰都沒有評估過這樣下去對他們人生的損失，說：「讓這件事情馬上打住，我們不要虛度人生，讓我們一起說『夠了』吧。」

是的，我一直堅信，獲得內心平靜的奧秘所在，就在於具備正確的價值判斷標準。只要我們首先確立一個正確標準，就能馬上消除一半以上的憂慮，這個標準決定着我們為此事所付出的代價。

消除憂慮的第五項原則是，無論何時，當我們面對生活中某些不利情況時，在付出代價之前，要先問自己下面 3 個問題：

1、我正在面對的問題跟我有多大關係，它值得我為它如此擔憂嗎？

2、我如何在這件事上設定「在此止步」的底線，然後將它拋在腦後？

3、這隻「哨子」到底值多少錢？我是否已經多付了錢？

●●●●●●●●●●●●●●●●●●●●●●●●●● ● 卡耐基心得 ● ●●●●●●●●●●●●●●●●●●●●●●●●●●

如果我們為生活中某一件事情付出了過多的代價，我們在這件事情上就是一個傻瓜。

# 不要試着
# 鋸那些已被鋸碎的木屑

要使過去的錯誤對我們的人生產生建設性影響，
就要冷靜地分析發生這些錯誤的根源所在，
並從中獲得經驗，然後再把它徹底忘掉。

　　我正在寫作的時候，抬頭看着窗外，就能看見花園中堆放的恐龍足跡化石，足跡顯露在葉岩與石面間，非常清晰。我從耶魯大學的皮博迪博物館買來這些有恐龍足跡的化石，另附有一份説明書，説這些足跡是一億八千萬年前的遠古留下來的遺跡。當然，就連傻子也不會想回到一億八千萬年前去更改這些足跡，我們也不能傻到為了改變無法更改的事實，而自尋苦惱，但事實上確實會有不少人會去幹這種傻事。即使是 180 秒鐘以前所發生的事情，也成為無法更改的歷史。説穿了就是：我們可以努力改善 180 秒鐘以前發生的事情所造成的後果，但是我們沒有辦法去改變當時的情形。要使過去的錯誤對我們的人生產生建設性影響，就要冷靜地分析發

生這些錯誤的根源所在，並從中獲得經驗，然後再把它徹底忘掉。

我知道這個方法很有效，然而我是否一直有足夠的勇氣和智慧去這樣做呢？回答這個問題之前，我還是給你講講幾年前我一次獨特的經歷吧。我曾經讓 30 幾萬美元從我手中溜走，卻未能得到一分錢的收益。事情的經過是這樣的：

我開辦了一個規模不小的成人教育班，在不少城市裏都設立了分支機構，在組織和宣傳經費上，我進行了大量投資。由於授課十分忙碌，我既沒有時間也不願去過問財務問題，當時我並沒有意識到需要聘請一位優秀的財務專家來幫我理財。

結果，一年之後，一個令人費解的事實擺在我面前：我發現，儘管我們日進斗金，卻沒有一分錢的收益。在發現了這個問題之後，我應立刻做兩件事情。首先，我現在必須像科學家喬治·華盛頓·卡佛爾那樣，他在銀行倒閉後損失了 5 萬美元的存款，也就是他所有的積蓄。當別人問他是否知道自己已經身無分文時，他回答說：「是啊，我聽說過了。」然後繼續教他的書。他似乎完全忘記了這件事，從此再也沒有提起過。其次，我應該仔細分析自己所犯下的錯誤，以便從中汲取教訓。

可實際上，這兩件事我一樣都沒有做到，我反而陷入深深的懊悔與苦惱之中。我十分迷茫地度過了幾個月的時光，難以入眠，體重也驟減。我不但未能從上次的大錯中汲取教

訓，反而繼續犯下錯誤，只是比那次小了一些而已。

我知道，承認自己的愚蠢的確讓人覺得丟臉，但我很早就發現：「開導 20 個人去做某一件事情，比開導自己一個人去做某件事情還要容易得多。」我真希望自己上過紐約的喬治‧華盛頓高中，聆聽過保羅‧布蘭德威的教導。艾倫‧桑德斯先生告訴我，擔任過他生理衛生課老師的保羅‧布蘭德威博士，曾給他上了最有價值的一課：

那時我只有十幾歲，可是我已養成了為許多事情憂慮的習慣。我時常為自己所犯的錯誤苦惱：考試完畢後，夜晚無法入睡，咬着自己的手指憂心忡忡，擔心自己不及格；我總是回憶自己做過的事情，後悔要是當初沒這樣做就好了；總在回想自己說過的話，希望當時要是能說得更漂亮就好了。

那天早上，全班同學都到了科學實驗室，布蘭德威博士把一瓶牛奶放在案頭。我們都坐着呆望那瓶牛奶，不知道它與生理課有何聯繫。接着保羅‧布蘭德威突然站起來，將那瓶牛奶打翻在水槽裏，然後大聲說：「不要為打翻的牛奶而傷心。」

然後，他讓我們都到水槽邊，去看看那些四散的牛奶。「好好看看吧！」他告訴我們：「因為我希望你們一輩子都記住，這瓶牛奶已經打翻了，你們可以看到它都流散了，無論怎麼着急，都不能再撈回一滴。雖然只要事先小心一點，

這瓶牛奶就可以保住。但現在已經來不及了，我們現在所能做的唯一一件事，就是把它完全忘掉，去做好你的下一件事。」

布蘭德威博士這次小小的表演，在以後的很長時間裏，都讓我念念不忘，甚至在我忘了我所學到的幾何和拉丁文之後，對它依然記憶甚深。實際上，它在現實生活中所教給我的，比我在高中三年所學到的一切還多。它教給我的是：如果可能，就不要打翻牛奶，萬一牛奶被打翻了，就要把這件事情忘得一乾二淨。

不少讀者也許認為，用這麼多時間來講一句老話「不要為打翻了的牛奶而傷心」，多少有些無聊。我知道這句格言很平常，可以說是人們的口頭禪了。然而，像這樣的口頭禪，卻是多少年來人們在生活中形成的智慧，這是人類思想的結晶，是世代相傳下來的生活經驗。假如你有時間去讀歷代偉大學者所著的關於憂慮的書籍，你也難以發現比「不要為打翻的牛奶而傷心」更深刻的箴言了。如果我們能夠按照這句話去做，而不小看它們，我們就不需要再用這本書了。但是，如果不去運用，知識就難以形成價值。

本書並沒有為你提供什麼新的觀點，而是提醒你那些已經明白的道理，鼓勵你在生活中加以合理地運用。

我十分佩服已故的佛雷德·福勒·夏德，他有一種將古老的哲理闡述得既新鮮又生動的天賦。他擔任過一家報刊的編輯，有一次在大學演講時，他問大家：「曾經鋸過木頭的人請舉手！」大

多數的學生都舉起了手。然後他又問道：「你們當中有多少人曾經鋸過木屑？」這時，沒有人舉手。

「對，你們不可能去鋸木屑，」夏德先生說：「因為那些已經被鋸過了。過去了的事也是如此，當你為那些已經做過的事情擔心時，你好比是在鋸木屑。」

棒球明星康尼·邁克在 81 歲時，我採訪過他，問他是否曾經為輸球而憂慮過。

「有過。我從前經常這樣，」邁克告訴我說：「不過許多年以前，我就不幹這種蠢事了，這樣做對我沒有一點好處，磨完的粉不能再磨是吧，水早已把它們沖到下面去了。」

磨完的粉不能再磨，鋸碎的木屑也沒有必要再去鋸了。有一次過感恩節，我和傑克·戴普西一起共進晚餐。我們邊聊天邊吃火雞和果醬，他對我說，當他在重量級拳王爭霸賽中輸給希尼時，自尊心受到極大的打擊。

在拳賽中，我突然發現我不行了，幾乎像個老傢伙。到了第十回合結束時，雖然我還能勉強站着，但也只能做到這一點而已。我的臉腫得非常厲害，全身都是傷，雙眼十分難受，裁判舉起吉恩·希尼的手，宣告他獲得這場勝利。我不再是世界拳王了，我在雨中穿過擁擠的人羣向更衣室走去時，一些人伸過手來想和我握手，一些人眼睛裏含着熱淚。

一年之後，我再一次與希尼打了一場比賽，結果又輸

了，我的拳擊生涯就此結束。完全不去想這件事情的確很困難，但我對自己說：「我不想永遠為這件事情難過，或是為打翻的牛奶而傷心，這雖然對我是個打擊，但我不會永遠被它打倒。」

傑克·戴普西是怎樣做到的呢？他沒有一味地對自己說：「哦，我不再為此而苦惱！」這只會增加他回想起往事而煩惱。他完全接受了那一切，忘記過去的失敗，將全部精力投入未來的計劃上，在百老匯開傑克·戴普西餐廳，又在第 57 大街開了一家旅館。他安排拳擊比賽，並舉辦拳擊展覽會，用有建設性的事務讓自己忙碌起來，使自己再也沒有時間和心思為過去憂慮。傑克·戴普西說：「在這 10 年裏，我的生活比當世界拳王時還要豐富得多。」

戴普西先生說他沒讀過多少書，但他卻在無意中按照莎士比亞的忠告去做了——有智慧的人永遠不去為失敗而悲歎，他會很愉快地尋找減輕損失的奇計妙方。

我閱讀了大量的歷史和傳記書籍，發現許多人身處逆境時，能克服人生的困難和心中的苦痛。他們讓我驚歎，他們能坦然忘掉憂慮和不幸，繼續過着快樂的日子。

有一次，我到辛辛監獄去探訪，令我意外的是，那裏的囚犯大多數看起來與外面的人沒有兩樣，且都顯得比較快樂。當我看見獄長劉易斯·路易士時，向他提起此事，他對我說：「這些罪犯最初來到辛辛監獄時，全都心懷仇恨、脾氣暴躁。但幾個月過去了，大多數人都能比較理智地面對這件事情，接受已經坐牢這個

事實而變得平靜了，盡量讓自己過得開心些。監獄裏有一個犯人，主動承擔了園藝的工作，他在監獄圍牆裏，一邊種花種菜，一邊還唱着歌。」

所以，沒有必要去痛哭流涕。當然了，我們會為犯下的錯誤和做過的荒唐事而後悔，但這又有什麼用呢？誰沒有過失敗呢？就連偉大的拿破侖都在他經歷的重大戰役中輸掉過三分之一。或許我們的勝率並不比拿破侖差呢！無論如何，即使你用掉所有的精力，也絕對不可能更改過去已發生的事情。

所以，讓我們記住第六項原則：

不要試着鋸那些已被鋸碎的木屑，不要為打翻了的牛奶而傷心。

● 卡耐基心得 ●

不要試着鋸那些已被鋸碎的木屑，不要為打翻了的牛奶而傷心。

# 平安快樂的七種方式

# 憧憬美好生活

> 我們內心的平靜和我們從生活中所得到的快樂，
> 只在於我們的心境，而與外在條件
> 沒有多大關係。

　　我們的精神狀態對我們的身體和力量，有着令人難以置信的影響。英國著名的心理學家哈德飛在他那本只有 54 頁的非常了不起的小書《力量心理學》(*The Psychology of Power*) 裏，對這件事有驚人的說明。「我請來 3 個人，」他寫道：「以便試驗生理受心理的影響。我們以握力計來度量。」他要他們在三種不同的情況下，盡全力抓緊握力計。

　　在一般的清醒狀態下，他們平均的握力是 101 磅。

　　第二次實驗則將他們催眠，並告訴他們，他們非常虛弱。實驗結果顯示，他們的握力只有 29 磅，還不到他們正常力量的三分之一。

然後，哈德飛再讓這些人做第三次實驗：在催眠之後，告訴他們說他們非常強壯，結果他們的握力平均達到 142 磅。當他們在認定自己有力量之後，他們的力量幾乎增加了 50%。

這就是難以置信的心理力量。為了說明思想的魔力，我要告訴你一個發生在美國內戰期間最奇特的故事。

這個故事足夠寫一本大書，不過我們還是長話短說：

現在信徒都知道基督教信心療法的創始人瑪麗‧貝克‧艾迪。可是在當時，她認為生命中只有疾病、愁苦和不幸。她的第一任丈夫在他們婚後不久就去世了；她的第二任丈夫拋棄了她，和一個已婚婦人私奔，後來死在一個貧民收容所裏；她只有一個兒子，卻由於貧病交加，不得不在他 4 歲那年就把他送走了。她不知道兒子的下落，以後有 31 年之久，都沒有再見到他。

因為她自己的健康狀況欠佳，所以她一直對所謂的「信心治療法」極感興趣。她生命中戲劇化的轉捩點，發生在麻省的理安市。在一個很寒冷的日子，她在城裏走着的時候，突然滑倒了，摔倒在結冰的路面上，而且昏了過去。她的脊椎受到了傷害，使她不停地痙攣，甚至醫生也認為她活不久了。醫生還說，即使奇跡出現能使她活命的話，她也絕對無法再行走了。

躺在一張看來像是送終的牀上，艾迪打開一本書。她後

來說，她讀到書裏的句子：「有人用擔架抬着一個癱子來到耶穌跟前，耶穌就對癱子說：『小子，放心吧，你的罪赦了。起來，拿着你的褥子回家去吧。』那人就站起來，回家去了。」

她後來說，耶穌的這幾句話使她產生了一種能夠醫治自己的力量，她「立刻下了牀，開始行走」。

「這種經驗，」艾迪太太說：「就像引發牛頓靈感的那個蘋果一樣，使我發現自己怎樣地好了起來，以及怎樣也能使別人做到這一點。我可以很有信心地說：一切的原因就在於你的思想，而一切的影響力都是心理現象。」

也許你現在正對自己說：「這個傢伙是在替基督教信心治療法傳道。」不是的，你錯了！我並不是這個教派的信徒，但是我活得愈久，愈深信思想的力量。從事成人教育 35 年的結果，使我知道男人和女人都能夠消除憂慮、恐懼和很多種疾病，只要改變自己的想法，就能改變自己的生活。我知道這種轉變，也親眼見過好幾百次，因為我看得太多，都已經見怪不怪了。

舉個例子來說吧。有一個令人難以相信的轉變，可以證明思想的力量，而它就發生在我的一個學生身上。他曾經精神崩潰過一次，起因是什麼呢？是憂慮。那個學生告訴我：

我為什麼事情都發愁，我之所以憂慮是因為我太瘦了，

我覺得我在掉頭髮，我怕永遠沒辦法賺足夠的錢來娶個太太，我認為我永遠沒有辦法做一個好父親，我怕失去我想要娶的那個女孩子，因為我覺得我現在過的生活不夠好。我很擔憂我給別人的印象不好，我很擔憂自己是否得了胃潰瘍。我無法再工作，辭去了工作後，我的內心愈來愈緊張，像一個沒有安全閥的鍋爐，壓力到了令人難以忍受的地步，結果果然出了事。

如果你從來沒有經歷過精神崩潰的話，祈禱上帝讓你永遠也不要有這種經驗吧，因為並沒有一種身體上的痛苦，可以超越精神上那種極度的痛苦。

我精神崩潰的情況，甚至嚴重到沒有辦法和家人交談。我控制不住自己的思想，心中充滿了恐懼。只要有一點點聲音，就會使我焦躁得跳起來。我躲開每一個人，常常無緣無故地哭起來。

我每天都痛苦不堪，覺得我被所有的人拋棄了，甚至上帝也拋棄了我，真想跳到河裏去一了百了。

但後來我決定到佛羅里達州去旅行，希望換個環境能夠對我有所幫助。上了火車之後，父親交給我一封信，並告訴我等到了佛羅里達之後再打開來看。

我到佛羅里達的時候正好是旅遊的旺季，因為旅館裏訂不到房間，我就在一家汽車旅館裏租了一個房間。我想在邁阿密一艘不定期的貨船上找一份差事，可是沒有成功，所以

我把時間都消磨在海灘上。我在佛羅里達時比在家的時候更難過，此時，我拆開那封信。看見父親在信上寫道：「兒子，你現在離家 1500 英里，但你並不覺得有什麼不一樣，對不對？我知道你不會覺得有什麼不同，因為你還帶着你所有麻煩的根源，也就是你自己。無論你的身體或是你的精神，都沒有什麼毛病。這並不是你所遇到的環境使你受到挫折，而是因你對各種情況的想像而起。總之，一個人心裏想什麼，他就會成為什麼樣子。當你瞭解這點以後，兒子，回家來吧，因為那樣你就能醫好了。」

父親的信使我非常生氣，我要的是同情，而不是教訓。當時，我氣得想永遠不回家。那天晚上，我在邁阿密一條小街上走着，經過一個正在舉行禮拜的教堂，因為沒有別的地方好玩，我就溜了進去，聽了一場講道，講題是「征服精神，強過攻城」。我坐在神的殿堂裏，聽到和我父親同樣的想法，這一來，我能夠很清楚而理智地思考，並發現自己真的是一個傻瓜。看清楚了自己，實在令我非常震驚，我還想改變這個世界和全世界所有的人呢，而唯一真正需要改變的，只是我腦部那架思想相機鏡頭上的焦點。

第二天清早，我收拾行李回家去了，一個禮拜後，我又回去幹我以前的工作。4 個月之後，我娶了那個我一直害怕失去的女孩子。我們現在有一個快樂的家庭，生了 5 個子女，無論是在物質或是精神上面，上帝對我都很好。當我精神崩潰時，我是一個小部門的夜班工頭，手下有 18 個人；

現在我是一家紙箱廠的廠長，管理 450 多名員工。生活比以前更充實、更快樂了。我相信我現在能理解生命的真正價值了，每當感到不安，我就會告訴自己：只要把相機的焦距調好，一切就都好了。

我要很誠實地說，我很高興我曾經有過那次精神崩潰的經歷，因為它使我發現思想對身心兩方面的控制力。現在我能夠使我的思想為我所用，而不會有損於我。我現在才知道我父親是對的，使我痛苦的確實不是外在的情況，而是我對各種情況的看法。一旦我瞭解這一點之後，我就完全好了，而且不會再生病。

這就是那位學生的經驗。

我深信我們內心的平靜和我們從生活中所得到的快樂，並不在於我們在哪裏、我們擁有什麼，或者我們是什麼人，而只在於我們的心境，與外在條件沒有多大關係。

200 年前，密爾頓在雙目失明後，也悟到同樣的真理：

思想的運用和思想本身，

就能把地獄改造成天堂，

把天堂弄成地獄。

拿破侖和海倫・凱勒就是密爾頓這句話的最好例證：拿破侖擁

有一般人所追求的榮耀、權力、財富，可他卻對聖海蓮娜說：「我這一生從來沒有過一天快樂的日子。」而海倫‧凱勒又瞎、又聾、又啞，卻表示：「我發現生命是這樣的美好！」

如果說半個世紀的生活曾使我學到什麼的話，那就是：除了你自己，沒有別的什麼可以帶給你平靜。

我只是想再重複一次愛默生在他那篇叫做《自信》的散文裏說的話：「一次政治上的勝利、收入的增加、病體的康復，或是久別好友的歸來，或是什麼其他純粹外在的事物，能提高你的興致，讓你覺得你眼前有很多好日子。但是，不要去相信它，事情絕不會是這樣的。除了你自己以外，沒有別的什麼能帶給你平靜。」

依匹克特修斯這位偉大的斯多噶派哲學家曾警告我們說：「我們應該極力消除錯誤想法，這比割除『身體上的腫瘤和膿瘡』重要得多。」

依匹克特修斯在 19 個世紀前說的這句話，得到了現代醫學的支持。坎貝‧羅賓博士說，約翰‧霍普金斯醫院所收容的病人裏，有五分之四都是由於情緒緊張和壓力所引起的，甚至一些生理器官的病例也是如此。「歸根結底，」他宣佈說：「這些都歸咎於生活和所遇到的問題的無法協調。」

蒙田是偉大的法國哲學家，他以下面的兩句話作為生活的座右銘：「一個人因已發生的事情所受到的傷害，比不上因他對該事情的意見來得深刻。」而我們對所發生的一切事情的意見，完全是由我們自己來決定的。

　　當你被各種煩惱困擾，整個人緊張不堪，我是否應該大膽地告訴你，你可以憑自己的意志力改變你的心境。不錯，我應該這麼做。而且，我還要告訴你如何做到這一點。這可能要花一點力氣，可是秘訣卻非常簡單。

　　威廉·詹姆斯是實用心理學的權威，他曾經發表這樣的理論：「行動似乎是隨着感覺而來的，可實際上行動和感覺卻是同時發生的。如果我們能使在意志力控制下所作出的行動規律化，那麼我們也能夠間接地使不在意志力控制下的感覺規律化。」

　　換句話說，威廉·詹姆斯告訴我們，我們不可能只憑「下定決心」就改變我們的情感，但我們可以改變我們的行動。而當我們改變行動時，就會自然而然地也改變我們的感覺。

　　「於是，」他解釋說：「如果你感到不快樂，那麼唯一能找到快樂的方法，就是振奮精神，使行動和言詞看起來好像已經感覺到快樂的樣子。」

　　這種簡單的辦法是不是有用呢？你不妨試一試。首先使你的臉上露出一個很開心的笑容來，挺起胸膛，深深吸一大口氣，然後唱一小段歌。如果你不會唱，就吹口哨，若不會吹口哨，就哼一段歌。你很快就會發現威廉·詹姆斯說的是什麼意思了，也就是說，當你的行動能夠顯出快樂的時候，你根本就不可能再憂慮和頹喪下去了。

　　這就是能在我們生活中創造奇跡的基本真理之一。我認識一個住在加利福尼亞州的女人，我不想提她的名字，如果她知道這個

秘密的話，就能夠在 24 小時之內把所有的哀愁一掃而空。她很老，又是一個寡婦，她認為這很悲慘，可是她有沒有試過讓自己快樂一點呢？我看是沒有。要是你問她覺得怎樣，她總是説：「哦，我還好。」但看她臉上的表情和她聲音裏那種無病呻吟的味道，就好像在説：「哦，老天爺啊，要是你碰到我所碰到的那些煩惱就能明白了。」好像即使你很開心地在她面前，她都會討厭你。

不知道有多少女人的情況比她糟，她的丈夫留給她足以維生的保險金，她的子女都已經成家，並有能力奉養她。可是，我很少看見她笑。她老是抱怨她的 3 個女婿又差勁又自私，雖然她每次到他們家裏一待就是好幾個月。她抱怨女兒從來沒有送她任何禮物，可是她卻把自己的錢看得非常緊。對她自己和她那不幸的一家人來説，她只是一個討厭的人。可是她值得這樣嗎？這才是最可憐的地方，她可以使自己從一個愁苦挑剔而且很不快樂的老女人，變成在家裏受人尊敬和喜愛的一分子嗎？只要她願意，就可以做得到。而如果她想達到這種轉變，只需高高興興地活着，給別人一點點的愛，而不是老談她自己的不快和不幸。

我認識一個印第安那州人，名叫英格萊特，他現在之所以還活着，只因為他發現了這個秘密。10 年前，英格萊特先生得了猩紅熱，當他康復以後，他發現自己又得了腎病。他告訴我他去找過好多個醫生，「甚至去找密醫」，但誰也沒辦法治好他。

不久以前，他又得了另外一種併發症，血壓高了起來。他去看醫生，醫生説他的高壓已經到了 214 的高點，宣佈情況太嚴重，已經沒救了，最好馬上料理後事。

我回到家裏，弄清楚我所有的保險金都已經付過了，然後向上帝懺悔我以前所犯過的各種錯誤，坐下來很難過地默默沉思。我害得所有的人都很不快樂，我的妻子和家人都非常難過，我自己更是深深地埋在頹喪的情緒裏。然而，在經過一禮拜的自憐自艾之後，我對自己說：「你這樣子簡直像個大傻瓜。你在一年之內恐怕還不會死，那麼趁你還活着，何不快快樂樂呢？」

我挺起胸膛，臉上露出微笑，試着讓自己表現出好像一切都正常的樣子。我承認，開始時相當費力，但我強迫自己很開心、很高興，這不但有助於我的家人，也對我自己大有幫助。

接着，我覺得自己開始好多了，幾乎好得跟我裝出來的一樣，且這種改進更是持續不斷。原先以為已經躺進墳墓，但幾個月後的今天，我不僅活得好好的，而且血壓也降下來了。我可以肯定一件事：如果我一想到會死、會垮掉的話，那位醫生所預言的就會實現了。若我要給身體一個自我恢復的機會，別的什麼方法都沒有用，除了改變我的心情。

讓我問你一個問題：如果讓自己覺得開心可以拯救自己的性命，那麼你我為什麼還要為一些小小的不快和頹喪而難過呢？如果讓自己開心就能夠創造出快樂來，那又為什麼讓自己和我們身邊的人不高興呢？

好多年前，我看過一本小書，它對我的生活產生了長遠的影

響。書名叫做《人的思想》(*As a Man Thinketh*)，作者是詹姆士‧艾倫，下面是書裏的一段：

　　一個人會發現，當他改變了對事物和其他人的看法時，事物和其他人對他來說也會隨之改變。要是有個人把他的思想指向光明，他就會很吃驚地發現，他的生活受到很大的影響。人不能吸引他們所要的，卻可能吸引他們所有的，能改變氣質的就在於我們自己。一個人所能得到的，正是他們思想的直接結果。有了奮發向上的思想之後，一個人才能有所成就。

　　如果他不能追趕上他的思想，他就只能永遠愁苦。有人說，上帝讓人統治整個世界，這實在是一份相當大的禮物，可我對這種特權實在沒有什麼興趣。

　　我只希望能控制我的能力、我的恐懼和我的內心。我知道在這點上我的成績相當驚人。不論在什麼時候，我總是想：只需控制我的行為，就能控制我的反應。

　　所以，讓我們記住威廉‧詹姆斯的話：

　　通常，只要把受苦者內心的感覺由恐懼改成奮鬥，就能把我們內心的邪念，轉變為身上的福祉。

　　讓我們用一個每天都能產生快樂而富有建設性思想的計劃，來

為我們的快樂而奮鬥吧！這是保持平安快樂的第一項原則。

下面就是這個計劃，名字叫做「為了今天」。我認為這個計劃非常有效，所以複印了好幾千份送給別人。這是 36 年前已故的西貝兒・派屈吉所寫的，如果我們能夠照着做，我們就能消除大部分的憂慮，而大量增加「生活上的快樂」。

### 為了今天

1、為了今天，我要很快樂。假如林肯所說的「大部分的人只要下定決心都能很快樂」這句話是對的，那麼快樂是來自內心，而不是存在於外界。

2、只為今天，我要讓自己適應一切，而不去試着調整一切來滿足我的慾望。我要以這種態度接受我的家庭、我的事業和我的運氣。

3、只為今天，我要愛護我的身體。我要多加運動，善自照顧、善自珍惜；不損傷它、不忽視它；使它能成為我爭取成功的好基礎。

4、只為今天，我要加強我的思想。我要學一些有用的東西，決不做一個胡思亂想的人。我要看一些需要思考、需要集中精神才能看的書。

5、只為今天，我要用 3 件事來鍛煉我的靈魂：我要為別人做一件好事，但不讓人家知道；我還要做兩件我並不想做的事，而這就像威廉・詹姆斯所建議的，是為了鍛煉。

6、只為今天，我要做個討人歡喜的人，外表要盡量修飾，衣着要盡量得體，說話低聲，舉止優雅，絲毫不在乎別人的讚譽。對任何事都不挑毛病，也不干涉或教訓別人。

7、只為今天，我要試着只考慮怎麼度過今天，而不把我一生的問題一次解決。因為，我雖能連續12個鐘頭做一件事，但若要我一輩子都這樣做下去的話，就會嚇壞了我。

8、只為今天，我要訂下一個計劃。我要寫下每個鐘點該做些什麼事；也許我不會完全照着做，但還要訂下這個計劃；這樣至少可以改掉兩種缺點：過分倉促和猶豫不決。

9、只為今天，我要為自己留下安靜的半個小時，輕鬆一下。在這半個小時裏，我要想到神使我的生命更充滿希望。

10、只為今天，我要心中毫無懼怕，尤其是不要害怕快樂。我要去欣賞美，去愛，去相信我愛的那些人會愛我。

---

### ● 卡耐基心得 ●

除了你自己以外，沒有別的什麼能帶給你平靜。

---

# 不要對你的敵人
# 心存報復之心

我們也許不能像聖人一樣去愛我們的敵人，

但為了健康和快樂，我們至少要

原諒他們、忘記他們。

　　多年前的一個晚上，我旅行經過黃石公園。一位森林管理人員騎在馬上，跟我們這羣興奮的遊客談論關於熊的事情。他告訴我們有種大灰熊大概能夠擊倒除了水牛和另一種黑熊以外的所有動物。但那天晚上，我卻注意到有一隻小動物，那隻大灰熊不但讓牠從森林裏出來，並且和牠在燈光下一起共食。那是一隻臭鼬！大灰熊知道，牠可以一掌把這隻臭鼬打昏，可牠為什麼不那樣做呢？

　　因為牠從經驗裏學到，那樣做很划不來。

　　我也知道這一點。當我還是個孩子的時候，曾經在密蘇里的農莊抓過四隻腳的臭鼬，長大成人之後，我在紐約的街上也碰到過

幾個像臭鼬一樣的人。我從這些不幸的經驗裏發現：無論招惹哪一種臭鼬，都是划不來的。

當我們恨我們的仇人時，就等於給了他們制勝的力量。那力量能妨礙我們的睡眠、我們的胃口、我們的血壓、我們的健康和我們的快樂。要是我們的仇人知道他們如此令我們擔心、苦惱，令我們一心想報復的話，他們一定會高興得跳起舞來。我們心中的恨意不但完全傷害不了他們，而且反使我們的生活變得像地獄一般。

你猜猜是誰說過：「要是自私的人想佔你的便宜，就不要去理會他們，更不要想報復。當你想跟他扯平的時候，你傷害自己將比傷到那傢伙更多一點。」這段話聽起來好像是理想主義者說的，其實不然。

這段話出自一份由密爾沃基警察局所發出的通告上。報復怎麼會傷害你呢？傷害的地方可多了。根據《牛活》雜誌的報道，報復甚至會損害你的健康。「高血壓患者主要的特徵就是容易憤慨，」《生活》雜誌說：「不止住憤慨，長期性的高血壓和心臟病就會隨之而來。」

現在你該明白耶穌所謂「愛你的敵人」，不只是一種道德上的教化，而且是在宣揚一種 20 世紀的醫學，他是在教我們怎樣避免高血壓、心臟病、胃潰瘍和許多其他的疾病。

我的一個朋友最近犯了一次嚴重的心臟病，醫生命令他躺在牀上，不論發生什麼事情都不能生氣。醫生都知道，心臟衰弱的人，一發脾氣就可能送掉性命。幾年前，在華盛頓州的史潑坎城，有

一個飯館老闆就是因為生氣而死去的。現在，我面前就有一封從華盛頓州史潑坎城警察局局長傑瑞史瓦脫那裏來的信。信上說：「幾年前，一個 68 歲名叫威廉‧傳坎伯的人，在史潑坎城開了一家小餐館。因為他的廚子一定要用菜碟喝咖啡，那位小餐館的老闆非常生氣，抓起一把左輪槍去追那個廚子，結果因為心臟病發作而倒地死去，手裏還緊緊抓着那把槍。驗屍官的報告宣稱：『他因為憤怒而引起心臟病發作死亡。』」

當耶穌說「愛你的仇人」的時候，他也是在告訴我們如何改進我們的外表。我想你也和我一樣認識一些女人，她們的臉因為怨恨而長皺紋，因為悔恨而變了形、表情僵硬。不管她怎樣美容，也比不上讓她們心裏充滿寬容、溫柔和愛所能改進的一半。

怨恨的心理甚至會毀了我們對食物的享受。聖人說：「懷着愛心吃菜，也會比懷着怨恨吃牛肉好得多。」

要是我們的仇人知道我們對他的怨恨使我們筋疲力竭，使我們緊張不安，使我們的外表受到傷害，使我們得心臟病，甚至可能使我們短命，他們不是會拍手稱快嗎？

即使我們不能愛我們的敵人，至少我們要愛自己。我們不能讓仇人控制我們的快樂、健康和外表。就如莎士比亞所說：

不要因為你的敵人而燃起一把怒火，燒傷你自己。

當耶穌基督說，我仍應該原諒我們的敵人「七十個七次」的時

候，他也是在教我們怎樣做生意。我舉個例子吧：

當我寫到這一段，我面前有封喬治・羅納寄來的信，他住在瑞典的艾普蘇那。喬治・羅納在維也納當了很多年律師，但在第二次世界大戰期間，他逃到瑞典，一文不名，急需找份工作。因為他能說並能寫好幾國的語言，所以希望能在一家進出口公司找到秘書的工作。絕大多數的公司都回信告訴他，因為正在打仗，他們不需要這一類的人，不過他們會把他的名字存在檔案裏，等等。

有一封寫給喬治・羅納的信上說：「你對我生意的瞭解完全錯誤。你又蠢又笨，我根本不需要任何替我寫信的秘書。即使我需要也不會請你，因為你連瑞典文也寫不好，信裏全是錯字。」

當喬治・羅納看到這封信的時候，簡直氣得發瘋。那個瑞典人寫信來說他寫不通瑞典文，可那個瑞典人的信上卻錯誤百出。於是喬治・羅納也寫了一封信，目的是要使那個人大發脾氣。只是接着，他停下來對自己說：「等一等，我怎麼知道這個人說的是不是對的？我學過瑞典文，可它並不是我的母語，也許我確實犯了很多我並不知道的錯誤。如果是那樣的話，那麼我想要得到一份工作，就必須再努力地學習。雖然他本意並非如此，但是這個人可能幫了我一個大忙。他用這麼難聽的話來表達他的意見，並不表示我就不虧欠他，所以應該寫封信感謝他一番。」

　　於是喬治‧羅納撕掉了他剛剛寫好的那封罵人的信，另外寫了一封信說：「你這樣不怕麻煩地寫信給我實在是太好了，尤其是你並不需要一個替你寫信的秘書。對於我把貴公司的業務弄錯的事，我覺得非常抱歉，我之所以寫信給你，是因為別人把你介紹給我，說你是這一行的領袖人物。我並不知道我的信上有很多文法錯誤，我覺得很慚愧，也很難過。我現在打算更努力地去學習瑞典文，以改正我的錯誤，謝謝你幫助我走上改進之路。」

　　不到幾天，喬治‧羅納就收到那個人的回信，請羅納去看他。羅納去了，而且得到了一份工作，喬治‧羅納由此發現，「溫和的回答能消除怒氣」。

　　我們也許不能像聖人般去愛我們的敵人，可是，為了我們自己的健康和快樂，我們至少要原諒他們、忘記他們，這樣做實在是很聰明的事。

　　有一次，我問艾森豪威爾將軍的兒子約翰，他父親會不會一直懷恨別人。

　　「不會，」他回答：「我爸爸從來不浪費一分鐘去想那些不喜歡的人。」

　　有句老話說：不能生氣的人只是笨蛋，而不去生氣的人才是聰明人。

　　這也就是前紐約州州長威廉‧蓋諾所抱定的政策。他曾經被一

份內幕小報攻擊得體無完膚之後，又被一個瘋子打了一槍以致幾乎送命。他躺在醫院裏掙扎的時候說：「每天晚上，我都原諒所有的事情和每一個人。」這樣做是不是太理想了呢？是不是太好了呢？如果是的話，就讓我們來看看那位偉大的德國哲學家，也就是「悲觀論」提出者叔本華的理論。他認為生命就是一種毫無價值而又痛苦的冒險，當他走過的時候，好像全身都散發着痛苦，可他在絕望的深處依然說：「如果可能的話，不應該對任何人有怨恨的心理。」

有一次我問伯納·巴魯區：「會不會因為你的敵人攻擊你而難過？」他曾經做過 6 位美國總統威爾遜、哈定、柯立芝、胡佛、羅斯福和杜魯門的顧問。

「沒有一個人能夠羞辱或者干擾我，」他回答說：「我不讓他們這樣做。」也沒有人能夠羞辱或干擾你和我，除非我們讓他這樣做。

「棍子和石頭也許能打斷我的骨頭，可是言語永遠也不能傷到我。」

我常常站在加拿大傑斯帕國家公園裏，仰望那座可算得上最美麗的山。這座山以伊笛絲·卡薇爾的名字命名，以此紀念那位在 1915 年 10 月 12 日被德軍行刑隊槍斃的護士。她犯了什麼罪呢？因為她在比利時的家裏收容和看護很多受傷的法國、英國士兵，還協助他們逃到荷蘭。在 10 月的那天早晨，一位英國教士走進她的牢房為她做臨終祈禱時，伊笛絲·卡薇爾說了兩句後來被刻在紀念碑上不朽的話語：「我知道光是愛國還不夠，我一定不能對

任何人有敵意和怨恨。」4 年之後，她的遺體被轉移到英國，在西敏寺大教堂舉行安葬大典。我在倫敦住過一年，我常常到國立肖像畫廊對面去看伊笛絲‧卡薇爾的那座雕像，同時朗讀她這兩句不朽的名言：

> 我知道光是愛國還不夠，我一定不能對任何人有敵意和怨恨。

有一個能原諒和忘記誤解及錯怪自己的人的有效方法，就是讓自己去做一些絕對超出我們能力以外的大事。這樣，我們所碰到的侮辱和敵意就無關緊要了。

舉個例子來說，在 1918 年，密西西比州的松樹林裏發生了一件極富戲劇性的事情。勞倫斯‧瓊斯是當地的一個黑人講師，幾年前我曾經去看過他創建的一所學校，還對全體學生做了一次演說。那所學校今天可算是在美國婦孺皆知了，可是我下面要說的事情卻發生在很早以前。

在第一次世界大戰期間，人們的感情很容易衝動，密西西比州中部就流傳着一種謠言，說德國人正在唆使黑人起來叛變。勞倫斯‧瓊斯就是黑人，有人控告他激起族人的叛變。一大羣白人在教堂外面聽見勞倫斯‧瓊斯對他的聽眾大聲叫着：「生命，就是一場戰鬥！每一個黑人都要穿上他的盔甲，以戰鬥來求生存和成功！」「戰鬥」、「盔甲」，夠了。這些年輕人趁夜色衝出去，糾集了一大羣暴徒回到教堂，拿一條繩子捆住了這個傳教士，並

把他拖到一英里以外，讓他站在一大堆乾柴上面，並點着了火柴，準備一面用火燒他，一面把他吊死。這時候，有一個人叫起來：「在我們燒死他以前，讓這個喜歡多嘴的人説話。説話啊！説話啊！」勞倫斯站在柴堆上，脖子上套着繩索，為他的生命和理想發表了一篇演説。

勞倫斯‧瓊斯 1900 年畢業於愛荷華大學，他那純良的性格和廣博的學問，以及他在音樂方面的才能，使得所有老師和同學都很喜歡他。

畢業以後，他拒絕了一個旅館留給他的職位，也拒絕了一個有錢人資助他繼續學音樂的計劃。為什麼呢？因為他懷有非常高遠的理想。當他閱讀布克爾‧華盛頓傳記的時候，就決心獻身於教育事業，去教育那些因貧窮而沒有受過教育的人。所以，他回到南方最貧瘠的地區，就是密西西比州灰克鎮以南 25 英里的小地方，把他的手錶當了 1.65 美元後，就在樹林裏用樹枝當桌子，創建了他的露天學校。勞倫斯‧瓊斯告訴那些憤怒的、等着要燒他的人他所做過的各種奮鬥，他教育那些沒有上過學的男孩和女孩，訓練他們成為好的農民、工匠、廚子、家庭主婦。他談到有一些白人曾經協助他建立這所學校，那些白人送給他土地、木材、豬、牛和錢，幫助他繼續他的教育工作。

後來有人問勞倫斯‧瓊斯，會不會恨那些把他拖出來準備吊死和燒死他的人？他回答説，他忙着實現自己的理想，沒有時間去恨別人，他在專心地做一些超出他能力以外的大事。「我沒有時間去跟人家吵架，」他説：「我沒有時間後悔，也沒有哪一個人

能強迫我低下到會恨他的地步。」當時勞倫斯‧瓊斯的態度非常誠懇，只要人們瞭解他的理想，他絲毫不為自己哀求。那一羣暴民開始心軟了，最後，人羣中有一個曾參加過南北戰爭的老兵說：「我相信這孩子說的是真話，我認得那些他提起的白人，他是在做一件好事。我們弄錯了，我們應該幫助他，而不該吊死他。」那位老兵拿下他的帽子，在人羣裏轉來轉去，從那些預備把這位教育家燒死的人羣裏，募集到 55.4 美元，交給了瓊斯。

依匹克特修斯在 1900 年前就曾經指出，我們種因就會得果。不管怎樣，命運總能讓我們為過錯付出代價。依匹克特修斯說：「歸根結底，每一個人都會為他自己的錯誤付出代價。能夠記住這點的人，就不會跟任何人生氣，不會跟任何人爭吵，不會辱罵、責怪別人，也不會觸犯、憎恨別人。」

在美國歷史上，恐怕再沒有誰比林肯受到更多的責難、怨恨和陷害了。但是根據韓登《不朽的傳記》的記載，林肯卻從來不以他自己的好惡來批判別人。如果有什麼工作要做，他也總會想到他的敵人，認為他們可以做得像別人一樣好。

如果一個以前曾經羞辱過他或是對他不敬的人正是某個位置的最佳人選，林肯還是會讓他去擔任那個職務。而且，他也從來沒有因為某人是他的敵人或是他不喜歡的人，而解除那個人的職務。

很多被林肯委任而居於高位的人，以前都曾批評或羞辱過他，比如麥克里蘭、愛德華、史丹頓和蔡斯。但林肯相信，「沒有人會因為他做了什麼而被歌頌，或者因為他做了什麼或沒有做什麼而被罷免」。因為所有的人都受條件、環境、教育、生活習慣和遺

傳的影響，使他們成為現在的這個樣子，將來也永遠是這個樣子。

從小，我的家人每晚都會從《聖經》裏摘出章句或詩句來複誦，然後跪下來一齊唸「家庭祈禱文」。現在，我彷彿還聽見在密蘇里州一所孤寂的農莊裏，我的父親複誦着耶穌基督的那些話，那些只要人類存有理想就會一再重複的話：「愛你們的敵人，善待恨你們的人；詛咒你的，要為他祝福；凌辱你的，要為他禱告。」我父親做到了這些，他的內心得到了一般將相和君王所無法追求到的平靜。

要培養內心的平安與快樂，請記住第二大原則：

永遠不要對敵人心存報復，那樣對自己的傷害將大過對別人的。

讓我們以艾森豪威爾將軍為表率，從不浪費一分鐘去想我們不喜歡的人。

### ● 卡耐基心得 ●

永遠不要對敵人心存報復，那樣對自己的傷害將大過對別人的。

# 施恩，
# 但不要指望回報

想追求純正的快樂，就不要期待他人會對你感恩。

不求回報的付出就是一種愉快的享受。

　　一位先哲說過：「一個憤怒的人，全身都是有毒的。」可是最近我遇到一個憤懣不平的人，他一見面就向我談起一件已經過去了 11 個月的事情，他仍然怒氣難消。聖誕節那天，他將一萬美元作為獎金發給 34 名員工，每個人大約得到了 300 美元。然而，讓他意想不到的是，沒有一個人來感謝他。他抱怨說：「我十分後悔，我竟然給他們發了獎金。」

　　我十分同情這位老闆，為他感到悲哀。他已經 60 歲了，按照人壽保險公司統計的數字來看，現在人們的平均年齡是 74 歲左右。如果他的運氣不錯的話，他還有大約 14、15 年的時間。但很不幸，他在自己所剩的寶貴時間裏，浪費了近一年的時間為過去

的事憤恨不已，實在讓人同情。

除悔恨之外，他應當自我反省：為什麼大家不感激他？是否因為待遇太低、工時太長，或是員工認為節日獎金是他們應得的報酬？或許他自己是個苛刻、瑣碎又不知感恩的人，所以員工都不敢也不想去感謝他？也許大家認為，反正大部分利潤都要繳納稅收，還不如當成獎金發給大家算了。

不過我們再來看看員工，也許他們真的是自私、卑鄙、不懂禮儀。總之，無論是什麼原因，但我知道約翰遜博士說過：「只有非常有教養的人才知道感恩，你不可能隨隨便便從一般人那兒得到。」

在此，我需要說明的是：指望他人來感恩，這將犯下一種常識性的錯誤，因為你的確不瞭解人性。假如你救了一個人的命，你會期待他感恩嗎？你也許會。但是著名的刑事律師塞繆爾．萊博維茨在當法官後，曾使 78 名罪犯免去了上電椅的極刑。你能夠猜想一下，這之中有多少人登門道謝，或者至少寄張聖誕賀卡來表示感謝嗎？

你差不多能夠猜對：沒有一個人。

偉大的耶穌曾用一個下午的時間讓 10 個癱瘓病人站立行走，但有幾個人會回來感謝他呢？僅有一位。基督問他的門徒：「其餘的 9 位呢？」他們連一句道謝的話都沒說，就跑得無影無蹤了！試想想，像我們這樣的凡夫俗子，就算是給了別人一點小恩小惠，憑什麼就奢望得到比耶穌還多的感恩呢？

假如和錢有關，那就根本無法奢望了！查爾斯·舒瓦特有一次對我說，他曾幫助過一位挪用公款去炒股而虧得一塌糊塗的銀行出納，舒瓦特幫他彌補了虧空，免去了牢獄之災。後來，這位出納感謝他沒有呢？的確，感謝過他一段時間，但沒過多久，他就跟舒瓦特對着幹，他完全忘記了是舒瓦特讓自己免除了牢獄之苦。

假如你送給親戚 100 萬美元，他是不是非常感謝你呢？安德魯·卡耐基曾送過他的親戚，不過，假如安德魯·卡耐基能夠復活的話，他一定會非常吃驚地發現，他的這位親戚正在惡毒地詛咒他呢！這是什麼原因呢？因為卡耐基將 3 億多財產捐作慈善基金，而只贈送給他親戚 100 萬美元。這就是世間的事情，這就是人性，你不要奢望會有什麼轉變。不如坦然面對這個事實，像那位最有智慧的羅馬帝王馬爾斯·阿里流士一樣分析世事，他在日記中寫道：

　　我今天會遇到背後說我壞話的，自私自利、心胸狹窄、
　　忘恩負義的卑鄙小人。我也沒有必要大驚小怪或為之憂慮，
　　因為我還找不到一個沒有這些人存在的世界。

馬爾斯·阿里流士說的不是非常有道理嗎？我們每天埋怨別人不會感恩，這到底是誰的過錯呢？這就是人性。別指望他人知恩圖報，假如我們有時得到他人的感恩，那是生活給我們的一份驚喜。要是沒有的話，也不必後悔、難過。

忘記恩惠乃是人的天性，假如我們總是期待別人的感恩，那完全是自尋煩惱。我認識一位紐約的老太太，她整天埋怨自己非常孤

獨。很少有親戚來看望她，當你去看望她時，她會對你嘮嘮叨叨幾個小時，説她的侄兒小時候是如何被她照顧，在他們得腮腺炎、麻疹、百日咳的時候，都是她精心護理的。他們跟她生活在一起許多年，她還資助一位侄子完成商業學校的學業，在她結婚之前，他們都住在她的家裏。後來，侄子們回來看望過嗎？回來過，但那也只是為了義務。他們都非常害怕見到她，因為他們要花上幾個小時聽她講述過去的經歷，沒完沒了的埋怨與自憐永遠在那裏等着他們。當這位老太太發現再也沒有方法讓她的侄子們回來看她後，她就使出最後一個招數：裝成心臟病發作。

能夠裝出心臟病嗎？當然不能，但醫生説她非常情緒化，心跳波動很大，醫生説她的病是由情緒引起的。

這位老太太需要的也許是關注，但我認為她需要的卻是感恩。然而，這位老太太或許永遠也得不到她侄子的感恩，因為她認為這是應該得到的回報，所以，她直接向別人索求這些。

生活中有不少人都和她一樣，因為別人不知感恩，便在孤寂中生病。他們渴望被別人關愛，但他們不知道在這個世界上唯一得到愛的方式是：施恩，但不求回報。

這聽起來似乎不太實際，過於理想化。然而，這卻是追求幸福的最佳途徑。在家裏，我的父母總是熱心助人，雖然我們家十分貧窮，總是欠債，但我父母每年總要湊出一些錢寄給孤兒院。他們從來沒有去訪問過那家孤兒院，大概除了收到回信之外，從來沒有人來我家感謝他們，但他們已經得到了回報，因為他們已經從幫助這些可憐孩子的過程中得到了安慰。

我離家到外地工作以後，每年聖誕節前，我都會給父母寄錢，讓他們給自己買些喜歡的商品，但他們總是捨不得為自己花錢。當我回家歡度節日時，父親告訴我，他們已用那些錢買了煤和日用品送給城裏一位有幾個孩子的貧困母親。施恩不圖回報，這是他們生活中得到的最大歡樂。

亞里士多德說：「真正懂得人生的人，會深深體會到施恩的快樂。」我父母的人生，我相信已符合亞里士多德所言的分享歡樂的最高標準。

想追求純正的快樂，首先就要拋棄他人是不是會對你感恩的想法，這種快樂的秘訣在於，只享受付出時的快樂。

身為父母的人時常埋怨兒女不知感恩，正如莎士比亞戲劇中的李爾王所喊的：「不知感恩的兒女，比毒蛇的毒汁還傷人的心啊。」

但是，假如我們不引導他們，這些孩子又怎麼會明白去感恩呢？忘恩原本是人的天性，它像野地的雜草隨時瘋長起來；感恩則像玫瑰，需要投入情感精心栽培。假如子女不知感恩，責任在誰呢？或許我們自己要進行反思了。從不去培養他們學會感恩的品質，又怎麼可能期待他們會來感謝我們呢？

在芝加哥，我有一位在木箱製造廠工作的朋友，他的工作強度很大，但週薪只有 40 美元。他娶了一位寡婦為妻，並被她說服向銀行貸款去供她前夫的兩個孩子上大學。他整天為食物、房租、燃料、衣服忙個沒完，像苦役一樣一幹就是 4 年，但從來沒有抱怨過。

後來，這兩個養子感謝過他嗎？從來沒有，他妻子認為那是他

應該做的，而兩個兒子呢？更認為那是繼父的職責，他們認為對這位辛辛苦苦幫助他們完成學業的繼父沒有任何虧欠，連說一聲謝謝都沒有必要。責任在誰呢？在養子身上嗎？也許是這樣的，但這位母親的責任不是更大嗎？她認為這兩個年輕的孩子不應當承擔這種感恩的義務，她不讓兒子因這件事情產生心理負擔。所以，她從不對孩子說：「你們的繼父貸款資助你們上大學，他是一個多麼好的人啊！」而她的態度卻始終是：「那是他應當做的事情。」

她認為這是替兒子們着想，實際上，她讓他們產生了一種危險的錯覺，認為別人有義務去幫助他們。後來，這種錯覺導致他們犯下錯誤，她的一個兒子想向老闆「借點錢」，結果被判刑入獄。

我們一定要身體力行，去教育我們的孩子，這對他們的人生非常重要。在我的記憶裏，我的姨媽從不抱怨自己的兒女不知感恩。在我還是一個孩子的時候，姨媽把她的母親接到家裏精心照顧，同時也精心照料她丈夫的母親。兩位老人家坐在爐火前的場景讓我記憶猶新。姨媽一個人要照顧兩位老人，一定很勞累，但是，你從她的神情上一點也看不出來。她不斷對她們噓寒問暖，讓她們體會到家的溫馨。而姨媽自己還有 6 個兒女需要撫養，但她從不認為自己做了了不起的事情。對她而言，這一切都是她應該做的事情，她所做的一切都出自愛。我姨媽已守寡了 20 多年，她的 5 個已經成年的兒子都十分愛她，都想把她接到自己家裏去住。這是出於「感恩」嗎？肯定不是。那是因為她的兒女非常愛她，這是出自一種純正的愛！他們從童年起，就生活在充滿愛與溫情的家庭中。如今照顧他們慈祥的母親，是出自真心的愛來報答這位

不求回報的母親，這是多麼自然的事情。

我們得記住，如果想有感恩的兒女，自己必須先成為對別人感恩的人。我們的言行，將深刻地影響孩子的身心。在孩子面前，絕對不能指責他人的善意，例如說「你看表妹送我的聖誕禮物，她肯定沒花一分錢而是自己做的」等等這類蠢話。這種無意中的小事，對孩子的成長會帶來很大的負面影響。我們應當這麼說：「表妹為準備這份精美的聖誕禮物，得花費多少時間啊！她多好啊！我們得給她寫封感謝信。」這時，我們的兒女便會在這種潛移默化中養成欣賞和感恩的習慣。

讓自己平安快樂，下面是第三大原則：

尋找快樂的唯一途徑，不要期待他人會感恩，不求回報的付出就是一種愉快的享受。

## 🔴 卡耐基心得 🔴

如果想有感恩的兒女，自己必須先成為對別人感恩的人。父母的言行，會深刻地影響孩子的身心。

# 細數幸福的事情

我們要真正學會怎樣生活：算算你所得到的生活的
恩惠，不要回頭去清點你的煩惱。

我們每天生活在美麗的童話王國裏，但卻看不見、感覺不到，
為什麼？

我認識哈羅‧艾伯特好多年了，他以前是我的教務主任。有一
天，他和我在堪薩斯城碰頭，開車送我到密蘇里州貝爾城——我
的農莊。路上，我問他是怎麼得到快樂的，他告訴我一個我永遠
忘不了的故事：

我以前常為很多事憂慮不已，可是，1934 年春天的某
一天，我正走在韋伯鎮西道提街上，有一幕景象使我以後永
遠不再感到憂慮了。事情發生的前後只有 10 秒鐘，可在那
10 秒鐘裏，我學到關於如何生活的知識，比我過去 10 年
裏所學到的還要多。

　　我在韋伯城開過兩年的雜貨店，不僅賠光了所有的積蓄，而且還借了債。當時我正準備到工礦銀行去借點錢，以便到堪薩斯城去找一份差事。我像一個一敗塗地的人那樣在路上走着，完全喪失了鬥志和信心。突然之間，我看見迎面來了一個沒有腿的人，他坐在一個小小的木頭平台上，下面裝着從溜冰鞋上拆下來的輪子。他兩手各抓着一片木頭，撐着地讓自己滑過街道。我看到他的時候，他剛好已經過了街，正準備把自己抬高幾英寸上到人行道上來。就在他把那小小的木頭輪子翹起來的時候，我們兩人的目光遇個正着，他對我咧嘴笑了一笑：「你早啊先生，早上天氣真好，是不是？」他很開心地說，當我站在那裏看着他的時候，我才發現自己是那麼富有。我有兩條腿，我能走路，我為我的自憐感到差恥。我對自己說，就連缺了兩條腿的人都能做到的事，我當然也能做到。我覺得自己的胸膛已經挺了起來，本來我只是想去向工礦銀行借 100 美元的，可是現在我有勇氣去向他們借 200。我本來打算到堪薩斯城去試試看能否找份差事的，可現在我能夠自信地告訴他們，我要到堪薩斯城去找一份差事。借到了那筆錢後，我順利地找到了一份工作。

　　目前，我在浴室的鏡子上貼着這幾句話，好讓我早上刮鬍子的時候能夠讀到：人家騎馬我騎驢，回頭看看推車漢。比上不足，比下有餘。

有一次，我問艾迪·雷根伯克，當他毫無希望地迷失在太平洋裏，和他的同伴在救生筏上漂流了 21 天之久時，他學到的最重要一課是什麼。「我從那次經歷所學到的最重要一課是，」他說：「如果你有足夠的新鮮水可以喝，有足夠的食物可以吃，就絕不要再抱怨任何事情。」

《時代雜誌》有一篇報道，講一個士兵在關達坎諾受了傷，喉部被碎彈片擊中，輸了 7 次血。他寫了一張紙條給醫生，問道：「我能活下去嗎？」醫生回答說：「可以的。」他又另外寫了一張紙條問道：「我還能不能說話？」醫生又回答他說可以的。然後他再寫了一張紙條說：「那我還擔心什麼？」你何不也馬上停下來問自己：「那我還擔心什麼？」

你很可能會發現，自己所擔心的事情其實是很微不足道的。

生活裏的事情，大概有百分之九十都是對的，只有百分之十是錯的。如果我們要快樂，我們所應該做的就是：集中精神在那百分之九十對的事情上，而不要理會那百分之十的錯誤。如果想要擔憂難過，想要得胃潰瘍，我們只要集中精神去想那百分之十的錯事，而不管那百分之九十的好事。

英國有很多新教堂裏都刻着「多想、多感激」，這兩句話也應該銘刻在我們的心上。當然，它這裏指要感激的是上帝。

《格列佛遊記》(*Gulliver's Travels*) 的作者斯威夫特可以算是英國文學史上最悲觀的一位作家了。他為自己的出生感到很難過，所以他在生日那天一定要穿黑衣服，並絕食一天。可是，這位有

名的悲觀主義者卻讚頌開心與快樂能帶給人健康的力量。「世界上最好的3位醫生是，」他宣佈：「節食、安靜和快樂。」

你和我每一天、每個小時，都能得到「快樂醫生」的免費服務，只要我們能把注意力集中在我們所擁有的令人難以置信的財富上，那些財富遠超過阿里巴巴的珍寶。你願意把你的兩隻眼睛賣一億美元嗎？你肯把你的兩條腿賣多少錢呢？還有你的一雙手、你的聽覺、你的家庭？把你所有的資產加在一起，你就會發現，你絕不會就此賣掉你現在所擁有的一切，即使把洛克菲勒、福特和摩根三個家族所有的黃金都加在一起也不賣。

可我們能否欣賞這些呢？不會。就像叔本華說的：「我們很少想到我們已經擁有的，而總是想到我們所沒有的。」這世界上最大的悲劇所造成的痛苦，可能比歷史上所有的戰爭和疾病帶來的更多。這一點，幾乎使約翰·派瑪「從一個正常人變成一個壞脾氣的老傢伙」，也差點毀了他的家。我知道這件事，因為他對我講過。

我從軍隊退伍之後不久，就開始做生意。我夜以繼日地忙碌着，一切進行得很好。然後問題發生了，我買不到零件和原料。我為可能要被迫放棄生意而煩躁不安，從一個普通人變成了一個脾氣很壞的傢伙。我變得非常尖酸刻薄，當時我自己並不知道，可現在我才明白。我幾乎失去了我快樂的家，然後有一天，一個在我手下工作的年輕傷兵對我說：「約翰，你實在應該感到慚愧。你這副樣子，好像世界上只有你

一個人有麻煩似的，就算你把店關掉一陣子，又怎麼樣呢？等到事情恢復正常之後，你可以再重新開始。你有很多值得感激的事，可卻老是在抱怨，我的天啊，我真希望我是你。你看看我，我只有一隻胳臂，半邊臉都傷了，可我並不抱怨什麼。要是你再繼續這樣囉囉嗦嗦地埋怨下去的話，你不僅會失去你的生意，也會失去你的健康、你的家庭和你的朋友。」

這些話使我猛然醒了過來，我發現我已走了很遠的岔路。我當場就決定必須要改變，重新成為我自己，後來我做到了這一點。

我的另外一位朋友露西莉‧布萊克，在學會怎樣知足而不為自己所缺少的東西憂慮之前，幾乎瀕臨悲劇的邊緣。

我在多年以前認識露西莉，當時我們兩個都在哥倫比亞大學的新聞學院選修短篇小說寫作。9年前，她遭到生活上的劇變。當時她正住在亞利桑那州的杜森城，下面就是她告訴我的故事：

我的生活一直非常忙亂，不但在亞利桑那大學學風琴，在城裏開了一間語言學校，還在我所住的沙漠柳牧場上教音樂欣賞的課程。我參加了許多大宴小酌、舞會或在星光下騎馬。有一天早上，我的身體垮了。我的心臟病發作，醫生對我說：「你得躺在牀上靜養一年。」他竟然沒有鼓勵我，

讓我相信我還能夠健康起來。

在牀上躺一年，做一個廢人，可能還會死掉。我簡直嚇壞了，為什麼我會碰到這樣的事情呢？我做錯了什麼，該受這樣的報應呢？我又哭又叫，心裏充滿了怨恨和反抗。可我還是遵照醫生的話躺在牀上。

我的一個鄰居魯道夫先生是個作家，他對我說：「你現在覺得要在牀上躺一年是一大悲劇，可事實上不會的。你可以有時間思考，能夠真正地認識你自己。在以後的幾個月裏，你在思想上的成長，會比你這大半輩子以來都多得多。」我平靜了下來，開始想充實新的價值觀，我看過很多能啟發思想的書。有一天，我聽到一個無線電新聞評論員說：「你只能談你知道的事情。」這類話我以前不知聽過多少次，可是現在才真正深入到我的心裏。我決心只想那些快樂而健康的事情，每天早上一起來，我就強迫自己想一些我應該感激的事情：我沒有痛苦，我有一個很可愛的小女兒，我的眼睛看得見、耳朵聽得到，收音機裏播放着優美的音樂，有時間看書，吃得很好，有很好的朋友，我非常高興；而且來看我的人多到使醫生必須掛一個牌子寫上：房裏每次只許有一位探病客人，且只許在某幾個時段進入。

從那時起到現在已有 9 年了，我現在過着豐富而又生動的生活。我非常感激在牀上度過的那一年，那是我在亞利桑那州所度過的最有價值、也最快樂的一年。我現在還保持當

年養成的那種習慣，每天早上算算自己有多少得意的事情，這是我最珍貴的財產。

我覺得很慚愧，因為要到擔心自己會死去之前，才真正學會了怎樣生活。

我親愛的露西莉‧布萊克，你也許並不知道，你所學到的這一課，正是撒姆爾‧約翰生博士在兩百多年前所學到的。「養成對每一件事的理想看法，」約翰生博士說：「比每年賺 1000 鎊更值錢。」

要提醒各位的是：這些話可不是一個天生樂觀的人說的，說這話的人曾經歷過痛苦，少衣缺食地過了 20 年，最後終於成為當時最有名的作家，也成為歷史上最有名的談話家之一。

羅根‧皮爾薩爾‧史密斯用很簡單的幾句話，說了一番大道理。他說：「生活中應該有兩個目標。首先，要得到你所想要得到的；然後，在得到之後要能夠享受它。只有最聰明的人才能做到第二步。」

你想不想知道，怎樣把在廚房水槽裏洗碗也當作一次難得的經驗呢？如果你想的話，可以去看一本令人難以置信且很富啟發性的書，作者是波姬兒‧戴爾，書名叫做《我希望能看見》(I Wanted to See)。

這本書的作者是一個瞎了幾乎 50 年的女人。「我只有一隻眼睛，」她寫道：「而且眼睛上還滿是疤痕，只能透過眼睛左邊的

一個小洞去看。看書的時候我必須把書本拿得幾乎貼近我的臉，並且不得不把我那一隻眼睛盡量往左邊斜過去。」

可是她拒絕接受別人的憐憫，不願別人認為她「異於常人」。小時候，她想和其他小孩子一起玩跳房子，可是她看不見地上所畫的線。所以在其他孩子都回家以後，她就趴在地上，把眼睛貼在線上瞄來瞄去。她把她們所玩的那塊地方的每一點都牢記在心，所以不久就成為玩遊戲的好手了。她在家裏看書，把印着大字的書靠近她的臉，近到連眼睫毛都碰到書頁。她獲得了兩個學位：先在明尼蘇達州立大學得到學士學位，再在哥倫比亞大學得到碩士學位。

她開始在明尼蘇達州雙谷的一個小村子裏教書，然後漸漸升任南達科他州奧格塔那學院的新聞學和文學教授。她在那裏教了 13 年，也在很多婦女俱樂部發表演說，還在電台主持談文學的節目。「在我的腦海深處」，她寫着：「常常懷着一種怕會完全失明的恐懼，為了要克服這種恐懼，我對生活採取了一種很快活而近乎戲謔的態度。」

1943 年，也就是她 52 歲的時候，一個奇跡發生了。著名的梅育診所對她施行了一次手術，使她能比以前看得清楚 40 倍。一個全新的、令人興奮的、可愛的世界展現在她的眼前。即使是在廚房水槽前洗碟子，也讓她覺得非常開心。「我開始玩着洗碗盆裏的肥皂泡沫，」她寫着：「我把手伸進去，抓起一大把小小的肥皂泡沫，我把它們迎着光舉起來。在每一個肥皂泡沫裏，我都

能看到一道小小彩虹閃出來的明亮色彩。」

　　你和我應該感到慚愧，這麼多年來，我們每天生活在一個美麗的世界裏，可我們卻瞎混，也不能享受。

　　保持平安快樂的第四大原則是：

　　算算你所得到的生活的恩惠，不要回頭去清點你的煩惱。

## ● 卡耐基心得 ●

　　生活中應該有兩個目標。首先，要得到你所想要得到的；然後，在得到之後要能夠享受它。

# 保持自我本色

你就是你，你不是任何人，你也不可能變成其他人。
一個人想要集他人所有的優點於一身，
是世界上最愚蠢、最荒謬的想法。

　　一個人想要集他人所有的優點於一身，是世界上最愚蠢、最荒謬的想法。

　　我有一封伊笛絲·阿雷德太太從北卡羅來納州艾爾山寄來的信：

　　　　我從小就特別的敏感而靦腆，我的身體一直太胖，而我的一張臉使我看起來比實際上還要胖得多。我有一個很古板的母親，她認為把衣服弄得漂亮是一件很愚蠢的事情。她總是對我說：「寬衣好穿，窄衣易破。」而她就照這句話來幫我穿衣服。所以我從來不和其他孩子一起做室外活動，甚至不上體育課。我非常的害羞，覺得我跟其他人都「不一樣」，

完全不討人喜歡。

長大之後，我嫁給一個比我年長好幾歲的男人，可我並沒有改變。我丈夫一家人都很好，也充滿了自信，他們就是我應該成為而目前還不是的那種人。我盡最大的努力要像他們一樣，可是我辦不到。他們為了使我變得開朗而為我做的每一件事，都只是令我進一步退縮到我的殼裏去。我變得緊張不安，躲開了所有的朋友，我甚至怕聽到門鈴響。我知道我是一個失敗者，又怕我的丈夫會發現這一點。所以每次我們出現在公共場合，我都假裝很開心，結果常常做得太過。當我知道我做得太過分，事後會為這些事而難過好幾天。

最後，我不開心到覺得再活下去也沒有什麼意義了，我開始想自殺。

是什麼事情改變了這個不快樂女人的生活？只是一句隨口說出的話。

隨口說的一句話，改變了我的生活。有一天，我的婆婆正在談她怎麼教養她的幾個孩子，她說：「不管事情怎麼樣，我總會要求他們保持本色。」保持本色，就是這句話！在那一剎那間，我才發現我之所以那麼苦惱，就是因為我一直試着讓自己適應一個並不適合我的模式。

一夜之間我整個人改變了。我開始保持本色，我試着研

究我自己的個性，試着找出我究竟是怎樣的人。我研究我的優點，盡我所能去解決色彩和服飾上的問題，盡量以適合我的方式去穿衣服。我主動去交朋友，我參加了一個社團組織，起先是一個很小的社團，他們讓我參加活動，把我嚇壞了。可是我每發一次言，就增加了一點勇氣。這事花了很長的一段時間，可是今天我所有的快樂，卻是我從來沒有想到可能會得到的。在教育我自己的孩子時，我也總把我從痛苦經驗中學到的東西教給他們：「不管事情怎麼樣，總要保持本色。」

「保持本色的問題像歷史一樣古老，」詹姆斯‧高登‧季爾基博士說：「也像人生一樣普通。」不願意保持本色，是很多精神和心理問題的潛在原因。安吉羅‧帕屈在幼稚教育方面曾寫過 13 本書和數以千計的文章，他說：「沒有什麼比想做其他人更痛苦的了。」

那種希望做一個跟自己不一樣的人的想法，在荷李活尤其流行。山姆‧伍德是荷李活最知名的導演之一，他說在他啟發一些年輕演員時，碰到的最頭痛問題就是這個：如何讓他們保持本色。他們都想做二流的拉娜‧特納，或者是三流的奇勒基寶。「這一套觀眾已經受夠了，」山姆‧伍德說：「最安全的做法是，盡快丟開那些裝腔作勢的想法。」

最近我向索凡石油公司人事室主任保羅‧包延登請教，來求職的人常犯的最大錯誤是什麼。他曾經和六萬多個求職者面談過，

還寫過一本名為《謀職的六種方法》(*6 Ways to Get a Job*) 的書。他回答：「來求職的人所犯的最大錯誤就是不保持本色，他們不以真面目示人，不能完全的坦誠，給你一些他以為你想要的回答。」可這個做法一點用也沒有，因為沒有人要偽君子，也從來沒有人願意收假鈔票。

有一個電車車長的女兒，非常辛苦地學會了這一點：

她想要成為一位歌唱家，可是她的臉長得並不好看。她的嘴很大，牙齒很齷，每一次在新澤西州的一家夜總會裏公開演唱的時候，她總想把上嘴唇拉下來蓋住她的牙齒。她想要表演得「很美」，實際的結果呢？

她使自己大出洋相，注定了失敗的命運。可是，在那家夜總會裏聽這個女孩子唱歌的一個人，都認為她很有天分。「我跟你說，」他很直率地說：「我一直在看你的表演，我知道你想掩藏的是什麼，你覺得你的牙長得很難看。」這個女孩子非常窘迫，可是那個男的繼續說道：「這是怎麼回事？難道說牙長得暴露就罪大惡極嗎？不要想去遮掩，張開你的嘴，觀眾看到你不在乎的話，他們就會喜歡你的。」接着他很犀利地說：「那些你想遮起來的牙齒，說不定還會帶給你好運呢。」

凱絲·達莉接受了他的忠告，沒有再去注意牙齒。從那時候開始，她只想到她的觀眾。她張大了嘴巴，熱情而歡快地唱着，終於成為電影界和廣播界的一流紅星，其他的喜劇演員現在都希望能學她的樣子呢。

著名的威廉‧詹姆斯曾經談過那些從來沒有發現他們自己的人，他說，一般人只發展了百分之十的潛在能力，「跟我們應該做到的比較，」他寫道：「我們等於只醒了一半；對我們身心兩方面的能力，我們只使用了很小的一部分。我們具有各種各樣的能力，卻習慣性地不懂得怎麼去利用。」

你和我也有這樣的能力，所以我們不該再浪費任何一秒鐘，去擔心我們不是其他人。你是這個世界上的新東西，從開天闢地到現在，從來沒有任何一個人完全跟你一樣；而將來直到永遠永遠，也不可能再有一個完完全全像你的人。遺傳學告訴我們，你之所以為你，必定是由於你父親的 24 個染色體和你母親的 24 個染色體所遺傳給你的。「在每一個染色體裏，」據阿倫‧舒因費說：「可能有幾十個到幾百個遺傳因子，在某些情況下，每一個遺傳因子都能改變一個人的一生。」一點也不錯，我們就是這樣「既可怕又奇妙」地被造就而成的。

即使在你母親和父親相遇而結婚之後，生下的這個人正好是你的機會也只是二十億萬分之一。換句話說，即使你有三十億萬個兄弟姐妹，也可能都跟你完全不一樣。這是光憑想像說的嗎？不是，這是科學的事實。

如果你想對這一點知道得更詳細的話，不妨讀讀一本叫做《遺傳與你》(*You and Heredity*) 的書，這本書的作者就是阿倫‧舒因費。我可以和你深談保持本色這個問題，因為我對這一點的感想非常深。我很清楚我自己所談的問題，因為我有過代價相當大的痛苦經驗。我在這裏要說明一下。

當我從密蘇里州的鄉下到紐約去的時候，進了美國戲劇學院，希望能做一個演員。我當時有一個自以為非常聰明的想法，一條通往成功之路的捷徑。當時我認為這個想法非常簡單，非常完美，我不懂為什麼成千上萬富有野心的人居然沒有發現這一點。這個想法是這樣的，我要去學當年那些有名的演員怎樣演戲，學會他們的優點，然後把每一個人的長處學到手，使我自己成為一個集所有優點於一身的名演員。

多麼愚蠢！多麼荒謬！我居然浪費了大量的時間去模仿別人，最後我終於明白，一定得保持本色，我不可能變成任何人。

這次痛苦的經驗，應該能給我留下長久難忘的教訓才對，可是事實不然。我並沒有學乖，我太笨了，在寫一本關於公開演說的書時，我又有了和以前演戲時一樣的笨想法。

我打算把很多其他作者的觀念都「借」過來放在那本書裏，使它能夠包羅萬象。於是我去買了十幾本有關公開演講的書，花了一年的時間把它們的概念寫進我的書裏。可是最後，我再一次地發現我又做了一次傻事，這種把別人的觀念整個湊在一起而寫成的東西非常做作、沉悶，沒有一個人能夠看得下去。

所以，我把一年的心血都丟進了廢紙簍裏，重新開始。這一回我對自己說：「你一定得保持你自己的本色，不論你的錯誤有多少，能力多麼有限，你也不可能變成別人。」於是我不再試着做其他所有人的綜合體，而捲起我的袖子來，做了我最先就該做的那件事：我寫了一本關於公開演講的教科書，完全以我自己的經驗、觀察，以一個演說家和一個演說教師的身份來寫。

　　我從華特‧羅里爵士那裏學到了這一課。我說的華特‧羅里爵士，是 1904 年在牛津大學當英國文學教授的那位。「我沒有辦法寫一本足以與莎士比亞媲美的書，」他說：「可是我可以寫一本由我自己寫成的書。」

　　保持你自己的本色，像歐文‧柏林給喬治‧蓋許文的忠告那樣：當柏林和蓋許文初次見面的時候，柏林已經很有名，而蓋許文還是一個剛出道的年輕作曲家，一個禮拜只賺 35 美元。柏林很欣賞蓋許文的能力，就問蓋許文願不願做自己的秘書，薪水大概是他當時收入的 3 倍。「還是不要接受這個工作，」但柏林又忠告說：「如果你接受的話，你可能會變成一個二流的柏林。但如果你堅持繼續保持你自己的本色，總有一天，你會成為一個一流的蓋許文。」

　　蓋許文接受了這個忠告，後來，他終於成為當時美國最重要的作曲家之一。

　　卓別林、威爾‧羅吉斯、瑪麗‧瑪格麗特‧麥克布蕾、金‧奧特雷，以及其他好幾百萬的人，都學過我在這章裏想要讓各位明白的這一課，他們也學得很辛苦，就像我一樣。

　　卓別林開始拍電影的時候，那些電影導演都堅持要卓別林模仿當時非常有名的一個德國喜劇演員，可是，卓別林還是要到創造出一套自己的表演方法之後，才開始成名。鮑勃‧霍伯也有相同的經驗。他多年來一直在演歌舞片，結果毫無成績，一直到他發展出自己講笑話的本事之後，才成了名。威爾‧羅吉斯在一個雜耍團裏不說話光表演拋繩技術，持續了好多年。最後他才發現自己在講笑話上有特殊的天分，於是就在耍繩表演時說上一段笑話，

結果成名了。

　　瑪麗‧瑪格麗特‧麥克布蕾剛剛進入廣播界的時候，想做一個愛爾蘭喜劇演員，結果失敗了。後來她發揮了她的本色，做一個從密蘇里州來的很平凡的鄉下女孩子，結果成為紐約最受歡迎的廣播明星。

　　金‧奧特雷剛出道的時候，想要改掉他得州的鄉音，像城裏的紳士一樣，自稱是紐約人，結果大家都在背後笑他。後來他開始彈五弦琴，唱他的西部歌曲，開始了他那了不起的演藝生涯，成為在電影和廣播兩方面最有名的西部歌星。

　　你在這個世界上是個新東西，你應該為這一點而慶幸，應該盡量利用大自然所賦予你的一切。歸根結底，所有的藝術都帶着一些自傳性質：你只能唱你自己的歌，只能畫你自己的畫，只能做一個由你的經驗、環境和你的家庭所造成的你。不論好壞，你都要創造一個自己的小花園；不論好壞，你都要在生命的交響曲中，演奏你自己的樂章。就像愛默生在他那篇《論自信》的散文裏所說的：

　　　　在每一個人的教育過程中，他一定會在某個時期發現，羨慕就是無知，模仿就是自殺。不論好壞，他必須保持本色。雖然廣大的宇宙間充滿了好的東西，可是，除非他耕耘自己的土地，否則他絕對沒有好的收成。他所有的能力都是自然界的一種新能力，除了他之外，沒有人知道他能做出些什麼，他能知道些什麼，而這都是他必須去嘗試求取的。

另一位詩人道格拉斯‧馬洛奇如是說：

假如你不能成為山巔上的一棵勁松，

那就做一株山谷中的灌木吧！

但要做一株溪邊最好的灌木；

假如你不能成為一棵參天大樹，

那就做一片灌木叢林吧！

假如你不能成為一株灌木，

不妨就做一棵小草，給道路帶來一點生氣！

你如果做不了麋鹿，

就做一條小魚也不錯！

但要是湖中最活潑的一條！

我們不能都做船長，總得有人當船員，

每人都得各司其職；

不管是大事還是小事，

我們總得完成份內的工作。

做不了大路，就做羊腸小道，

不能成為太陽，當星星又何妨；

成敗不在於大小，

只在於你是否已竭盡所能。

平安快樂的第五條原則：

發現自我，保持自我本色，切勿模仿他人。

●═══════════════ ● 卡耐基心得 ● ═══════════════●

發現自我，保持自我本色，切勿模仿他人。

══════════════════════════════════════════════

# 將不利因素
# 轉化為有利因素

生活中不如意十有八九。不僅在必要情況下忍受一切，
而且還要喜愛這種情況，鍛煉出一種
「化負為正」的能力。

　　貝多芬聾了之後才作出更好的曲子，可見缺憾對我們常有意外的幫助。在寫這本書的時候，有一天，我到芝加哥大學去請教羅勃·梅南·羅吉斯校長如何獲得快樂。他回答說：「我一直試着遵照一個小忠告去做，這是已故的西爾斯公司董事長裘利亞斯·羅出幹告訴我的，他說：『如果有個檸檬，就做檸檬水。』」

　　這是一名偉大教育家的做法，而傻子的做法正好相反。要是他發現生命給他的只是一個檸檬，他就會自暴自棄地說：「我垮了，這就是命運，我連一點機會也沒有。」然後他就開始詛咒這個世界，讓自己沉溺在自憐之中。可是，當聰明人拿到一個檸檬的時

候，他就會說：「從這件不幸的事情中，我可以學到什麼呢？我怎樣才能改善我的狀況，怎樣才能把這個檸檬做成一杯檸檬水？」

花了一輩子來研究人類的潛能後，偉大的心理學家阿佛瑞德·安德爾說，人類最奇妙的特性之一，就是「把負變為正的力量」。

下面是一個很有趣也很有意義的故事，故事的主角是一個我認識的女人，她的名字叫瑟瑪·湯普森。她告訴我她的經驗：

我先生曾經駐守在加州莫嘉佛沙漠附近的陸軍訓練營。為了和他接近一點，我也搬到那裏去住。我很討厭那個地方，簡直是深惡痛絕。我從來沒有那樣苦惱過，我先生被派到莫嘉佛沙漠去出差，我一個人被迫留在一間小小的破屋裏。那裏熱得叫人受不了，即使是在大仙人掌的陰影下，也還是華氏 125 度的高溫。

除了墨西哥人和印第安人之外，沒有人可以和你談話，而那些人又不會說英語。風不停地吹着，所有吃的東西和呼吸的空氣裏都是沙子，到處都是沙子！沙子！沙子！

我當時真是難過得一塌糊塗，為此，我寫了封信給我的父母，告訴他們我受不了要回家，我說我連一分鐘也待不下去，還不如住到監獄裏去算了。我父親的回信只有兩行字，這兩行字一直留在我的記憶中，使我的生命為之改觀：「兩個人從監獄的鐵柵欄裏往外看，一個看見爛泥，另外一個看見星星。」

　　我把這兩行字唸了一遍又一遍，覺得非常慚愧。我下定決心，一定要找出在當時的情形下還有什麼好地方，我要去看那些「星星」。

　　我和當地的人成了朋友，他們的反應令我十分驚奇。當我表示對他們織的布和做的陶器感興趣時，他們竟把不肯賣給觀光客的東西當禮物送給我。我仔細欣賞仙人掌和他們織布時令人着迷的姿態，我學到了關於土撥鼠的知識，我去看沙漠的日落，還去找貝殼，我不知道在 300 萬年前，那裏是一片沙漠還是海牀。

　　是什麼使我產生這樣驚人的改變呢？莫嘉佛沙漠絲毫沒有改變，那些印第安人也沒有改變，可是我變了。我的態度改變了，把一些令人頹喪的境遇變成我生命中最刺激的冒險。這個嶄新的世界使我既感動且興奮。我高興得為此寫了一本叫《光明的城壘》(Bright Ramparts)的小說，我從自己設下的監獄往外望，找到了星星。

　　瑟瑪·湯普森還意識到了公元前 500 年希臘人所教的一條真理：「最好的都是最難得到的。」

　　20世紀，哈瑞·愛默生·福斯狄克把這句話又重說了一遍：「快樂大部分並不是享受，而是勝利。」不錯，這種勝利來自於一種成就感，也來自於我們能把檸檬做成檸檬水。

　　我去拜訪過一位住在佛州的快樂農夫，他甚至把一個「毒檸

檬」做成了檸檬水——當他買下那片農場時，覺得非常頹喪，那塊地既不能種水果，也不能養豬，能生長的只有白楊樹和響尾蛇。然後他想到了一個好主意，要把它們變做一種資產，他要利用那些響尾蛇。他的做法讓每一個人都很吃驚，因為他開始做響尾蛇肉罐頭。幾年前我去看他，發現每年來參觀他的響尾蛇農場的遊客差不多有兩萬人。他的生意做得非常大，我看到由他養的響尾蛇所取出來的蛇毒，被運送到各大藥店去做蛇毒的血清；響尾蛇皮以很高的價錢賣出去做女人的鞋子和皮包；裝着響尾蛇肉的罐頭被送到全世界各地的顧客手裏。我買了一張印有那個地方照片的明信片，在當地的郵局把它寄了出去。這個村子現已改名為佛州響尾蛇村，以紀念這位先生。

我經常在美國各地旅行，有幸見過很多成功的男人和女人，他們都表現出了「把負變正的能力」。

已故的威廉·波里索是《十二個以人力勝天的人》(Twelve Against the Gods) 一書的作者，他曾經這樣説過：「生命中最重要的一件事就是，不要把你的收入拿來算做資本。任何一個傻子都會這樣做，但真正重要的是，要從你的損失裏去獲得好處。這就需要有才智才行，而這一點，也正是一個聰明人和一個傻子的真正區別。」

波里索説這段話的時候，剛在一次火車失事中摔斷了一條腿。我還知道一個斷了兩條腿的人，也把他的遭遇「由負變正」了，他的名字叫班·符特生。我是在喬治亞州大西洋城一家旅館的電梯裏碰到他的，在我踏入電梯的時候，我注意到這個看上去非常開

心的人，他的兩條腿都斷了，坐在一張放在電梯角落裏的輪椅上。

當電梯停在他要去的那一層時，他很開心地問我是否可以往旁邊讓一下，讓他轉動他的椅子。「真對不起，」他說：「這樣麻煩您。」他說這話的時候，臉上露出一種非常溫和的微笑。

當我離開電梯回到房間之後，除了這個很開心的傢伙，別的什麼也不去想。於是我去找他，請他把他的故事告訴我。

事情發生在 1929 年，我砍了一大堆胡桃木的枝幹，準備做我菜園裏豆子的撐架。我把那些胡桃木枝子裝在我的福特車上，開車回家。突然間，一根樹枝滑到車上，恰好在車子急轉彎的時候卡在引擎裏，車子衝出道路，撞在樹上。我的脊椎受了傷，兩條腿都麻痺了。

出事的那年我才 24 歲，從那以後，我就再也沒有走過一步路。

他才 24 歲，就被判終身坐着輪椅生活，我問他怎麼能夠這樣勇敢地接受現實，他說：「我當時並不能這樣。」當時他充滿了憤恨和難過，抱怨自己的命運。可是，一年年過去，他終於發現，憤恨使他什麼也做不成。「我終於瞭解，」他說：「大家都對我很好，很有禮貌，所以我至少應該做到的是，對別人也很有禮貌。」

我問他，經過了這麼多年以後，他是否還覺得他所碰到的那次意外是一次很可怕的不幸，他很快回答：

「不會了，」他說：「我現在幾乎很慶幸有過那一次事故。」他告訴我，當他克服了懊惱和悔恨之後，就開始生活在一個完全不同的世界裏。他開始看書，對好的文學作品產生了喜愛。他說，在 14 年裏，他至少唸了 1400 多本書，這些書為他帶來全新的境界，使他的生活變得比他以前所想到的更為豐富。他開始聆聽很多好音樂，以前讓他覺得煩悶的偉大的交響曲，現在都能使他非常的感動。可最大的改變是，他現在有時間去思考。「有生以來第一次，」他說：「我能讓自己仔細地看看這個世界，從而形成了真正的價值觀。我開始瞭解以往我所追求的東西，大部分實際上一點價值也沒有。」

看書的結果，使他對政治產生了興趣。他研究公共問題，坐着他的輪椅去各處發表演說，由此認識了很多人，很多人也因此認識他。今天，班・符特生仍然坐着他的輪椅，卻已經成了喬治亞州政府的秘書長。

在過去的 35 年裏，我一直在紐約市主辦成人教育班。我發現很多成年人最大的遺憾是，他們從來沒有上過大學。他們似乎認為，沒有接受大學教育是一個很大的缺陷。我知道這話不一定對，因為我知道成千上萬成功的人士連中學都還沒有畢業。所以，我常常對這些學生講一個我認識的人的故事：

那個人甚至連小學都沒有畢業。他家裏非常窮苦，在他父親過世的時候，還得靠父親的朋友募捐，才能把父親埋葬。父親死後，他母親在一家製傘廠裏做事，一天工作 10 個小時，還要帶工作回家，一直做到晚上 11 點。

　　這個在這種環境下長大的男孩子，曾參加當地教堂舉辦的一次業餘戲劇演出活動。演出時他覺得非常過癮，因而他決定去學演講，這種能力又引導他進入政界。才 30 歲，他就當選為紐約州的議員。

　　可是，他對這項任命卻一點準備也沒有。他告訴我，他甚至不知道這是怎麼回事。當他研究那些要他投票表決的既長又複雜的法案時，他感覺這些法案就好像是用印第安文寫的一樣。在他當選為森林問題委員會的委員時，他覺得既驚異又擔心，因為他從未走進森林一步。當他當選州議會金融委員會的委員時，他也很驚異，因為他甚至不曾在銀行裏開過戶口。他告訴我，他當時緊張得幾乎想向議會辭職，只是他羞於向母親承認他的失敗。

　　在絕望中，他下定決心每天苦讀 16 個小時，把他那無知的檸檬變成一杯知識的檸檬水。這樣努力之下的結果，使他從一個當地的小政治家變成了全國知名的人物，《紐約時報》甚至稱呼他為「紐約最受歡迎的市民」。

　　我說的是艾爾‧史密斯。

　　當艾爾‧史密斯開始他那自我教育的政治課程 10 年後，他成為了對紐約州政府一切事務最有權威的人。他曾四度當選為紐約州州長，這是一個空前絕後的紀錄。

　　1918 年，他成為民主黨總統候選人，有 6 所大學，其中包括哥倫比亞大學和哈佛大學，把名譽學位贈給這個甚至連小學都未畢業的人。

　　艾爾‧史密斯親口告訴我，如果他當年沒有一天苦讀 16 個小時以「化負為正」的話，所有這些事情都不可能發生。

　　尼采對超人的定義是：「不僅在必要情況下忍受一切，而且還要喜愛這種情況。」

　　我愈研究那些有成就者的生平，就愈加深刻地感覺到，他們之中有非常多的人之所以成功，都是因為開始的時候有一些妨礙他們的缺陷，促使他們加倍地努力而得到更多的回報。正如威廉‧詹姆斯所說：「我們的缺陷對我們有意外的幫助。」不錯，很可能密爾頓就是因為瞎了眼，才能寫出更好的詩篇來；而貝多芬正是因為聾了，才能作出更好的曲子。

　　海倫‧凱勒之所以能有光輝的成就，也就是因為她的瞎和聾；柴可夫斯基那個悲劇性的婚姻幾乎使他瀕臨自殺的邊緣，如果他的生活不是那麼的悲慘，他也許永遠不能寫出那首不朽的《悲愴交響曲》；如果陀思妥耶夫斯基和托爾斯泰的生活不是那樣的充滿挫折，他們可能也永遠寫不出那些不朽的小說。

　　「如果我不是有殘疾，」那個創造生命科學基本概念的人寫道：「我也許不會做到我現在所完成的這麼多的工作。」達爾文坦白承認，他的殘疾對他有意想不到的幫助。

　　達爾文出生的那一天，另外一個孩子誕生在肯塔基州森林的一座小木屋裏，他的缺陷也對他有幫助。他的名字就是亞伯拉罕‧林肯。如果他出生在一個貴族家庭，在哈佛大學法學院得到學位，而又有幸福美滿的婚姻的話，他也許不可能在心底深處發出那個

在蓋茨堡發表的不朽演說，也不會有他在第二次政治演說中所說的那句名言，這是美國總統所說的最美也最高貴的一句話：「不要對任何人懷有惡意，而要對每一個人懷有喜愛。」

哈瑞·愛默生·福斯狄克在他那本《明察一切》(*The Power to See it Through*) 中說：「斯堪的納維亞半島人有一句俗話，我們都可以拿來鼓勵自己：北風造就維京人。我們為什麼會覺得有安全感沒有任何困難，而且舒適清閒的生活，能夠使人變成好人或者更快樂呢？相反，那些可憐自己的人會繼續可憐自己，即使舒舒服服躺在一個大墊子上時也不例外。可是在歷史上，一個人的性格和他的幸福，卻來自各種不同的環境，好的、壞的，各種不同的環境，只要他們肩負起個人的責任。所以我們再說一遍：北風造就維京人。」

假設我們頹喪到極點，覺得根本不可能把我們的檸檬做成檸檬水。那麼，下面是我們為什麼應該試一試的兩點理由，它告訴我們，為什麼我們只賺不賠。

第一條理由：我們可能成功。

第二條理由：即使我們沒有成功，只是試着「化負為正」，也會使我們只向前而不會向後看。所以，用積極的思想來替代消極的思想，能激發你的創造力，能激發我們忙到根本沒有時間也沒有興趣去憂慮那些已經過去和完結了的事情。有一次，世界最有名的小提琴家歐利·布林在巴黎舉行一場音樂會，突然 A 弦斷了。歐利·布林就用另外的 3 根弦演奏完那支曲子。「這就是生活，」他說：「如果你的 A 弦斷了，就在其他弦上把曲子演奏完。」

　　這不僅是生活，而且比生活更可貴，這是一次生命的勝利。如果我能夠做到，我會把威廉‧波里索的這句話刻在銅版上，掛在每一所學校裏：「生命中最重要的一件事，就是不要把你的收入拿來算做資本。任何傻子都會這樣做，但真正重要的是，要從你的損失裏去獲得好處。這就需要有才智才行，而這一點，也正是一個聰明人和一個傻子的最大區別。」

　　能給我們帶來平安快樂的第六大原則是：

　　命運交給你一個酸檸檬，你得想法把它做成甜的檸檬汁。

### ● 卡耐基心得 ●

　　命運交給你一個酸檸檬，你得想法把它做成甜的檸檬汁。

# 忘卻自己，
# 關注他人

送人玫瑰，手留餘香。多為別人着想，不僅可以

減少煩惱，同時會使你認識更多的朋友，

並獲得更多的歡樂。

　　當我準備寫這本書時，我曾為徵集「我如何克服憂慮」的真實感人故事，而設立了一份 200 美元的獎金。

　　這次徵文聘請了 3 位評委：東方航空公司董事長艾迪・雷特貝克、林肯大學校長斯圖倫特・麥克蘭德以及廣播新聞評論家卡博恩。在我們收到的許多故事中，有兩篇十分精彩的佳作，難分上下。最後，我們決定讓兩位作者共享這份獎金。下面是波頓講述的故事：

　　我在 9 歲時，再也沒有見到我的母親，12 歲時我的父

親也去世了。母親有一次出門後，再也沒有回來過，同時也帶走了我的兩個妹妹。母親離家 7 年後，我才收到她寄來的第一封信。父親在我母親出走的第 3 年，死於一次意外事故。在密蘇里州的一個城鎮，父親與一個人合夥開了一家咖啡廳。當父親外出辦事時，那個合夥人趁機變賣了咖啡廳，然後逃之夭夭。父親的一個朋友將此情況發電報告訴他，讓他盡快回來。慌亂之中，父親在堪薩斯州發生了車禍而不幸身亡。我的兩位姑媽都年老有病，由於非常貧窮，她們只能收留我們家的 3 個孩子。這樣，我和小弟就無人照看了，好在有位好心人收留了我們。我們最害怕別人把我們當孤兒看待，這讓我們的內心十分不安。我在窮人家住了一段時間，後來，我居住的那家主人又失業了，他們家再也不能多養活一個人。

這時，多虧洛夫廷夫婦收留了我，他們家住在離鎮上 11 英里的一個農場裏。洛夫廷先生長年臥病在牀，並且他已 70 歲高齡，他對我說，一不准說謊，二不准偷竊，三必須聽話，做到這幾點才能和他們永遠生活在一起。我一直將這 3 條紀律記在心裏，成了我日常的行為準則，而且我做得很好。我開始進入學校，但是第一個星期的情況讓人難堪。其他的小朋友總是笑我的大鼻子，嘲笑我是小笨豬，稱我是沒有父母的小孤兒。我十分傷心，真想跟他們打一架。但是洛夫廷先生勸告我說：「你永遠要記住，一個真正的男子漢不應該隨便跟人打架！」所以我總不跟他們糾纏。

然而有一天，一個男生抓起一把雞屎拋到我的臉上，我再也無法容忍，就撲上去狠揍了他一頓，在一旁觀看的小孩子都認為他該挨揍，就這樣，我和他們交上了朋友。

有一天，洛夫人為我買了一頂新帽子，我非常喜愛。但是，一個高年級女生從我頭上把它搶過去用來灌水，結果把帽子弄壞了。她很不在乎地說，要把帽子裝水澆在我的木頭腦袋上，好讓我開開竅。我沒有在學校哭，但回家後，我再也忍不住了，就大哭起來。有一天，洛夫人把我叫了過去，她教給我一個化敵為友的辦法。她對我說：「波頓，如果你試着幫他們什麼忙，讓他們對你產生好感，他們就不會再欺負你了。」於是，我將她的建議牢記在心，開始努力學習。當我成為全班成績最好的學生時，並沒有招致妒忌，因為我總是樂於助人。

我教幾個男生寫作文，其中有一個男生因害怕別人知道我在幫他，就對他媽媽撒謊說他去抓動物了，然後悄悄來到洛夫人家，把狗拴在倉庫裏，讓我幫他補習功課。我還曾幫一名同學寫讀書感想，還用去數個晚上的時間幫一名女生補習數學。那段時間，村裏有兩位老人去世了，還有一位夫人被丈夫拋棄，我就成了這幾個家庭裏唯一的男子漢。兩年來，我一直幫助這幾位可憐的夫人。放學後，我就到她們家幫她們劈柴、擠牛奶、餵牲畜。

現在，人們不再嘲笑我，反而讚揚我，我成了大家的好朋友。當我從海軍退伍回來後，他們對我表現出了真正的熱

情與歡迎。我剛到家的那一天，有 200 多位鄰居來看望我，甚至還有人開了 80 英里的車遠道來看我，他們對我表現出了真正的關切。13 年來，再也沒有人取笑我，說我是笨蛋和孤兒了。由於我一直在幫助別人，所以，我現在的生活中很少有煩惱。

為波頓先生叫好吧！他懂得怎樣與人交往，他也明白排除憂慮和享受生活的訣竅。

癱瘓在牀 23 年的弗蘭克‧盧普博士也有同樣的經驗。在西雅圖《星報》的斯圖爾特‧懷特斯曾對我說：「我採訪過盧普博士很多次，我所知道的人中，就數他最無私、最會享受人生。」

這位長年臥牀的病人是如何享受人生的呢？是怨天尤人，還是以自我為中心、一味自憐呢？不，肯定不是。因為他遵從了威爾斯王子的誓言：「我為大家服務。」他收集了很多癱瘓在牀的病人的姓名和地址，然後給他們寫慰問信。他還組建了一個病友俱樂部，讓病友們相互寫信鼓勵，最後發展成了一個全國性的組織。

他躺在病牀上，平均每年要寫 1400 封信，為成百上千的病友送去歡樂。

盧普博士與其他人最大的不同是：他有崇高的信念和神聖的使命感。他深深體會到，奉獻精神比一切都偉大，並且會給所有人帶來純正的歡樂。正如蕭伯納所言：「一個以自我為中心的人必定淪陷於對生活的抱怨中，因為世界不能使他快樂。」

令我深受震撼的是，著名心理學家阿德勒經常對憂慮症患者說：「如果你每天想着一個人，你要設法讓對方開心。按照這個方法去做，保證兩個星期內，你就能醫治好憂慮症。」

這句話聽起來有些荒誕，所以，我從阿德勒博士所著的《生活的意義》(*What Life Should Mean to You*) 一書中摘錄幾個段落，供大家鑒賞：

憂慮症是一種長時間對他人怨恨的情緒，目的是引起別人的同情、關愛與認同，而病人仍然感到沮喪。憂慮症病人常回想的第一件事情：我記得有一次我很想躺在哥哥坐的沙發上，可是他不讓，我就一直哭個不停，直到他起來讓座為止。

憂慮症病人常常會選擇自殺，因此醫生最先要做的，是不給他任何自殺的理由。我治療的方法，首先是緩解任何緊張的氣氛，讓他們放鬆下來，我會告訴病人：「你千萬別去做任何你不願意做的事情。」這聽起來像是廢話，但我深信所有問題都來源於此。如果病人可以事事順心，那他還能埋怨誰呢？又有什麼理由自殘？我提醒他們：「如果你想去看場電影或休假，那就去吧。如果半路上你又改了主意，那就儘管滿足自己。」這樣，他的優越感就得到了滿足，他像上帝一樣來去自由。他本來想埋怨、支配他人，假如大家事事都隨他便，他就沒有藉口了。病人時常會說：「我對任何事情都沒興趣。」我早就知道如何回答他們了，

我聽過不下一千次，我會說：「任何你不喜歡的事情，你都不用去做了。」有時會有人回答：「我想一整天躺在牀上。」我明白只要我答應，他就不會那樣做，而一旦我不答應，就會引起軒然大波。所以，我毫不猶豫地表示同意。

這是一種交流的方法，而另一種幫助他們的方法則更為直接，我告訴他們：「只要遵守這個建議，保證你在兩個星期內痊癒，那就是每天想方設法讓別人愉快，看他們有什麼反應。」他們的大腦早已被自己佔滿了，他們會想：我有必要去管別人嗎？也有人會說：「這是我的老本行，我總在想法讓他人開心。」事實上，他們從來沒有做過。我讓他們多想想這件事情，而他們立刻丟在腦後。我對他們說：「適當的時候，你可以認真想一個你願意讓他開心的人，這對你的健康非常有益。」第二天，我問他們：「你昨天晚上有沒有認真想一想呀？」他們一般會回答：「昨天晚上我沾牀就睡着了。」當然，這一切都是在一種平等、友善的氛圍下進行的，不能給他們任何壓力。

有人會說：「我已經煩透了，我可做不到！」我說：「讓煩惱繼續吧，你只要抽空去想一想別人就行了。」我要做的，是把他們的視線向別人身上轉移一下。很多人問：「為何要我去取悅別人？為什麼不是別人來取悅我呢？」我回答說：「這樣你會獲得健康，其他的人將來不一定比你快樂。」我遇到的病人幾乎沒有人說：「我按照你的建議去做了。」我能做的不過是漸漸提高病人對別人的興趣。我瞭解他們缺

乏和別人的交流，我要讓他們認識到這一點，如果有一天，他能把別人放在和自己平等的地位，他的病就好了。十誡中最難做到的一條是「喜愛你的鄰人」，以自我為中心的人不但會給自己帶來困擾，而且會傷害到周圍的人，人類幾乎所有的失敗都是由他們導致的。我們對別人的要求以及給予別人的最高讚美是：他是一個好同事、好朋友、好戀人和好伴侶。

阿德勒博士提醒我們每天做一件善事，怎樣才叫善行呢？先知穆罕默德說：「善事就是能給他人帶來快樂的舉動。」為何每天做一件善事，會對我們有很大的幫助呢？因為當我們取悅他人的同時，就無暇自怨自艾，沒機會憂慮、恐懼與苦悶了。

威廉·蒙恩夫人在紐約開辦了一所蒙恩秘書學校，她用了不到兩週的時間就擺脫了憂慮，實際上，因為一對孤兒的出現，她在一天之內就擺脫了憂慮。蒙恩夫人向我講述了下面的故事：

5年前的12月份，我的情緒十分低落，我失去了與我共度多年幸福時光的先生。我的哀傷隨着聖誕節的臨近日益沉重，我從未曾獨自一人過聖誕節，所以，我越來越恐懼聖誕節的來臨。朋友們邀我與他們共度節日，但我不敢赴約。我明白，去任何幸福的家庭，都會令我因回憶往事而傷心，我只好謝絕他們的好意。是的，儘管我還有不少應當慶幸的事情，但我還是被傷心淹沒了。聖誕夜當天的下午3點，

我獨自離開辦公室在街道上漫不經心地閒逛，希望能忘卻內心的孤單與憂慮。看着街上充滿歡樂的人羣，我觸景生情。我不敢一個人回到空空蕩蕩的公寓。我漫無目的，不知道怎麼辦，禁不住淚流滿面。一個多小時過去了，我發現自己停在公共汽車站，這讓我想起我和先生曾經一起坐公共汽車去探險旅行，我不由自主地走上了第一部開過來的公交汽車。經過哈德遜河後不久，乘務員說：「終點站已經到了，夫人。」我下了車後不知自己身在何處，不過那裏卻是十分安靜平和。在等候回程車的時候，我去逛了住宅區。當我路過一座教堂時，優美的《平安夜》樂曲從裏面傳了出來，我走了進去，發現裏面沒有人，只有一位風琴手在盡情地彈奏。我靜坐在教友席上，五光十色的聖誕樹美極了，音樂也很美，加上我一天都不想吃東西，疲倦讓我慢慢進入了夢鄉。

當我醒來時，我發現有兩個小孩在面前，他們是來看聖誕樹的。其中有一個小女孩指着我說：「她是和聖誕老人一起來的吧？」我醒來時，顯然也把他們嚇了一跳。我對他們說：「孩子，別害怕，我是個好人。」

他們穿着很襤褸，我問他們：「你們的父母呢？」他們回答說：「我們是孤兒。」 聽到這裏，我感到很慚愧，這兩個孩子的情況比我悲慘多了。我領着他們去觀賞聖誕樹，帶他們去商店買些糖果、食品和小禮物。我的悲傷和孤獨感頓時消失了，這兩個小孤兒讓我感受到數月以來第一次真正的關懷與快樂。我通過跟他們交談，發現自己是個幸運兒。

我由衷地感謝上帝，我兒時的聖誕過得是那麼愉快，一直享受着雙親的疼愛與呵護。這兩個小孤兒帶給我的，遠比我給他們的要多得多。這次的經歷讓我懂得，要使自己快樂，只有首先讓別人快樂。我發覺快樂是有感染力的，因為幫助別人、關愛別人，使我克服了憂慮、悲傷與自憐情緒，而有涅槃的感覺。我確實改變了很多，這種改變一直受用至今。

我完全可以寫一本因為忘我幫助他人而重回健康快樂的書，這種故事舉不勝舉。我們還是先來看看瑪格麗特・泰勒・葉芝的故事吧，她是最受美國海軍歡迎的女士。

葉芝夫人是一位作家，但發生在她身上的故事比她所寫的小說更真實更精彩，故事發生在日本偷襲珍珠港的當天早晨。葉芝夫人由於心臟病的緣由，一年多來臥病在牀，一天裏有 22 個小時得在牀上度過。她所能走的最長的路，是由房間到花園去曬太陽。即使如此，她還得靠女傭扶着才能走到花園。她講述道：

> 我當時認為自己下半生就這樣癱在牀上了。假若不是日軍偷襲珍珠港，我就幾乎不能再真正投入到生活的懷抱了。
>
> 轟炸開始時一片混亂，一枚炸彈正好落到我家旁邊，我被震下了牀。軍隊派出汽車去接軍屬的妻兒到學校躲避。紅十字會的人知道我牀旁有一部電話，希望我幫忙做聯絡工作。於是，我開始記錄那些海軍、陸軍的家屬現在流落何處，而紅十字會的人會通知那些軍人打電話到我這裏來

查找他們家人的情況。我很快得知我丈夫是安全的。於是，我努力鼓勵那些還不知自己丈夫生死的夫人，同時安慰那些一夜之間變成寡婦的夫人。此次死亡的官兵總共 2117 人，另有 960 人下落不明。

開始時，我還是躺在牀上接聽電話，隨後我便坐起來了。最後，由於忙碌和緊張，我竟將自己的病情忘得一乾二淨，我下牀坐到桌邊，去幫助那些比我更為悲慘的人，我也並不需要躺在牀上了。這樣，我每天要工作 16 個小時。

我發現，要不是日本偷襲珍珠港，我可能下半生都要虛度在牀上了。那時我舒服地躺在牀上，只是消極地生活着。現在我明白，那個時候，我根本失去了恢復的信念與希望。

日軍偷襲珍珠港是美國歷史上的慘劇，然而對我而言，卻是改變我一生的一件大事。這次災難讓我發覺自己不曾知曉的力量，它讓我從只關注自己轉移到關注他人身上，它也給了我繼續生活下去的重要信心，使我沒有時間去關注或哀歎自己的疾病。忘掉自己，讓我獲得了有意義的新生。

有心理障礙的病人，如果都能像葉芝夫人那樣去關心和幫助他人，起碼有三分之一以上的人會痊癒。這可不是我的一家之言。著名心理學家榮格說：「我的病患者中有三分之一以上在醫學上找不出任何病因，他們只是不知道生活的意義在哪裏。他們以自己為中心，只關注自己。」換個說法，他們的一生只想搭個便車，被寂寞和無聊要脅，所以他們只好去求助於心理醫師。當他們沒

有趕上那班已開走的渡輪時，就開始怪罪碼頭上的除了他們自己的所有人。他們一向以自我為中心，要求全世界來為他們服務。

你現在沒準會說：「這些事有什麼可大驚小怪的，假如在聖誕節遇到孤兒，我同樣會關照他們。假如我遭遇了珍珠港事件，我也會很樂意像葉芝夫人一樣去做那些善事。然而我的情況畢竟與他們不同，我的生活過得非常平淡，我每天按部就班工作 8 個小時，從來沒有發現任何有趣的事。我怎麼可能有興趣去關心和幫助他人呢？我為什麼要幫助他人？這些對我有什麼好處呢？」

這樣的想法還算正常，還是讓我來回答你的那些疑問。不論你的人生多麼乏味，你每天總會遇到一些人，你將如何對待他們？你只是熟視無睹，還是想跟他們聊聊？比如郵差，他一天要走幾百英里的路程為大家送信，你是否關心過他住在哪兒？你瞭解過他妻子和孩子的狀況嗎？你詢問過他是否感到疲憊或感到枯燥嗎？

你留意過百貨公司售貨員、送報員、擦鞋童工嗎？他們也和我們一樣是人，他們也有苦悶、有夢想和對未來的抱負，他們也希望和別人交流，你是否為他們提供過這樣的機會？你是否對他們的生活表示過關心？你不一定非要變成南丁格爾或社會變革者，但你完全可以從明天遇到的第一個人開始，學會去幫助和關心他人。這樣做對你有什麼裨益？那當然是讓你更快樂、更滿足、更自豪。亞里士多德把這種觀念稱為「開明的自私觀念」。宗教學者左羅斯特拉說：「對別人好不是壓力，而應該被看成是一種享受，因為它能使你健康快樂。」佛蘭克林說得更簡單：「取悅別人事實上是取悅自己。」

紐約心理服務中心主任林克曾說：「我認為現代心理學一項最重要的成果，就是科學地證明了為實現自我價值與獲得快樂，付出與遵守紀律非常必要。」

多為別人着想不僅可以減少煩惱，同時會使你認識更多的朋友，獲得更多的歡樂。耶魯大學的威廉‧費爾普斯教授曾對我說：

我不論到酒店、理髮店或商店時，都會和我遇到的人交談。我要讓他們感到自己是一個受人敬重的人，而不是一部機器或工具。在商店裏，有時我會稱讚女服務員的眼睛或頭髮非常漂亮。我會詢問理髮師在理髮時站一整天累不累，這一行幹了多久，大概給多少人理過頭髮，我會和他一起來算一算。我發現對他們所做的事情感興趣，這給他們帶來極大的快樂。我經常和行李搬運工握手，這會讓忙累一天的他們感到輕鬆。在一個炎熱的夏天我乘車旅行，當我到餐車上吃午餐時，那裏非常擁擠、悶熱，服務生根本忙不過來。當服務生終於把菜單遞給我時，我對他說：「天氣這樣熱，今天的廚師可真辛苦啊！」服務生聽後激動地說：「天啊！客人都在抱怨這兒的飯菜差、價錢貴、服務慢，還嫌這兒熱。這些抱怨我聽了 19 年啦，你是唯一一位對廚師表示過理解的客人，我祈求能有更多的客人像你一樣。」

只因為我對廚師的工作表示了認同，服務生就感到如此滿足，可見人所期待的，不過是他人對自己的認同與關注。有時我在路上散步時，遇到有人帶狗出來，總會誇他的狗

漂亮。當我回頭看時，經常看到那人欣慰地撫摸自己的狗，我的讚美讓他更加喜愛自己的狗。

有一次，我在英國遇見一位牧羊人，我熱情地讚美他那隻聰明伶俐的牧羊犬，還問牧羊人是如何訓練牠的。我離開後，只見那隻牧羊犬正依偎在主人肩上，而牧羊人在愛撫牠的頭。只因為我對牧羊人的狗感興趣，就讓他非常開心，那隻牧羊犬也很開心，我自己也是。

試想一下，一個經常跟搬運工握手，又對廚師表示關切，並經常讚賞別人的狗的人，怎麼會整日愁眉苦臉、乏味無聊而需要看心理醫師呢？中國有句諺語：「送花給人，十指留香。」

這是一位女士講的故事，她現在已經是個祖母了。多年前，我去一個小鎮演講，住在這位女士家一晚，第二天，她開車送我到50英里外的車站乘火車。一路上，她向我講述了她從沒向其他人透露過的親身經歷，她說：

我出生在一個貧困的家庭中，那時住在費城，靠社會救濟金生活。貧困讓我感到十分痛苦，我不能像其他少女那樣愉快地參加社交活動。我的衣服不太漂亮，窄小且款式都已經很過時了。我覺得沒面子，常常在哭泣中睡着。沮喪中，我突然有了一個想法，我開始在每次聚會時，邀請我的男伴講述他的經歷、人生觀和對明天的設想。說實話，我並不是對他們所講的內容感興趣，只是為了分散他們的注意力，

不讓他們注意那讓我自己沒有信心的衣着。然而，令人驚奇的是，在他們的講述中，我漸漸學到了一些可貴的東西，並對它們興味盎然，甚至都忘了自己的寒酸衣着。更讓我欣喜的是：由於我已經成為一個很好的傾聽者，又會鼓勵他們講述自己的經歷，他們和我在一起時，總是能夠感到十分快樂，這使我成為最受歡迎的女孩，有3位男士都向我求婚。

也許有讀者會説：「這完全是胡扯！我才不去管別人的事，我的事情是好好賺錢，得到自己想要的東西，其他人和我有什麼關係呢？」

你當然是自由的，可以有自己的選擇。但是，假如你這樣做是對的，那些偉大的人，如耶穌、孔子、釋迦牟尼、柏拉圖、亞里士多德、蘇格拉底等，難道他們所做的一切錯了嗎？或許你對宗教領袖不感興趣，現在，我就以幾位無神論者為例證。首先是康橋大學的郝斯曼教授，他是一位著名學者。1936年他在康橋大學發表《詩的表像與實質》（*The Name and Nature of Poetry*）演説：

「耶穌曾經説：『為我的事業付出犧牲的人們，將獲得永生。』這是真理，也是最高貴的品質。」

以前我們是從牧師那裏聽到這句話，但郝斯曼教授卻是一位無神論者，同時他還是一位悲觀主義者，他依然告訴我們：「一個自私自利的人，不可能走向圓滿的人生。」事實上，人生只有在忘我地為他人服務中，才能更充分地享受生活的樂趣。

假如這些仍不能改變你的想法，20 世紀美國最有影響力的無神論者西奧多‧德萊塞的故事，對我們來說有參考意義。德萊塞把所有的宗教都當成故事來閱讀，而生活只是「愚人講故事，毫無意義」。他一直遵循耶穌的教導，為他人服務。德萊塞說：「假如我們想從生活中得到哪怕一點點樂趣，就不能以自我為中心，而應該多為他人想想，因為，快樂只能來自於你對他人的關懷與他人對你的關懷。」

德萊塞還說：「去幫助別人能夠使你過得更好，現在就立即行動吧，不要再浪費時間。人生只有一次，假如我能夠有機會去做好事，讓我現在就做吧，以免拖延、淡忘。因為人生的路，我們只能走一次。」 如果我們能夠像德萊塞所說的那樣去做的話，我們就找到了快樂的源泉。

消除憂慮、獲得安寧與快樂人生的第七大原則：

忘掉自己。多關心他人，多對他人感興趣。

## ● 卡耐基心得 ●

忘掉自己。多關心他人，多對他人感興趣。

**5**

祈禱

# 尋找快樂的宗教

想擺脫煩惱和憂愁，就需要有虔誠的信仰。宗教在
意志、精神、希望和勇氣上能給予我們很大的
幫助，給我們的生活帶來很多的啟示，
讓我們有了方向感。

　　我是在密蘇里州的一家農場出生的，那個時代的農民都很窮
苦，我家也是一樣，近乎一文不名。我母親在一所小學教書，回
家還要負擔繁重的家務，我父親在農莊工作，每月的收入不超過
12 美元。最讓我們感到愉快的時光，莫過於一年一度把豬賣掉，
換來全家所需的麵粉、白糖及咖啡飲料。我還記得 12 歲那年，一
年下來我自己能夠支配的零用錢只有 50 分錢。還有一回去看國慶
慶典時，父親給了我 10 分錢，我興奮得不得了，感覺自己就是世
上最有錢的富翁了。為了到一所鄉辦學校去上學，每天我要走 2
英里路。不管天氣多麼壞，我都堅持去學校。14 歲之前，套鞋穿
在腳上是什麼滋味我完全不知道。在這麼多年的生活中，我忍受

着嚴寒，伴隨着多年來的悲慘命運一步步走過來，能有一雙漂亮的套鞋，是我想都不敢想的事。

父母每天都要進行 16 個小時的繁重體力勞動，可生活卻不能和他們的付出成正比，我們常常欠債，命運之神殘忍得好像跟我們過不去一樣。而給我留下最深印象的是，有一次整個農莊都被洪水吞沒了，顆粒無收。在 7 年中總有 6 個這樣的年頭，疾病年復一年地威脅着當地人的生活。因為霍亂，豬也都死了，大家不得不將它們全部火葬，要知道，那是我們賴以生存的財產。許多年過去了，這些可怕的景象還歷歷在目，大家一想起豬被大火燒焦的味道，就忍不住要作嘔。

有一年，承蒙上帝恩賜，玉米獲得了前所未有的豐收，我們終於有飼料養牛了。但即使如此，也比以前發生洪災時強不到哪裏去，因為大豐收以後供大於求，牛的價格直線下降，當初我們對牛的期望很高，結果事與願違，每頭牛至多只賣 30 美元，這與我們的付出完全不成正比！

無論我們做什麼都在虧本，有一次我父親養了幾頭小騾子，養了差不多 3、4 年，最後請人幫我們運到了田納西州的一個小鎮上去賣。結果，這幾頭騾子賣出去的價錢比我父親當年買它們的價錢還要低。

經過了長達 10 年的艱苦耕耘，我們仍然債台高築、一貧如洗，艱難地生活着。我們的土地也全部抵押了出去，彷彿我們所有的奮鬥都只是為了償還債務似的。父親此時已步入老年，他苦心經營了 30 餘年，得到的卻是一身債務和疾病。為此父親十分憂慮，

茶飯不思，他的身體也不像以前那麼硬朗了。由於疾病，他已不再適合在田裏幹活，還要借助藥物才能勉強吃飯。之後，醫生對我母親說，照這樣下去是不行的，會導致他對生活產生厭倦。因為父親的原因，母親也不能安心做事，她很擔心父親在她不在身邊時會幹出什麼傻事來，要是看不見父親，她就會圍着房子和倉庫轉圈。此外，抵押土地的銀行也在威逼着我們家。有一天父親從銀行回家，路過一座橋樑時，想到目前的困境以及銀行的無情，差點立刻跳下河去，可是他又想起一家人都需要他，最終還是沒有做出這種傻事。

後來，父親跟我談起了這件事情，他說他之所以沒有投河自盡，是因為母親自始至終以剛毅的信念支持着他。母親信奉天主教，對未來滿懷希望，她相信「心誠則靈」這一道理。事實表明，她的想法是對的，一切都會好起來的。母親的精神終於感染了父親，他心中的陰影漸漸散去，變得開朗起來。在這之後，父親又平靜安詳地度過了 42 年幸福的生活，直到 89 歲時才離世。

母親對生活始終都很樂觀，在艱難的歲月裏，她將所有的煩惱都向天主傾訴，每晚睡前都會朗誦一段經文，其中有最能打動人心的話：「在主的聖殿裏，有很多房屋，並已經為你們安排好了，這是你們到達的地方。」在貧窮的密蘇里農場的家裏，我們祈禱着，請求神靈的庇護。

哈佛大學的詹姆斯博士說過一句名言：「想擺脫煩惱和憂愁，就需要有虔誠的信仰。」雖然我沒有在哈佛念過大學，但我在母親的生活中已經明白了這個道理。不論世界上有什麼災難，也無

法摧毀她那顆堅強的心，我經常聽到她唱：

> 安詳啊安詳，陽光般的安詳，
>
> 讓上帝賜予我們安詳。
>
> 在一望無垠的大海中，讓愛自由飄遊，
>
> 讓我們的心靈沐浴在神的愛中。

　　母親想讓我獻身天主的傳教事業，我也曾有過這樣的打算。但我在大學學過生物學、哲學之後，感到科學要比宗教更有說服力。我對以前的事情逐漸產生了懷疑，從而在十字路口徘徊。「我是相信宗教，還是相信科學？」在經歷了一段痛苦的思想鬥爭後，我最終還是選擇了科學，離開了宗教，放棄了多年來的禱告習慣。我再也不相信世界上有什麼神的存在，並深信人類總有一天也會像恐龍一樣走向毀滅。在科學的推理中，太陽會漸漸變冷，如果太陽的溫度降低 10%，地球上的一切生命都要消亡了。我用科學的見解去分析，認為地球以外的太空還存在其他生命，正是因為天體的和諧運行才出現黑夜白天和四季，這一切都不是天主造出來的，而是由自然規律形成的。

　　實際上，沒有人能夠清楚地解釋生命和宇宙之間的奧秘。在我們的生活中，能夠弄清楚的事情實在太少了，我們對自己身體的奧秘不是知之甚少嗎？你家的電燈為什麼會發光？牆腳為什麼會長出奇花異草？通用公司天才式的人物查爾斯‧凱特林曾在一年

中資助他人 3 萬美元，去研究樹葉為什麼是綠色的。他認為，如果能夠瞭解樹葉是如何利用水分、二氧化碳與陽光進行光合作用而變成糖分的話，人類的文明進程將踏上一個新台階。

不錯，我們雖然不能完全理解人體、電力與發電機的原理，但這並不阻礙我們去利用它。退一步說，我們無法理解祈禱與宗教的解釋，但這些不應該成為阻止我們分享宗教所給予我們的巨大精神愉悅的藉口。美學家桑塔耶那的觀點讓我深表認同，他說：「我們對人生的理解並不是最重要的，重要的是怎樣去體驗人生。」

應該說，我又重新皈依宗教了，如何去理解宗教，我現在已沒有太大的興趣了，我特別感興趣的是：宗教可以給我帶來什麼樣的樂趣？就像電力和美味佳餚所帶來的好處一樣。固然，食物和生活中的其他物質享受很重要，但宗教在精神上會給我們帶來更大的幫助，正像詹姆斯博士所說的那樣：「在最大的限度內獲得人生的滿足。」宗教在意志、精神、希望和勇氣上給予我很大的幫助，並讓我內心的煩惱、恐懼和憂慮完全消失。宗教也給我的生活帶來很大的啟示，讓我有了方向感。正因為有了宗教，我才在荒漠中找到一塊「綠洲」，並有了無限的力量。

英國現代哲學開創者培根在 300 年前說過：「淺薄的哲學會將人們引向無神論的道路上，深邃的哲學會將人們指引到宗教。」

人們認為宗教與科學是水火不相容的，可是現在最新興的學科心理學，卻借用了耶穌最初用過的古老方法。正是因為祈禱和熱情的信仰對人類的煩惱與憂慮的治療十分有效，所以宗教才受到了歡迎。心理學之父布里爾說過：「對宗教與信仰認同的人，精

神上基本不會出現大毛病。」

如果徹底否定了宗教，人們就會失去精神上的寄託，當然，這是不會發生的。

亨利‧福特去世前幾年，我曾拜訪過他。在我的猜想中，這位大富翁肯定是一位飽經滄桑的老人，歲月已無情地毀壞了他的軀體。然而當我見到他時，才發現我的想法是十分可笑的，78歲的他性格沉着，信念剛毅，身體非常健康，給我留下了深刻的印象。我問他難道沒有經歷過一點憂傷，他說：「是的，因為我把這些都交給了主，一切需聽從主的引導和安排。我不需要提出建議，上帝的存在讓一切井然有序，只需虔誠地供敬它，你將能沿着美好的方向發展，那麼我就不會亂想了。」

如今的心理學家，也可以說是一種新宗教的傳教士。他們不斷規勸人們去信仰宗教，不是為了來世，而是為了享受美好的當下生活，以此來使胃病、心胸狹隘、失眠症、歇斯底里等疾病得到完全根治，並成為一名真正具有信仰的人。

基督教的確能對人們的健康和精神狀況起到積極的作用，耶穌說：「我來是為了讓你們學會美好而快樂地生活。」當時的基督教受到打擊，是因為其中有些教條不能夠長久存在。當耶穌在傳播其新教義並試圖推翻舊的宗教時，被世人殘酷地釘死在十字架上。他解釋說，宗教是為全人類的利益而誕生的，並不是為了哪一個人。基督認為，無端的恐懼實際上是一種罪過，是摧毀人類健康的一項罪惡。愛默生曾自稱是「快樂學」博士，可耶穌卻認為自己是「快樂學」教師，他對眾門徒說：「為了生命的歡樂，你們

盡情地載歌載舞吧。」

耶穌公佈了兩大教條：虔誠地擁戴上帝；像愛自己一樣愛你身邊的朋友。假如按上面的教條去做了，你就會成為一位具有信仰的人。我的岳父普萊斯就做到了上述兩點。雖然他從不去教堂，並且稱自己從不信教，但他信仰的卻是對精神和生命帶來益處的基督教信條，因為他從不做損人利己的事情。如何才能成為一個真正的基督徒呢？讓我們來聽聽權威人士的解釋吧。著名神學教授貝爾說：「對一個真正的基督徒來說，並不是簡單地按照基督教義上的儀式規則那樣去做，而是要擁有一種意志品質和對人生的熱情。」

如果以此作為標準，那麼我的岳父算是一個準基督徒。

●  卡耐基心得  ●

宗教能對人們的健康和精神狀況起到非常積極的作用。對宗教與信仰認同的人，精神上基本不會出現大毛病。

# 聖歌

> 只要虔誠地禱告，神肯定會聆聽得到。黑暗過後
> 會是光明，即使現在有這樣或那樣的困難，
> 但一定要深信光明的前途很快就會到來。

現代心理學開創者詹姆斯在給朋友的一封信上說：「如果神突然消失了，那麼人們該如何度過那漫長的日子？」

上文中（編按：即〈忘卻自己，關注他人〉一文），我說起過有兩篇不分高下的作品，後來把獎金一分為二發給他們了。在這篇令人難忘的作品中，那位女士寫了她的親身經歷：經過慘淡的生活，如果沒有主的支撐，她說不定難以活到今天。公佈這篇作品時，為了不影響她的家人，我們就稱她為瑪麗吧。兩個星期前，她向我講述了一段難忘的人生經歷：

發生經濟危機時，我丈夫每月只有18美元左右的收入，

由於身體不好常常請假，他有時一個月連那 18 美元都拿不回來。為了治丈夫的病，我把房子抵償了。為了讓 5 個孩子健康成長，我又去找了一份洗衣的工作，孩子穿的是在某海軍救濟所買到的廉價衣服，我修改後給他們穿。這樣貧窮的日子，讓我的健康被煩惱和憂愁壓垮了。有一天，我 11 歲的孩子被對面小商店的老闆誣告，說他偷了兩支鉛筆，他非常傷心地哭了。他是位誠實而聰明的孩子，在大家面前受辱當然傷心至極，他感到自尊心受到很大的打擊。對於父母來說，我們也十分痛心。種種不幸讓我對生活失去了信心，我也因為憂慮而得了一種階段性的精神錯亂症。我關掉了洗衣機，把 5 歲的女兒帶進房裏，把所有的窗戶關嚴，有縫隙的地方也用紙封上。女兒迷惑地問我：「媽媽你幹什麼呀？」我說：「縫隙會讓風吹進來，所以將它封好。」隨後我將煤氣打開，將女兒抱到牀上。女兒說：「媽媽，你今天有些古怪呀，我們不是剛剛起牀的嗎？」我緊閉着雙眼說：「孩子，我們再睡一會兒吧。」此時，哧哧的瓦斯聲音已在我耳邊響起。

我一輩子都無法忘記那瓦斯的氣味。那時，我感到很奇怪，耳邊有美妙的音樂傳來。我聆聽着音樂，原來廚房的收音機忘記關了。此時，一切已顯得不重要了，可音樂卻在我耳邊響起，那是一首很古老的讚美詩：

耶穌是我們的知己，

他寬容了我們全部的罪惡與憂慮，

分擔了我們肩上的重負。

啊，我們無比崇敬的上帝！

對於我們的困難，你伸出援助之手，

在我遇到煩惱和意志低沉的時候，

令我們的精神煥然一新。

這段像仙樂般的聖歌，讓我發現自己身上存在的毛病。因此，我關掉了瓦斯，精神亢奮地將所有窗戶打開，讓新鮮空氣流進來。

從此以後，我不斷地唱這段聖歌，並非有求於它，而是感謝它賜予我們全家的幸福與健康。我下定決心將以前的憂慮徹底忘掉，有過這次經歷之後，我確實做到了這一點。把房子抵押出去後，我需要花上 5 美元去付房租，好在我並沒有露宿街頭。只要我虔誠地禱告，神肯定會聆聽得到。黑暗過後會是光明，即使現在我們有這樣或那樣的困難，但我深深相信，光明的前途很快就會到來，事實也證明這一點。現在，我已經有了一些存款，孩子們已經有了自己的事業並已成家，我還有活潑可愛的孫子。目前，我就職於一家俱樂部。如果沒有那次瓦斯事件，上帝也不會光顧於我，我也不可能有今天，我不由自主地感謝上帝讓我及時醒悟。說句難聽的話，假如當初我死了，就不可能有今天的快樂。

如今，我要規勸那些要尋短見的朋友：「萬萬不能有這種想法！」即使遇到再大的困難，那也只是人生中的一段歲月，是整個人生中很小的一部分，而絕大部分的人生時光是無比愉快和美麗的。

●  卡耐基心得  ●

即使遇到再大的困難，那也只是人生中的一段歲月，是整個人生中很小的一部分，而絕大部分的人生時光是無比愉快和美麗的。

# 宗教的力量

人不能被自己囚禁，應該將眼光放得更加開闊一點，
不要封閉自己。只要我們信仰上帝，
就會使自己變得越來越好。

你知道一天會有多少人自殺嗎？據最新數據顯示，在美國，平均每 35 分鐘就有一人死於自殺，這是多麼驚人的數字！而且每 2 分鐘就有人患上妄想症。假如這些人能得到宗教禱告的撫慰的話，也許不會有這麼多的悲劇發生。

成績最為卓著的精神病專家榮格博士在其專著《對現代人的靈魂探索》（Modern Man in Search of a Soul）一文中這樣寫道：「在過去的 30 年裏，我診斷了來自許多國家的精神病患者，他們的年齡大都超過 35 歲。這個層次應該是人生中的第二階段了，憑我長期積纍的經驗來看，他們絕大多數都處於一種浮躁的心理狀態。從另一個角度來看，他們對宗教都缺乏最起碼的追求，心靈中完全是一片空白。這種症狀太難以醫治了。」

這真是畫龍點睛的一句話，我要將它重複幾遍。

佛教公認的創始人釋迦牟尼死去幾千年後，在印度又出現了一位聖雄甘地，他也是靠着精神上的寄託來鼓勵自己的。他說：「假如我不是在宗教方面尋到一種神奇的力量，我也很可能患上發狂症。」

許許多多的人都印證了這個不可辯駁的事實，就像我在前面所說過的一樣，我的父親也是因為受到了我母親的神奇感染，從而獲得了繼續生存下去的勇氣，並奇跡般地活到 89 歲。假使精神病院的患者將他們的靈魂和痛苦早一點交給上帝，也就不會有今天那麼悲慘的處境。

在硝煙彌漫的戰場上，為什麼有那麼多人相信神靈？那些被痛苦消耗得筋疲力盡的人們，都學會了借助神的力量使自己得到安定。但為什麼要到最後關頭才去抱佛腳呢？為什麼要等到週末才去相信神呢？許多年來，我每星期日風雨無阻地來到教堂，對自己的言行進行懺悔，每當精神面臨崩潰，我就會對自己說：「你為什麼要將這些痛苦留給自己呢？」

這種時候，我就會立即奔向教堂去懺悔。也許我們活不過幾十年，可信仰將與日月共存。當你閉眼懺悔時，你的思路將更加明晰，對事物的判斷也更加清醒，並對人生有了明確的認識。

在寫作這本書的 6 年時光裏，我一直在收集資料，走遍大半個美國，並對成百上千個解除煩惱和痛苦的例子進行過核實。下面是一位律師的親身經歷，他住在德克薩斯州，名叫安東尼。他說：

　　20 年前，我在全美法律書籍公司任銷售員，我關閉了自己所開的律師事務所，開始向客戶推銷一些法律方面的書籍。

　　在此之前，我曾參加過推銷技巧和專業業務方面的培訓，在推銷過程中，我也能說會道。可是，不知道是什麼原因，我的業務卻一片空白。

　　我付出了很多心血，幾個星期以後，情況仍不見好轉。於是，我產生了煩躁和憂慮的情緒，覺得自己不敢再涉足推銷行業了。對於任何一家律師事務所，我都望而卻步。我毫無勇氣，即使走進去了，也是渾身緊張得發抖，語無倫次，並產生了一種怪念頭：希望律師不在他們的辦公室。

　　就在這時，我的頂頭上司也準備讓我辭職了，如果再沒有業績，那我只好自動離開。我的妻子也在催討生活費，雙重壓力使我的身體明顯垮了下去，我們連房租也付不起。就在我焦頭爛額，我身上只剩下買一杯牛奶的錢的時候，這時我才真正明白，那些走投無路的人為什麼會跳樓自殺。如果我有那麼大的勇氣去做的話，我也可能成為他們當中的一員。人活着到底是為了什麼？進一步說，我們來到這個世界上的目的是什麼？

　　在我萬分無助的時候，我只好求助於神靈，並做虔誠的祈禱，希望他給予我希望，並讓我的事業有所起色，使我的家庭幸福美滿。祈禱完畢，我在抽屜裏找到了一本《聖經》，我在裏面讀到這樣一段話，那是耶穌告誡門徒不要煩惱不要

憂愁的箴言：「不要為了生活而誇大衣、食、住、行的事。生命的存在不是比吃得好更好嗎？身體的健康不是比穿得好更重要嗎？你應當明白，天上飛行的鳥既不種田也不收割，更不在倉庫裏囤積食物，上帝尚且撫育着它們，難道你們不比鳥兒還高貴嗎？」

就在我默默祈禱的同時，突然間有了什麼改變，我的精神和情緒開始鬆弛，全身有一股暖流在奔湧，自信的感覺開始回到了我的身體裏。

這時我還是一無所有，我的房租仍然沒有着落，可心中竟然覺得非常幸福，因為此時我沒有任何負擔，倒頭便睡，煩惱和不快已經從我的身體中消失得無影無蹤。

第二天早晨，我帶着充沛的熱情來到律師事務所，並開始新的工作。我的眼神裏充滿激情，邁着穩健的腳步，勇敢地打開門，微笑着面對表情嚴肅的律師說：「朋友，早上好！我是美國法律書籍公司的圖書業務員約翰·安東尼，請多包涵。」

律師也微笑着說：「呵呵！你好，你好！」並起身和我握手，「很高興認識您，請坐！」

從此以後，我與以前的自己判若兩人，業績開始飛速提升。回想那天晚上，我覺得自己像個得勝還朝的將軍一樣，人生突然急轉，喜事連連。

這可以說是我的重生，就在那天晚上，我對人生的價值觀發生

突變，拼搏給我帶來了榮譽。第二天到來的時候，環境並沒有發生什麼巨大變化，所不同的僅是我自身的改變。在上帝的引領下，我開始明白，人不能被自己囚禁，應該將眼光放得更加開闊一點，不要封閉自己。只要我們信仰上帝，就會使自己變得越來越好。

● 卡耐基心得 ●

也許我們活不過幾十年，可信仰將與日月共存。

# 祈禱

祈禱能滿足普通人 3 個最為一般的欲望：

禱告可以把我們心底的苦悶傾吐出來；

禱告可以替我們卸下包袱；

禱告能使消極的因素轉化為積極的因素。

耶穌説：「如果你在禱告，上帝就會對你承諾；如果你一直祈求，上帝仍然會給予你；你敲門，上帝就會毫不猶豫地將門打開。」

在我們州上有位叫彼德夫人的少婦在悲劇即將降臨的時候，就立即祈禱：「上帝啊！讓我聽從你的指引吧！」

就是這麼神奇：她馬上恢復了平靜。她在信中這樣寫道：

在電話響第 14 次的時候，我鼓足勇氣拿起了聽筒，我想一定是醫院打來的電話，大概是孩子的情況不妙，因為此前，醫生對我説過要做最壞的打算。如果孩子發生感染，

可能就只能聽天由命了。電話果真是醫院打來的，要我們立即去醫院。

我們心情慌亂地在急診室大廳等待，看着許多夫婦抱着他們已經康復的孩子從我們面前經過，我心中十分難過，命運為什麼對我們如此殘酷？我們的孩子不知能否康復？沒過多久，主治醫生將我們叫到他的私人辦公室，無奈地說：「你們孩子的生還機率只有 25%。我們盡了全力，我勸你們另請高明。」

在回家的途中，我丈夫激動地流着淚大聲說道：「我一定要將他救活，我們不會放棄的。」我以前從沒有見過男人落淚，這可不是一個好兆頭。我們坐下來，想出了一個辦法，決定借助神的力量來讓我們擺脫困境。於是，我們去了教堂，我淚流滿面地跪在那裏，虔誠地對着天主祈禱：「主啊，一切聽從你的指引。」那天晚上，我們睡得很平靜。幾天後的一個下午，我們驚喜地接到了那位主治醫生打來的電話，他對我說：「你們的孩子度過了危險期，正朝着令人欣慰的方向發展，情況很好。」這時，我不由得衷心感謝上帝，是他使我們的孩子獲得了新生。

從前，人們總認為宗教是兒童和婦女的專用品，男人總以為依靠自己的能力就能夠與自然搏擊。如果你知道世界上很多著名的人物也是宗教信仰者，你一定會覺得很驚奇。傑克‧戴普西就是這樣的信仰者，他曾經對我說：「無論是吃飯、睡覺或者比賽的前夕，

我都要祈求我主賜福，只有這樣，我才會產生無窮無盡的力量，樹立起與對手搏鬥的決心。」

康尼‧麥克曾對我說，宗教已經滲入他的骨髓，如果哪天不祈求上帝，他就好像若有所失，一整天都心緒茫然。另一位名人艾迪‧雷肯貝克堅信，他是在主的拯救下才獲得了第二次生命，祈禱是他每天的必修課。

美國國務卿愛德華‧史塔提曾對我說：「每天晚上，我都會祈求上帝指引我正確的道路和賜予我智慧。」

摩根財團的創始人佩波德‧摩根每個週末的下午，都會到教堂進行祈禱。

艾森豪威爾將軍在第二次世界大戰中，身邊總是帶着一本《聖經》，他從不忘記對主的禱告。

麥克‧克拉將軍也對我說：「在硝煙彌漫的戰場上，我每天必讀《聖經》，且定時對主祈禱。」

納爾遜、華盛頓、李將軍、傑斐遜這些赫赫有名的人物，都莫不如此。

許多人都已經體會到心理學大師詹姆斯博士所揭示的真理：「人和上帝是親密的，如果能做到這一點，並將自己徹底託付給祂，那你必將是一個幸福快樂的人。」

越來越多的人都意識到禱告的力量了。美國教會在最近幾年人數激增，一下子擴充到了七八千萬，這在歷史上的任何時期都是絕無僅有的。就連一些頗有成就的科學家也加入了宗教的行列，

成就非凡的諾貝爾生物獎得主、著名法國生理學家卡列爾就深有感觸地説：「禱告是人類有史以來所產生的最強的精神能量，它甚至可以同地心吸力相媲美。作為一名醫生，對病人晚期病症，我們無能為力，但有許多病人卻因祈禱而轉危為安。禱告就像天空的太陽散發的光芒。由於宗教的廣泛傳播，大自然充滿了活力，人們的精力得到無限的發展延伸。在禱告的時候，世界的能量與我們的能量相結合，形成無窮的精神能量。禱告將這強大的能量轉換到我們的身上，這樣，人類欠缺的東西得以彌補。於是，我們看到了一個好的開端。」

著名將軍拜德對上帝的力量深有體會，祈禱讓他在最困難的時刻挺了過來。他在自己所著的《孤寂》(Alone) 中描述道：

1934 年，我被派往南極。我在冰天雪地中被圍困了 5 個多月。當時，我大約是南緯 78 度以南唯一的生物，每日暴風雪不止，冰雹在我的小屋上空咆哮。更可怕的是，南極溫度一下降到零下 82 度，我的住處完全變成了一座冰庫。一氧化碳充斥在我的小屋裏，我像中了毒一般。我該怎樣應付這一切呢？救護隊還在百里之遙，要等到他們還得幾個月的時間。於是，我決定親自動手，來改裝現有的設備。由於技術原因，我仍無法解決一氧化碳的問題，好幾次都因此暈倒在地，渾身沒有力氣。第二天早上，我甚至擔心自己將葬身於白雪皚皚的冰雪世界裏。

他在什麼神奇力量的指引下使自己獲救了呢？那天，在他瀕臨絕望的時刻，他拿起日記本寫下自己對人生的感悟，他這樣寫道：「人活在世上，其實並不孤獨……」他抬頭仰望天上的星星，它們按照規律沿着自己的軌道轉動，明亮閃爍；太陽的光線最終會普照南極的每一個角落。他在日記的末尾寫道：「我活得真的很充實！」

拜德將軍因此活了下來。這個故事告訴我們，該如何擺脫困境而再生：「如今，仍然只有少數人身上有極為有限的能量，而許許多多人所積纍的能量，可以讓他們受用一生，它是永不枯竭的。」拜德認為，這種偉大的能量來自於祈禱。

聞名遐邇的保險經紀人阿諾德曾經在偶然中領悟到這個真理，他在談到戰勝煩惱的體會時説：

10年前，我陷於絕望。我把大門鎖上，發瘋似地開着車奔到河邊，當時的我毫無生存的信念，整個人就像一具僵屍。我下屬的百貨公司就要倒閉了，妻子行將臨產。由於入不敷出，我連醫院的藥費也拿不出來。我所有值錢的東西全部用於抵押了，我走投無路，絕望至極。

車開出去幾里之後，我忍不住像個孩子似地放聲痛哭。哭過之後，我開始冷靜地思考，我的處境究竟到了何種程度？還有惡化的可能嗎？我是否真的到了走投無路的地步？

想完了這一切，我決心將我的一切都託付給上帝，聽從上帝的指引，並開始祈禱，就這樣，奇跡出現了：自從皈依上帝後，我的情緒變得非常平和安詳，30多分鐘後，我回到自己的家中安然入睡，感覺很輕鬆。

第二天清晨，當我睜開雙眼時，自信重新回到我的心裏。我感到神清氣爽，因為我意識到我已經將自己的一生交付給了上帝。我滿懷信心地來到一家大企業，應聘電氣業務員的崗位，我成功了！到這家大公司解體時，我又進入了保險行業，在幾年內東山再起，清償了所有債務，並將家裏的房屋重新裝修。我的3個孩子都很健康，我還用部分存款買了一輛新車。

回想這段往事，我得感謝那場災難，是它指引我接近上帝，由此使我擁有非常美滿的家庭生活，還讓我在精神上不斷得到充實和提高。


宗教為什麼比萬能藥還靈，能夠使人擁有平和安詳的心態，並成功完成自己的事業呢？宗教為何使人變得堅強不屈呢？心理學家詹姆斯説：「即使海上波濤洶湧，可海底仍舊一片寧靜。你要站在世界的最高處眺望人生，你會發現即使是世界末日，也沒有什麼可怕的。即使有多大的困難，你都會處之泰然。」

一旦我們產生了恐懼的想法，那就去求助上帝的力量吧！正如偉大的哲學家康德所説：「親近上帝，因為我們需要這種信念。」

　　即使你不是一名教徒，祈禱也會給你帶來意想不到的驚喜。不管你信不信以上的說法，祈禱能滿足普通人 3 個最為一般的慾望：

　　1、禱告可以把我們心底的苦悶傾吐出來。就像前面說過的：如果一個問題過於複雜，即使是祈禱大師，也必須將困境清晰地一句一句地說出來。即使是主宰萬物的上帝，也要依次解決問題，不得不將你的問題先弄清楚。

　　2、禱告可以替我們卸下包袱。作為一個人，不可能承受過重的壓力，可有的時候難以向別人說出來，只有向主祈禱。只有將內心的煩惱訴說出來，才可以減輕自身的壓力。於是，他們向上帝傾訴，因為上帝是世間最可信賴的朋友，是最仁慈的安慰者。

　　3、禱告能使消極的因素轉化成積極的因素，可以說它是成功的開始。世界著名的科學家卡爾就說過：「禱告是世間最強大的工具。」既然是最強大的工具，我們為何不去利用它呢？

　　為什麼不馬上試一試呢？將手中的書放下，走進臥室，跪在牀上，將雙手合十並清除心裏的雜念吧！如果你曾經背叛了上帝，請你立即重新投入上帝的懷抱，讓我們一起朗誦 700 年前聖方濟的那段經文：

　　主啊，請你將我帶入安詳的樂園，讓我把心中的恨轉為愛，將我的悲憤轉為寬容，將我的遲疑變為自信，將我的失望轉為希望，將黑暗變為光明，將悲觀轉為樂觀。讓我去愛戴朋友，就像朋友愛戴我一樣；讓我去關愛朋友，就如同朋

友關愛我一樣。

　　只有在施捨中，我們才會獲惠；只有在寬容的前提下，我們才會得到他人的理解；也只有在高貴的行為裏，我們的生命才有活力。

●　卡耐基心得　●

　親近上帝，因為我們需要這種信念。

**6**

如何面對批評帶來
的煩惱

# 批評他人是一種
# 自我滿足

你要是被人踢了，或是被人惡意批評，請記住，

他們之所以這樣做，是因為這樣能使他們

有一種自以為很重要的感覺，

這也通常意味着你是值得別人注意的。

1929 年，美國發生了一件震動全國教育界的大事，各地的學者都趕到芝加哥去看熱鬧。幾年前，有個名叫羅勃·郝金斯的年輕人半工半讀地從耶魯大學畢業，他曾做過作家、伐木工人、家庭教師和賣成衣的售貨員。現在，僅僅過了 8 年，他就被任命為美國第 4 所著名大學——芝加哥大學的校長。他有多大呢？ 30 歲！真令人難以置信。老一輩的教育人士都大搖其頭，批評像山崩石落一樣，一齊打在這位「神童」的頭上，說這說那的都有，說他太年輕了、經驗不夠，說他的教育觀念很不成熟，甚至各大報紙也都參與了攻擊。

在羅勃·郝金斯就任的那一天，有人對他的父親説：「今天早上，我看見報上的社論攻擊你的兒子，真把我嚇壞了。」

「不錯，」郝金斯的父親回答説：「但請記住，從來沒有人會踢一隻死了的狗。」

不錯，這隻狗愈重要，踢它的人就愈能夠感到滿足。後來成為英王愛德華八世的溫莎王子（即溫莎公爵），他的屁股也被人狠狠地踢過。當溫莎王子時，他在帝文夏的達特莫斯學院讀書。有一天，一位海軍軍官發現他在哭，就問他有什麼事情。他剛開始不肯説，最後終於説了真話——他被軍校的學生踢了。指揮官把所有的學生召集起來，向他們解釋王子並沒有告狀，可是，他想知道這些人為什麼要這樣虐待溫莎王子。

支吾半天之後，這些學生終於承認説，他們希望等自己將來成了皇家海軍的指揮官或艦長的時候，能夠告訴大家他們曾經踢過國王的屁股。

所以，你要是被別人踢了，或者是被別人惡意批評，請記住，他們之所以做這種事情，是因為這能使那些人有一種自以為很重要的感覺。這通常也就意味着你已經有所成就，而且值得別人注意。很多人在罵那些教育程度比他們高，或者在各方面比他們成功得多的人的時候，都會有一種滿足感。比方説，我寫這一章的時候，接到一個女人的來信，她在信中痛罵創建救世軍的威廉·布慈將軍。因我曾經在廣播節目裏讚揚布慈將軍，所以這個女人寫信給我，説布慈將軍侵吞了她募來救濟窮人的 800 萬美元捐款。這種指責當然非常荒謬，可這個女人並不是想找到事情的真相，只是

想打倒一個比她偉大的人，從而獲得自己的滿足感。我把她那封無聊的信丟進了廢紙簍，我看不出布慈將軍是這樣的人，可是卻對她非常瞭解。多年前，叔本華曾說過：「庸俗的人在偉人的錯誤和愚行中得到最大的快感。」

大概很少有人認為耶魯大學的校長是一個庸俗的人，可是，擔任過耶魯大學校長的摩太·道特，卻顯然能夠責罵一個競選上總統的人。「我們會看見我們的妻子和女兒成為合法賣淫的犧牲者，我們會大受羞辱，我們的自尊和德行都會消失殆盡，以致人神共憤。」

這幾句話聽起來像是在罵希特勒，其實是在罵托馬斯·傑斐遜。哪一個托馬斯·傑斐遜呢？想必不是那位不朽的托馬斯·傑斐遜吧？那個寫《獨立宣言》的、民主政體的代表人物？沒錯，罵的正是這個人。

一份報紙的漫畫畫着他站在斷頭台上，那把大刀正準備把他的頭砍下來；在他騎馬從街上走過的時候，一大羣人圍着他又喊又罵。他是誰呢？他就是美國國父——喬治·華盛頓。

可這些都是很久以前的事了，也許從那時開始，人性已經有所改進。讓我們拿 1909 年 4 月 6 日乘雪橇到達北極、從而震驚全球的著名探險家佩瑞海軍上將為例。幾百年來，無數勇敢的人為了達到這個目標而挨餓受凍，甚至喪生。佩瑞也幾乎因為飢寒交迫而死去，他的 8 個腳趾頭因凍僵受傷而不得不割除，他在路上所碰到的各種災難，使他擔心自己會發瘋。而那些華盛頓的上級海軍官員，卻因為佩瑞受到如此的歡迎和重視而嫉妒不已。於是，他們誣告他假借科學探險的名義斂財，然後「無所事事地在北極

享受追捧」。而且，他們可能還真相信這句話，因為人們不會不相信他們想相信的事情。他們想羞辱和阻撓佩瑞的決心強烈到最後必須由麥金萊總統直接下令，才使佩瑞能在北極繼續他的研究工作。

如果佩瑞當時坐在華盛頓的海軍總部辦公室裏的話，他會不會遭到別人的批評？不會的，那樣他就不能引起別人的嫉妒了。

格蘭特將軍碰到的事情比佩瑞上將的更糟。在 1862 年，格蘭特將軍贏得了北軍第一次決定性的勝利，成為全國性的偶像，甚至在遙遠的歐洲也引起了相當大的反應。從緬因州直到密西西比河岸，處處都敲鐘點火以示慶祝。但是，在取得這次偉大勝利 6 個星期之後，他卻遭到了逮捕，兵權也被削奪了，這使他因羞辱而失望地哭泣不止。

為什麼格蘭特將軍會在勝利的巔峰時被捕呢？絕大部分原因是他引起了那些傲慢的上級對他的嫉妒。

當我們為荒唐無理的言辭和非難而憂慮時，千萬要掌握的第一原則是：

刻薄的斥責往往從另一方面表明人們對你的重視。

### ● 卡耐基心得 ●

刻薄的斥責往往從另一方面表明人們對你的重視。

# 不讓批評之箭射中你

雖然你不能阻止別人對你做任何不公正的批評，
卻可以做一件更重要的事：你可以決定是否要
讓自己受到那些不公正批評的干擾。

　　有一次，我去訪問史密德里・伯特勒少將，就是綽號叫做「老錐子眼」、「老地獄惡魔」的伯特勒將軍。還記得他嗎？他是所有統帥過美國海軍陸戰隊的人裏最有趣、最會擺派頭的將軍。

　　伯特勒告訴我，他年輕的時候拼命想成為最受歡迎的人物，想使每一個人都對他有好印象。在那段日子裏，一點點的小批評都會讓他覺得非常難過。可是他承認，在海軍陸戰隊裏的 30 年使他變得堅強了很多。「我被人家責罵和羞辱過，」他說：「罵我是黃狗，是毒蛇，是臭鼬。我被那些罵人專家罵過，英文裏所有能夠想得出來而印不出來的髒字眼，都曾經被用來罵我。這會不會讓我覺得難過呢？哈！我現在要是聽到有人在我後面講什麼壞話，

甚至不會轉頭去看是什麼人在說這些話。」

也許是「老鵰子眼」伯特勒對羞辱太不在乎，可有一件事情是肯定的：我們大多數人對這種不值一提的小事情都看得太過認真。我還記得在很多年前，有一個從紐約《太陽報》來的記者，參加了我辦的成人教育班的示範教學會，他在會上攻擊我和我的工作。

我當時真是氣壞了，認為這是對我個人的一種侮辱。我打電話給《太陽報》執行委員會的主席季爾‧何吉斯，特別要求他刊登一篇文章說明事實的真相，而不能讓那個記者這樣嘲弄我。我當時下定決心要讓犯錯的人受到適當的處罰。

現在，我卻對我當時的作為感到慚愧。我現在才瞭解到，買那份報紙的人大概有一半不會看到那篇文章；看到的人裏，又有一半只會把它當做一件小事情；而真正注意到這篇文章的人中，又有一半在幾個星期之後就把這件事情忘得一乾二淨了。

我現在才知道，一般人根本就不會想到我們，或是關心別人批評我們的什麼話，他們只會想到他們自己，在早飯前、早飯後，一直到深夜 12 點 10 分。他們對自己的小問題的關心程度，要比能置你我於死地的大消息高 1000 倍。

即使你和我被人家說了無聊的閒話，被人當做笑柄，被人騙了，被人從後面捅了一刀，或者被某個我們最親密的朋友出賣了，也千萬不要在意。應該提醒自己想想耶穌碰到的那些事情，在 12 個最親密的友人裏，有一個背叛了他，而這個人所貪圖的賞金，如果折合成現在的錢來計算，也不過 19 美元。他最親密的友人裏

還有另外一個在他惹上麻煩的時候公開背棄了他，3次表白他根本不認識耶穌。這就是耶穌所碰到的，出賣他的人佔了最親近的人六分之一，為什麼我們還希望能夠比他更好呢？

我在很多年前就已經發現，雖然我不能阻止別人對我做任何不公正的批評，卻可以做一件更重要的事：我可以決定是否要讓自己受到那些不公正批評的干擾。

讓我把這一點說得更清楚些，我並不贊成完全不理會所有的批評，正相反，我所說的只是不理會那些不公正的批評。有一次，我問伊蓮娜·羅斯福如何處理那些不公正的批評，大家都知道，她所受到的批評可真不少。她擁有的熱心朋友和兇猛的敵人，大概比任何一個在白宮住過的女人都要多得多。她告訴我，她小時候非常害羞，很怕別人說她什麼，於是，她去向姨媽求助：「姨媽，我想做一件事，可我怕會受到批評。」

她的姨媽正視着她說：「不要管別人怎麼說，只要你自己心裏知道你是對的就行了。」伊蓮娜·羅斯福告訴我，多年後她住進了白宮，這一忠告還是她的行事原則。她告訴我，避免所有批評的唯一方法，就是「做你心裏認為是對的事，因為你總會受到批評」。「做也該死，不做也該死」，這就是她對我的忠告。

已故的馬修·布拉還在華爾街 40 號美國國際公司任總裁的時候，我問他是否對別人的批評很敏感，他回答說：

是的，我早年對這種事情非常敏感。我當時急於使公司

裏的每一個人都認為我非常完美，要是他們不這樣想的話，我就會很憂慮。只要哪一個人對我有一些怨言，我就會想方設法去取悅他。可是，我所做的討好他的事情，總會使另外一個人生氣。等我想要補足這個人的時候，又會惹惱了其他的人。最後我發現，我愈想去討好別人以避免批評，就愈會使我的敵人增加。所以最後我對自己說：「只要你超羣出眾，你就一定會受到批評，所以還是趁早習慣了為好。」這一點對我大有幫助，從那以後，我就決定只盡我最大的能力去做事，而把我那把破傘收起來，讓批評的雨水從身上流下去，而不是滴在脖子裏。

狄姆士·泰勒更進一步，他讓批評的雨水流入他的脖子，並且大笑一番。有一段時間，他在每個星期天下午紐約愛樂交響樂團舉行的空中音樂會的休息時間，發表音樂方面的評論。

有一個女人寫信給他，說他是「騙子、叛徒、毒蛇和白癡」。泰勒先生在他那本名為《人與音樂》(Of Men & Music) 的書裏說：「我猜她只喜歡聽音樂，不喜歡聽人講話。」在第二個星期的廣播節目裏，泰勒先生把這封信讀給幾百萬的聽眾聽。幾天後，他又接到這位太太寫來的另外一封信，她表示她絲毫沒有改變自己的看法。泰勒先生說：「她仍然認為，我是一個騙子、叛徒、毒蛇和白癡。」我們實在不能不佩服用這種態度來接受批評的人，我們佩服他的沉着理智、毫不動搖的態度和幽默感。

查爾斯·舒韋伯對普林斯頓大學學生發表演講時表示，他所學到的最重要的一課，是在鋼鐵廠裏工作的一個德國老人教給他的。那個德國老人和其他的一些工人為戰事問題發生了爭執，被那些人丟到了河裏。

「當他走進我的辦公室時，」舒韋伯先生說：「滿身都是泥和水，我問他對那些把他丟進河裏的人怎麼說，他回答：『我只是笑一笑。』」

舒韋伯先生說，後來，他就把這個德國老人的話當作他的座右銘——「只笑一笑」。當你成為不公正批評的受害者時，這個座右銘尤其管用。別人罵你的時候，你可以反唇相譏，可是對那些「只笑一笑」的人，你還能說些什麼呢？

林肯要不是學會了對那些罵他的話置之不理，恐怕早就受不了內戰的壓力而崩潰了。他寫下的如何處理對自己的批評的方法，已經成為文學史上的經典之作。

在二次大戰期間，麥克阿瑟將軍曾經把它抄下來，掛在總部寫字台後面的牆上。而邱吉爾也把這段話鑲進了框子，掛在書房的牆上。全文如下：

如果我一定要去做，就不用理會所有對我的攻擊，這店不如關門去做別的生意。我用我所知的最好辦法去做，也盡我所能去做，而我打算一直這樣把事情做完。如果結果證明我是對的，那麼別人即使花 10 倍的力氣來說我是錯的，也沒有什麼用。

如果遇到非難，請多考慮運用第二原則：

凡事盡力而為，然後撐起傘，將責難之雨避開。

# 反省，再反省

> 每個人都會犯錯，犯錯並不可怕，只要時常反省，
> 勇於接受他人批評，並及時改善，
> 就能不斷進步。

　　如果你去查我的檔案櫃，就會發現其中放有一個私人檔案夾，那是「我所幹過的蠢事」的記錄，裏面清楚地記載着那些我幹蠢事的經過。有時，我會口述讓秘書做記錄，但大多數的時候，因為這些事情牽涉到私人生活，而且愚蠢到我不好意思讓秘書做記錄的地步，就只好自己動手記錄了。

　　當我拿出那個名為「蠢事錄」的檔案夾，重新看一遍並自我批評時，它能夠幫助我處理那些棘手的問題。

　　我曾經將自己幹蠢事的責任推到他人身上，隨着自己漸漸變得理性和成熟，我發現自己應當承擔這些責任。不少人會隨着年齡的增長而認識到這一點。拿破侖流放聖海倫島後說：「我應當承擔全部失敗的責任，而不是讓其他人承擔。我最大的敵人其實是

自己，正是這個原因造成了我的悲劇。」

這裏有一個懂得自我管理藝術的人的故事，故事的主角是豪威爾。當他 1944 年 7 月 31 日在紐約大酒店突然身亡時，這一消息震驚了全國，影響了華爾街的股市，因為他是那時美國財經界的精英人物，曾出任美國商業信託銀行董事長，同時兼任數家大公司的董事。他並未受過多少教育，之前在小鎮做售貨員，後來做了一家國有鋼鐵公司的信用部經理，不斷升遷。

遇見豪威爾先生時，我曾向他請教成功的經驗。他說：

> 多年來，我一直堅持用日記本記錄兩天中的預約。我的家人從不奢望我與他們共度週末的晚上，他們知道那是我用來自我反省的時間，以評估我在此週的工作成績。晚餐過後，我就獨自一人打開日記本，回顧這一週來我所經歷過的會面、討論及開會過程。我對自己說：「我當時的發言是否有錯？哪些決定是正確的？我是否可以改進自己的工作方法？我能從這件事情中得到什麼經驗？」每週的自我反省讓我十分沮喪，有時，我甚至不敢相信那是自己幹的。然而，隨着歲月的流逝，這樣的情況愈來愈少。而且，我已養成了這種自我剖析的習慣，它對我的事業有很大的促進作用。

豪威爾的這種方法，或許是從佛蘭克林那裏得到的啟示。但佛蘭克林的做法不是等到週末，而是每天晚上都進行自我反思。他發現自己有 13 項嚴重的錯誤行為，其中有 3 項是：虛度光陰、為

小事分心以及與人爭辯。聰明的佛蘭克林知道，如果不改掉這些毛病，它們必然會阻礙他的事業。因此，他計劃一週找出一個缺點並去改正，並且每天檢查自己是否做到。下一週開始，他將努力改掉另一個壞毛病。他堅持與自己的缺點做鬥爭，這場戰鬥一直延續了兩年。不難想像，佛蘭克林最終會成為大眾的楷模。

艾爾伯特·哈達羅曾經說：「一個人在一天中最少也會有 5 分鐘的時間犯糊塗。」

大家常常難以接受他人的批評，聰明的人卻會從中取得進步。著名詩人惠特曼說：「難道你認為只能向欣賞你、尊重你、認同你的人學習嗎？而那些反對你、批評你的人，你不是能夠在他們那兒得到更多嗎？」

與其等待對手來指導我們的工作，不如我們先把它做好。還是讓我們用最嚴格的目光來挑出自己的錯誤吧。在他人指出我們的缺點之前，我們就應當自己去發現它並改正它。達爾文這樣做了，為了完成不朽的著作《物種起源》（The Origin of Species），他感到這個里程碑式的學說一定會震驚整個宗教界和學術界。為此，他開始了長達 15 年的自我剖析過程，不斷查找相關資料，挑戰自己的理論，並進一步完善它。

假如誰罵你是豬頭，你會非常憤怒嗎？林肯總統的軍務部長愛德華·史丹頓就曾經罵林肯為豬頭，林肯是怎樣處理這件事情的呢？

史丹頓是為了林肯干預軍隊的事情而發脾氣的。林肯為了討好

那些自私的政客，下達了一項調動軍隊的命令。史丹頓不僅堅決不執行命令，還指責林肯的大腦一定是進了水。當有人將這件事告訴林肯時，林肯十分平靜地說：「如果是史丹頓罵我愚蠢，那我大半是真的做錯了事，因為以往出現這種情況時，他基本都罵對了。我過去和他討論一下。」

隨後林肯就過去了，史丹頓指出他的這項命令錯在何處後，林肯立即收回命令。林肯非常有勇氣接受他人的批評，只要批評是中肯的、為他着想的，他一定會認真考慮。

我們也應該學會接受這樣的批評，因為沒有一個人永遠都不犯錯誤。羅斯福總統也只敢奢望自己所做的事情中，有 75% 是正確的。就連最偉大的科學家愛因斯坦，也曾經承認自己在 99% 的時間裏做出的結論都是錯誤的。

法國作家拉勞斯夫曾經說過：「往往是敵人的看法，比我們對自己的看法更中肯。」

這句話通常是正確的，然而在接受批評時，假如不警告自己的話，還是會身不由己地採取防衛態度。每一次都讓我感到難以接受，不論對方是否正確。沒有人希望被批評，人只是希望被他人稱讚。我們往往是很情緒化的，我們的理性脆弱得像暴風雨下汪洋大海中的一葉小舟。

當他人談論我們的缺點時，我們最好能做到不急於去辯解，只要我們清醒一點，態度謙和一點，我們就會說：「如果他能夠知道我更多的缺點，就去接受這些批評吧！」

　　如何面對不中肯的攻擊呢？我曾經和其他人一起探討過，這裏有一個觀點：當你因被他人惡意詆毀而大怒時，為什麼不先提示自己：「哦，是的……我並不是完美的。連愛因斯坦這樣的偉大人物，都承認 99% 的情況下自己所做的判斷是錯誤的，而我們至少也該有 80% 的時間會犯錯誤。説不定這個批評是正確的，要真的是這樣，我就應當表示感謝才對，並設法汲取經驗少犯錯誤。」

　　鮑恩‧霍伯曾受查爾斯‧盧克曼 100 萬美元的高薪聘請出席廣播節目，他從不在意誇獎他的信，而只注重那些批評他的信，因為他懂得如何從批評中獲益。福特汽車公司為了搞清楚管理與運作中的缺陷，曾邀請員工對公司提出批評與建議。

　　我認識一位推銷香皂的業務員，他時常主動請別人給自己提出批評意見。最初，他推銷高露潔香皂時，接的訂單很少，他甚至擔心自己會因此失業。他知道產品以及價位都沒有問題，那麼問題一定出在自己身上。當他推銷不暢時，他就會在街上停下來想一想自己在什麼地方做得不對，是自己沒有説清楚產品的優點，還是表現得不夠熱情？有時他會回訪客戶：「我返回來不是為了出售香皂，而是希望能得到您的批評與指點。您是否可以告訴我，我剛才在什麼地方做錯了？您的經驗比我豐富，事業也比我做得好，懇請給我一些指點，請説您真實的看法。」

　　他的態度讓他交上了很多朋友，並得到許多寶貴的經驗。你知道他以後的發展嗎？他後來擔任了當代最大的香皂生產公司——高露潔公司的總裁。他就是立特先生。

只有那些心胸寬廣的人，才能夠像豪威爾、佛蘭克林和立特那樣去做。你為什麼不問問自己是不是這樣的人呢？

### 🏮 卡耐基心得 🏮

在他人指出我們的缺點之前，我們就應當自己去發現它並改正它。

# 如何消除疲勞

消除憂慮的首要條件是休息，在疲倦到來之前，
要好好利用這段時間休息，讓緊張的情緒
完全放鬆下來。這個經驗對從事
腦力勞動和體力勞動的人都有效。

　　本書在談如何避免憂慮，那麼，怎樣消除疲勞將是一個關鍵的問題。在日常生活中，一次感冒會使人全身痠痛，讓你的免疫力下降，從而產生困倦感。心理醫生會告訴你，困倦容易讓人產生憂慮、恐懼，空虛、煩惱等不良情緒。因此，對疲勞的預防等於防止憂慮。

　　防止困倦是為了預防憂慮的產生，這話是否說得太委婉了？艾德蒙‧雅各布森博士說得更直接。雅各布森博士在擔任芝加哥大學實驗心理學實驗室的主任時，他寫過《消除緊張》(*Progressive Relaxation*) 和《你必須學會放鬆》(*You Must Relax*) 兩本書，他多年鑽研放鬆緊張情緒的方法。如何面對緊張呢？他指出：「不論

憂慮、煩惱和壓力，都是由精神和情緒上的緊張造成的，那麼，只要讓大腦完全放鬆下來，這一切症狀就會隨之消失。」

所以，消除憂慮的首要條件是休息，在疲倦到來之前，要好好利用這段時間休息，讓緊張的情緒完全放鬆下來。

休息為何如此關鍵呢？因為疲勞一旦積纍起來，將極為迅速。美國陸軍經過多次實驗證明，即使是年輕人，如果在軍事訓練中每小時休息 10 分鐘，他們的行軍速度就會加快，而且會更持久，所以陸軍軍規規定他們必須這樣去做。其實，你的心臟也像美國陸軍一樣。心臟裏每天通過的血液量，能夠裝滿一節火車油廂；心臟每天提供的能量，可以讓你用鏟子把 20 噸煤裝上一個 3 英尺高的平台。一個人的心臟能夠完成如此巨大的讓人難以相信的工作量，並且要持續工作 50 年、70 年，甚至 90 年。在這樣長的時間裏，你的心臟如何能夠承受得了呢？哈佛醫學院的沃爾特·加倫博士説：「許多人都以為人的心臟一天 24 小時都忙個不停，實際上，心臟在每一次壓縮過血液之後，就會休息一小會兒。心臟以正常頻率每分鐘跳動 72 次，按這樣計算，24 小時裏心臟實際只工作了 9 小時，而其他的 15 個小時則是間隔的休息時間。」

二戰期間，年近 70 歲的邱吉爾仍在指揮英國軍隊同德軍作戰，每天要工作 16 小時，真是一件不可思議的事情。他如何工作呢？他每天清晨開始工作，看報告、下命令、打電話，有時還會在牀上召開重要會議，一直到中午 11 點才下牀吃些東西，然後上牀再小憩一個小時。晚餐前 8 點鐘左右，他會再休息兩個小時。他在沒有感到疲勞之前就開始睡覺了，因此不會受疲勞的困擾。他提

前阻止了疲勞的發生，這樣他就能夠精神飽滿地工作到深夜。

約翰·洛克菲勒創造了兩個驚人的紀錄：其一，他賺到了鉅額財富，成為當時的世界首富；其二，他活到了 98 歲高齡。他如何做到這兩點呢？當然，父母的遺傳基因是重要的，他家族裏的人都很長壽。但最重要的是他生活有規律，每天午餐後，他都會在辦公室裏小憩半個小時，他躺在辦公室的沙發上午睡時，即使是美國總統打過來的電話他也不接。

《為什麼會疲倦》(Why Be Tired) 的作者丹尼爾說：「休息並不是一覺睡得天昏地暗，休息其實是對身體養料的及時補充。即使睡上短短的 5 分鐘時間，對我們疲勞的身體都會有很強的修補能力，能夠有效防止疲勞的產生。」棒球明星康尼·麥克曾對我說：「我在每次比賽前，都會睡一會兒午覺，如果不這樣的話，到第 5 局時，我全身都會感到十分疲勞。但只要是睡過哪怕 5 分鐘的午覺，我將會精神飽滿地打完全場比賽而不感到疲倦。」

埃莉諾·羅斯福夫人在當第一夫人的那 12 年裏，是怎樣面對緊張生活的呢？她告訴我：「每次接見很多人或是要發表公眾演說之前，我都會坐在一張椅子上，閉目休息 20 分鐘。」

不久前，我採訪了演藝界的著名人物喬恩·奧特里，我驚奇地發現他在辦公室裏放了一張牀。喬恩·奧特里說：「我每天下午都要在這張牀上躺一會兒，在兩場演出的間隙，我都要休息一個小時。我在荷李活拍電影最繁忙的日子裏，也會努力去找軟椅子躺下來。我每天都會睡上 20 分鐘，這樣工作起來才有精神。」

大發明家愛迪生一生中有許多發明，除了他有強壯的體魄之外，還在於他有想睡就睡的習慣，這些為他的工作提供了足夠的精力。

在商界名人亨利‧福特過 80 歲生日的前夕，我採訪了他。讓我大惑不解的是，他看起來還是那樣精神矍鑠。我向他詢問秘訣，他說：「原因很簡單，當我能坐着的時候，我絕不站着；能躺下來一會兒，我就絕不坐着。」

現代教育之父霍勒斯‧曼也用了同樣的方法。在他擔任安提奧克大學校長的時候，他年齡已經很大了，所以他常常躺在椅子上會見學生。

我曾向一位朋友提議嘗試這個方法，他後來對我說，這個方法非常有效，他就是荷李活大名鼎鼎的導演傑克‧切特克。數年前他來看望我的時候，他是米高梅影片公司製片部主任，繁重的工作常常使他感到力不從心。他試過很多方法，喝礦泉水、吃維他命等，但都毫無改進。我建議他每天小睡一會兒，方法十分簡單，就是在工作的時候，不時躺下來盡量放鬆自己。

兩年之後我們重逢，傑克簡直像變了一個人。他興奮地對我說：「太神奇了，連醫生都驚詫不已。以前我總是坐着和別人談劇本，十分疲憊。現在，每次開會時我就躺在沙發上。我現在感到我的精神甚至比 20 年前的還要好，每天能比以前多工作兩個小時，再也沒有感到疲憊過。」

不過，這種方法並不適用於所有的人。如果你是一名打字員，

你就沒有機會像愛迪生或傑克・切特克那樣，每天在辦公室裏休息一會兒。假如你是一名會計師，你也不敢躺在長沙發上與上司討論賬目。如果你住的城市不大，每天回家吃午飯的時候，擠出時間休息 10 分鐘，便可預防疲勞的產生。二戰期間，馬歇爾將軍感到指揮美軍部隊十分緊張，所以午睡對他非常重要。假如你已經年屆五十，忙得連這一點都做不到，那麼你趕快趁早買人壽保險好了。

如果你做不到這一點，晚飯前一定要抽空休息一個小時，這比喝一杯酒提神要有效得多。假如你能夠做到在下午 5 點或 6 點時休息一個小時，這樣在你的生活中，每天將增加一小時的清醒時間。這是因為晚飯前睡一個小時，勝過夜裏 6 個小時的睡眠質量，將會把你絕大部分的疲倦杜絕在門外。

上述經驗不僅對從事腦力勞動的人有效，對體力勞動者也同樣有效。假如休息充分的話，那麼將可以完成更多的工作。管理學專家弗雷德里克・泰勒在擔任貝德漢姆鋼鐵公司工程師時，曾做過一個試驗證明了這一點：一個工人如果每天往貨車上裝運 12.5 噸鋼材的話，到中午時他就筋疲力盡了。泰勒做了一次定性研究，查找工人們產生疲勞的原因。按照他的計算，人們應該能夠運 40 噸以上的鋼鐵，而不是像現在這樣感到疲勞。

泰勒選擇施密特先生作為他的研究對象，讓他按照規定時間作息。一個人站在施密特旁邊拿着手錶看時間，讓他按一定規律停下來休息。

結果如何呢？其他人每天只能裝運 12.5 噸鋼鐵，而施密特每

天能較為輕鬆地裝運 47.5 噸鋼鐵。弗雷德里克‧泰勒在貝德漢姆鋼鐵公司工作的 3 年中，施密特的工作效率從來沒有下降過。之所以能如此高效地工作，是因為他做到了趕在疲勞來臨之前稍作休息，在每 60 分鐘裏，他只工作 26 分鐘，而用其餘的 34 分鐘進行休整。他休息的時間要比工作的時間多一倍半，但他的效率幾乎是一般人的 4 倍。

還是讓我們把美國陸軍的經驗，變成我們自己的經驗吧。按你的心臟提示你的規則去做，趕在感到疲勞之前休息。如果你能夠掌握這些，就不會受到疲勞的困擾了。

## 卡耐基心得

按你的心臟提示的規則去做，趕在感到疲勞之前休息。

# 是什麼使你疲勞

心理學家認為，人們之所以有疲勞感，大部分是因為
精神和情緒因素引起的。對付這種精神上的疲勞，
唯一有效的辦法就是放鬆。

　　腦力勞動者不會因為用腦而感到疲倦，這是一個讓人十分驚訝的事實，它影響了我的一生。也許這超出許多人的想像，數年前，從事腦神經研究的科學家對大腦機能進行了充分而細緻的研究後得出結論：大腦不論進行多久的運作，都不是產生疲勞的主要原因。我們從一個正在進行體力勞動的人身上抽出血液，研究發現，他的血液裏含有疲勞毒素和多種有害物質。但從偉大的科學家愛因斯坦的身上抽出的血液顯示，即使他已工作了一整天，其血液裏也沒有任何有害的疲勞毒素存在。如果僅僅從事腦力勞動的話，即使你工作了8個或12個小時後，它與你工作前並沒有什麼兩樣。大腦沒有產生疲倦，那麼，是什麼原因讓你感到疲倦呢？

　　心理學家認為，人們之所以有疲勞感，大部分是因為精神和情

緒因素引起的。英國有史以來最著名的心理精神學家哈德菲爾德在他所著的《心理的力量》(*The Psychology of Power*) 一書中說：「人們的疲勞感很多是由心理因素造成的。事實上，純粹由生理引發的疲勞極其少見。」

美國最著名的精神病理分析家之一的布里爾博士對此有精闢的論述，他說：「一個健康的腦力勞動者從事腦力勞動時，他的疲勞感全部來自心理因素，也就是由情感因素引起的。」

哪些心理因素會影響到坐辦公室的工作者而使他們感到疲勞呢？快樂？滿足？顯然，並不是這些因素導致疲勞。導致疲勞的因素肯定是憤怒、仇恨、憂慮、煩躁、懊喪……是這些無形殺手致使勞動者情緒低落。匆忙、焦躁、憂慮等因素，都是導致那些坐辦公室的人精神疲勞的心理原因，這些會使他容易感冒，工作效率低下，並且還可能讓他在回家的路上發生神經性頭痛。之所以會有疲勞感，是因為情緒的緊張導致我們身體的緊張。

一家人壽保險公司專門印製了一本小冊子，上面指出：「過度的勞動本身並不造成疲勞，憂慮、緊張和不安的情緒才是造成疲勞的三大因素。通常情況下，我們認為是身體和精神勞動產生了疲勞，事實上，都是由於上述3個原因造成的，它們才是真正的兇手。別忘了，緊張的肌肉是由於持續工作造成的，對此應當在工作之前盡量放鬆自己。」請您現在就停下手中的工作，學會放鬆一下：剛才你看此書時，是否皺過眉頭？是否感到雙眼已經產生了疲勞的感覺？你是不是十分放鬆地坐在椅子上？肩聳起來了嗎？臉上的肌肉是否感到僵硬？此時，你就會讓自己的神經和肌肉變得緊

張起來，也就是說，你已經感到了疲勞。

為何我們在用腦的時候，會產生如此多不必要的緊張呢？著名精神病理分析家丹尼爾・喬塞林說：「這是因為世人都認為，在困難面前，你必須做出奮發圖強的樣子，不然就難以做出成績。這樣一來，所產生的精神壓力就讓我們皺起了眉頭、聳起了肩膀，我們的肌肉就在憂慮、煩躁中感到了疲憊。實際上，它不能幫我們解決任何問題，反而使我們陷入痛苦之中。」

遇到這種精神上的疲勞該如何應對？唯一有效的辦法就是放鬆。

說起來容易，但實際操作起來就會感到困難重重，因為你已經養成了那些不好的習慣。心理學專家威廉・詹姆斯在他所著的《如何放鬆心情》(The Gospel of Relaxation) 一書裏說：「美國人過度精神緊張、坐立不安，煩躁以及痛苦不堪的表情是一種不折不扣的壞習慣。」緊張是一種習慣，放鬆也是一種習慣，壞習慣應該去掉，好習慣則應該慢慢培養。花這種精力是非常值得的，這會讓你的生活和工作發生實質性的變化。

如何才能放鬆下來呢？是從心理開始，還是從神經開始呢？其實它們都不能解決問題，你首先應該學會放鬆肌肉。該如何去做呢？我們還是先從眼睛開始吧。讀完此段後，閉上雙眼，把身體向椅子靠靠，然後默默地對自己說：「放鬆，再放鬆，不要過於緊張，不要再皺着眉頭，放鬆些，再放鬆些……」如此緩慢地唸着，持續一分鐘。

幾秒鐘過後，你是否意識到眼部的肌肉已隨着你心中所唸放鬆的聲音而消除疲勞了呢？就像有一隻無形的手，把那些緊張的情緒都抹去了一樣，變得輕鬆了許多。這多少有些出人意料，你在這一分鐘的時間裏，已經學會了放鬆情緒的秘訣。同樣你可以用此辦法，去放鬆你臉部、頭部、肩膀的肌肉，以及你的整個身心。當然，你需要放鬆的最重要的器官是你的眼睛。芝加哥大學的傑克布森博士說：「假如你能夠徹底放鬆眼部肌肉的話，你就能夠忘記全部煩惱。」眼睛為什麼如此重要呢？醫學上說，這是因為眼睛消耗了我們全身精力的四分之一，對於那些視力正常的人來說也是如此，他們都會因為眼部的原因感到緊張。

著名女作家維基·鮑姆說，她小時候摔了一跤，被一位老人救起，老人對她說了一番話，影響了她的一生。老人說：「你受傷的原因，是由於你不懂得如何讓自己放鬆下來。你應該想像着自己像一隻襪子般柔軟，就像一隻穿舊了的襪子那樣。過來吧小姑娘，我來示範，你看着做吧。」

接着，那個老人就教維基和其他的孩子如何跑、如何跳、如何翻筋斗，且一邊對他們說：「如果能把自己想像成一隻柔軟的舊襪子，你就能夠放鬆下來。」

在所有地方，你都能隨時放鬆下來，但不必刻意去讓自己放鬆。放鬆，就是讓你去除全部的緊張和壓迫感。首先，你試着放鬆眼部和臉上的肌肉，不斷對自己說：「放鬆！放鬆！再放鬆！」直到你感覺臉部的肌肉一直到整個身體都像嬰兒一樣自然放鬆下來。

　　這也是著名女高音蓋莉‧庫爾奇常用的辦法。蓋莉‧庫爾奇在表演之前，經常會坐在一張沙發上，讓全身的肌肉放鬆，讓下顎低垂着，從而完全鬆懈下來。這樣一來，她登台時就不會感到緊張了，有效防止了疲勞的產生。

　　下面是如何放鬆的 4 個詳細建議：

　　首先，時刻讓自己放鬆，讓身體柔軟得像一隻舊襪子一樣。工作的時候，將一隻舊襪子放在書桌上，它會時刻提醒我們應當放鬆到怎樣的程度。要是你不能找到一隻舊襪子，那麼一隻貓也行，你見過在太陽下睡覺的小貓嗎？當你把牠抱起來時，牠的頭和四肢就像打濕了的報紙一樣軟塌塌的，據說，印度的瑜伽術就是從貓那兒得到啟發。假如你想知道如何放鬆，就應該多觀察貓。如果你能夠像貓一樣放鬆自己，那麼，許多麻煩就不會再找你了。

　　其次，工作時要盡量保持舒服的姿勢。請記住，身體一旦緊張了，就會產生肩膀的痠痛和精神上的疲勞。

　　再次，每天自我反省 5 次，告誡自己：「我是否在工作中浪費了自己的精力？和工作無關的能量我是否也在使用？」這些對你養成放鬆的習慣非常有幫助。就像芬克博士所說的那樣：「對心理學非常精通的人都明白，有三分之二的疲倦都是由不良習慣造成的。」

　　最後，每天晚上再反省一次，問自己說：「我是否疲倦？假如我感到疲倦的話，這並不是我的工作造成的，而是我做事的方法不對造成的。」喬士林說：「要看自己的工作成績，不是看我在

下班之後有多麼疲倦，而應看到的是我一點也不疲倦。當一天結束時，如果我疲憊不堪，或是感到精神上特別疲勞時，我明白，這一天在工作上我是失敗的。」假如美國企業的管理者都能掌握這一規則，就會使因精神緊張而引發的疾病的致死率大幅度下降，同時，精神病院裏也不會再有因疲勞而導致精神崩潰的人入住了。

讓疲勞永遠消失，從而煥發出青春。

## ● 卡耐基心得 ●

假如你能夠徹底放鬆眼部肌肉的話，你就能夠忘記你全部的煩惱。

# 讓疲倦永遠消失

治療煩惱最有效的良方就是找自己的貼心好友

傾訴一番，這種方法叫作「宣洩療法」。

　　去年秋天的一個下午，我的助手參加了波士頓的一個醫學座談會，與會者都是經過醫院診斷的患者。更確切地說，這個會議是一次心理治療實驗，真正的目的是幫助那些因煩躁苦悶而發病的人。到會的很多是情緒異常的女人。

　　開這個座談會有什麼理由呢？著名心理醫生約瑟夫・布拉特博士於 1930 年得出一項令人震驚的發現：就診的許多患者其實並沒有什麼生理上的問題，但他們給人的感覺卻是有很強烈的病態。有位婦女患的是嚴重的手指關節炎，十指痛得不能動彈。另一位似乎患有胃癌。除此之外，還有人頭痛、背痛，她們長期感覺疲勞，更有甚者會無緣無故地感到疼痛。她們雖然察覺到了這些奇怪的病症，但在做了全面身體檢查後，卻根本查不出一點生理上的病變。

假如換了以前的醫生，肯定會認為她們患的是因思想負擔太沉重而引起的幻想症。

布拉特博士是個有經驗的醫生，他明白，現在説什麼對她們都是沒有説服力的，因為這樣根本解決不了問題。説實在的，若能這麼容易地解決問題，她們何必跑到醫院來呢？

於是，他別出心裁地開辦了這個特別的座談會。整整 18 年來，數以千計的患者在這種座談會上得到了康復，她們之中有相當一部分人每年都會來參加。我的助手和一位 9 年來從不缺席的婦女進行了交談。她説，最初，她確信自己是患了腎病和心臟病。正是這個原因，她長期焦慮不安、苦悶，甚至有時眼前一陣漆黑，隨之而來的是間歇性失明。可經過醫生這麼多年的開導，她的心胸變得開闊了很多，對自己充滿信心。她現在雖然已到花甲之年，給人的感覺卻不過 40 歲左右，而且她已經做了外婆。她説：「你怎麼也不會想到，現在的我和以前的我是同一個人，那個時候因為苦悶和強烈的失落感，我曾想過自殺。而現在我終於認識到，這些情緒對健康根本是無益的。我還明白了只有靠自己，才能創造出新生活。」

露絲・海夫汀博士認為，治療煩惱最有效的良方就是找自己貼心的好友傾訴一番，她稱之為「宣洩療法」。她説：「病人每次來就診，總是滿腹牢騷，她們無法自控苦悶的情緒，迫不及待地將鬱悶、憂愁、苦惱都説給你聽，希望從你這裏得到安慰。當然，排解她們的憂愁是我的職業之所在，我要做的是盡可能減少她們

的痛苦，使她們明白人世間的真情，從而感受到生活在這個世界上的意義。」

我的助手曾親眼目睹這種方法的神奇療效。

有一位女士最初來參加座談會時，活脫脫像一隻受驚的小鳥，內心極其不安。不久，她可以正常交流了，並滔滔訴說數不盡的苦水，以及與這個世界格格不入的看法和觀點，並在短時間內開始變得平靜。就在座談會結束時，她笑了，笑得非常自然舒坦。那麼，這是否意味着她已康復？沒那麼容易，她只是在語言的溝通中，體會到了與人們交流帶來的溫暖，她感到在這個世界上，她還是被關心和同情的。這個短暫的成功源於語言的魅力，在治療過程中，語言是個大功臣。

說實話，心理分析的功效很大部分都來源於語言的溝通，自弗洛伊德時代開始，心理學家就明白，假如病人將長期積鬱於心的苦水倒出，他們就可以得到放鬆，他們的憂慮最少可以減輕一大半。這是什麼緣故呢？可能他吐出了心裏話，就可以解除內心的不安，讓自己清醒一點，從而判斷出問題所在。或者說，「傾吐心中的鬱悶」能讓自己徹底放鬆一次。

因此，下次你再感覺煩悶的時候，就試着找個人來傾訴一番。這樣說並不是教你變成嘮嘮叨叨的傾訴狂，而是要選擇對象，起碼是你信得過的朋友，要麼是醫生、親戚或者神父。告訴他你自己所期望傾訴的東西，即使他們對你沒什麼直接幫助，都能坐在那裏認真聽你傾訴，這樣對你也是非常有好處的。將憂慮和盤托出，

是治療中最基本的手段，另外還配有別的相應方法，對你自我治療或許有一定的啟發作用：

1、將你能夠在其中獲得精神力量的作品剪輯成冊，當你遭受刺激時，將它翻出來，並找到能使你心情愉悅的文字讀一讀。這種療法現在已得到大家的認可。

2、對於旁人的一些過失不要過於計較。即使你的丈夫（妻子）有這樣那樣的毛病，可是你應該明白，假如他（她）真的那麼完美，那就是「神」而不是「人」了。

難道不是嗎？有一個挑三揀四的女人，終日只知道對丈夫挑剔。有一次，她參加了治療座談會，主持醫生問她，假如她的丈夫忽然去世，她將會怎樣呢？她一下清醒過來了，並將丈夫的優點寫了滿滿的一張紙。

如果你後悔嫁給那位很粗暴的男人，也可嘗試這種方法，到時候你會發現，他並非是個粗魯的男人，而且深愛着你。

3、盡量多地奉獻愛心給身邊的人。有這樣一位保守的女人，她身邊一個朋友都沒有。後來，她學着讓自己放鬆，並主動同周圍人交往。如今，她已變成一位快樂的、笑口常開的女人了。

4、在入睡之前，就將明天的計劃安排清楚。繁重的事務讓人心緒沉重，並感到沮喪。為了改變這焦頭爛額的窘迫

狀況，就必須掌握好明天的日程表。這樣，你做起來就會井井有條，操作起來不慌不忙。你得掌控好時間，若做什麼事都能非常得心應手，你自己當然會有一種滿足感。

5、避免讓疲勞和緊張來打擾你，放鬆、再放鬆。最厲害的魔鬼也比不上疲勞和緊張這兩大天敵對你的破壞力，它們會使你的容顏憔悴。假如你想穩穩當當做點什麼，就必須學會盡可能地放鬆，要無拘無束地躺在地板或沙發上。其實，木板牀比地板更有益，而且更利於消除煩悶和緊張的情緒。下面的方法或許對你有些作用，不妨先嘗試一下，堅持一個星期。

a. 只要稍感不適，就平躺在地板上，並伸展四肢，在地板上打個滾，一天兩次。

b. 緊閉雙眼，在心中告誡自己：「陽光如此美好地降臨在我的臉上，蔚藍的天空如此溫柔，大自然美好寧靜，而我作為上帝的孩子，正在與自然界融為一體。」在心裏不斷唸叨這些句子。

c. 如果無法躺在地板上，就坐在硬木椅上，這樣也會有相同的作用。將腰杆伸直，雙手平放在大腿上，並保持輕鬆的心情伸伸脖子，來回活動一下筋骨。

d. 從腳趾開始收放肌肉，慢慢移至腿部，最後到達頭頂，並使頭部和腳部一樣用力地伸縮。這麼往復多次，而後，輕輕和肌肉對話：「不要緊張，要放鬆！」

e. 嘗試用一定節奏的深呼吸來撫平焦慮的內心。

f. 想像一下自己臉部的皺紋,再想像把它慢慢撫平。一天重複兩次,讓這快樂的心境來消除歲月流逝的痕跡;或許不需要進入美容院,你就會恢復美麗的容顏。

將憂慮和盤托出,是治療煩悶最基本的手段。

# 四種良好的工作習慣

養成四種良好的工作習慣：工作台整潔有序；
有重點地處理事情；當機立斷、馬上行動；
學會領導、下放權力和監督。

　　良好的工作習慣之第一項：寫字台上除了眼前急需處理的文件外，其他的都必須收拾起來。芝加哥西北鋼鐵公司的總裁威廉姆斯說過：「將桌上不用的文件收拾整齊的人的工作效率，比將桌上堆滿各種文件的人的工作效率高很多，我說這是智者的一種方法，也是提高效率的第一步。」

　　當你走進華盛頓國會圖書館，在天井的石刻上你會看到著名詩人赫普的一句名言：

　　井然有序，自然的首要法則。

　　井然有序應是工作中的首要法則。在現實中，人們又是怎樣表

現的呢？絕大多數職員的辦公桌上，都閒置着一大堆文件。《新奧爾良報》發行商對我説，他的秘書在整理一張桌子的時候，竟然意外地發現了兩年前丟失的一台打字機。

放在桌上的信箋、文件及備忘錄讓人看了就頭痛，工作起來真是毫無頭緒。而人們也不收拾，經常還有託詞，什麼最近太忙啦、無從下手啦等等，給自己製造出不必要的麻煩，最糟糕的是會引起高血壓、心臟病及胃潰瘍。

賓夕法尼亞大學醫學院的教授發表了一篇有見解的報告，題目是《功能性神經衰弱——常見的機體併發症》，在這篇報告中，教授提出了 11 項需要患者改進的精神狀態，第一項是：「過於強烈的責任感，無休無止地工作。」

可是，即使將寫字台收拾得很整潔，也未必能完全抑制你的心理疾病。

著名的心理醫生薩德勒只花了片刻工夫，就將一位神經衰弱者治癒了。該先生是芝加哥一家大公司的主管，他到診所是因為患上了嚴重的憂慮症。他根本不知道自己每天在幹什麼，雖然病情已非常嚴重，可他看上去並不像得了什麼重症那麼可怕，所以，他也沒有什麼理由離開工作崗位，只好求助於心理醫生。

薩德勒醫生這樣描述那天的情形：

那天我正要與他交談，可電話接二連三。有一個是醫院打來的，我很快給了答覆；另一個是緊急電話，我與對方

稍作討論後給出了回應；第三個是朋友，他是向我詢問精
神病患者治療意見的。當我接完電話正準備對他說抱歉時，
發現他的心情已經舒展開來，和剛才已判若兩人。

他說：「醫生，沒關係，在這短短的 10 分鐘裏我想了
很多東西，有種如夢初醒的感覺，我明白了自己身上存在
的不足。回去後，我會改進這些不足並讓自己過得舒暢些。
回去之前，我是否可以看一下你的抽屜？」

於是我拉開了抽屜，裏面除了辦公文具，幾乎什麼也沒
有。他說你沒有要處理的文件嗎，我說都已做完了，我沒有
任何拖欠下來的工作，假如事情太忙，就由我口授讓秘書代
筆。

過了 6 週，他在自己的辦公室約我見面。他完全改變了，
他的桌子和抽屜已經同我的一樣，除了文具什麼也沒有。他
告訴我說：「6 週以前，我有兩間辦公室、三張辦公桌，裏
面塞滿了文件，可我從來沒有想過去整理。從你那裏我得到
了啟示，所以回來以後，我第一件事就是清除所有雜物。現
在，我非常輕鬆地只用一張桌子，即使有了工作，也立刻做
完，再也不會為以前纍積的欠單而發愁了。這是你的功勞，
我的精神狀態非常好，你看我現在身體非常健康。」

曾在美國最高法院擔任過院長的哈格斯這麼說：「勞動再多也
不會致命，而煩惱、憂愁過度卻能。」在工作上，煩惱過多、憂
慮過度，才是致死的真正原因。

良好的工作習慣第二項：有重點地處理事情。城市服務公司創建者杜赫說過：「就是用金錢也買不到兩種具有創造性的能力：一是思維敏捷；二是分析事情輕重緩急的能力。」

派珀秀登公司的老闆萊克曼原來是一個窮光蛋，經過 12 年的努力，他終於躋身百萬富翁之列，也是得益於杜赫所提到的兩種才能。萊克曼說：「不知從什麼時候起，我就養成了這個習慣：清晨 5 點我就起牀，此時我的思路非常清晰，開始一天的工作安排，以及決定如何具體操作。」

全美業績最好的保險業務員貝特格安排工作的時間不是在清晨 5 點，他在前一天夜間就確定了他的計劃，並計劃要在第二天達到某個標準。如果第二天沒有達到計劃數額，那麼，他就將其差額再加在第三天的標準數額上。

根據經驗我們知道，人要一直有條不紊地行事非常困難。可我們也明白，有秩序地去幹工作，要比蒙着眼睛瞎做有效得多。

假如蕭伯納做事沒有這種計劃性，那麼，他絕不會成為舉世聞名的作家，而只能在小小的銀行職員的位置上坐一輩子。他的目標是出人頭地，所以他要求自己每天寫 5 頁作品，即使在最慘淡無望的 9 年裏他也沒有放棄。在這 9 年間，他過着極其窘迫的日子，總共收入只有 30 美元，算一下一天竟不足 1 分錢。

良好的工作習慣第三項：當機立斷、馬上行動。已故的豪威爾曾是我的學員，他給我講過下面的一件事。在他出任全美鋼鐵公司董事時，董事會花了大量的精力審議提案，可只有小部分被通過，

而大部分在爭吵時被擱置。這就害苦了諸位董事，他們被迫將這些議案帶回家中繼續研究。據理力爭之後，他說服了董事會每天只審一個議案，但一定要討論出最後結果，絕不可以遺留到下一次開會。果然效率大有提高，工作進行得非常順利，董事們再也不因此事而忙得團團轉了，煩惱也沒有了。其實，每個公司的董事會都應該養成這種良好的習慣。

良好的工作習慣第四項：學會領導、下放權力和監督。很多事業有成的老闆不懂得將權力下放，而一意孤行獨攬大權。可是，人的精力是有限的，要想做個完人且做得很出色是不現實的。如果什麼事情都得自己身體力行，肯定會招致很多的煩惱。我也知道要將權力分散給他人非常難做到，一旦錯誤地將權力授予缺乏工作經驗和能力的人，將會引起更大的災難和煩惱。要避免為不必要的事煩躁、苦悶，只有放權，沒有別的路可走。

白手起家的人多半閒不住，如果不學會領導、下放權力和監督這三項好習慣，在步入 50 到 60 歲左右時就準備勞碌而死吧。如果你覺得這是聳人聽聞之言而不肯相信，那去看看報紙上每天刊發的訃告好了。

## ● 卡耐基心得 ●

井然有序應是工作中的首要法則。

# 如何消除煩悶心理

心理上的厭倦比工作上的勞累更容易讓人產生疲勞。
為了消除疲勞，就必須把工作變得有趣，
把自己變得有生機，充滿熱情地
享受工作和生活。

導致疲勞最主要的原因就是厭煩心理。為說明其中的道理，我們來看艾麗絲的例子。

下班後，作為公司主管的她疲勞至極地回到家中，感覺全身像要散架一般，吃什麼都不香，只想倒頭就睡。媽媽心疼她，拼命要她吃點東西。她應付式地吃了幾口，這時，電話鈴聲響了，是她男朋友打來的，約她去跳舞。剎那間，她就像換了一個人一樣，精神煥發。她興奮不已地上樓去換自己最喜歡的衣服，到凌晨 3 點才回家，回來後還興奮得睡不着。

那麼在這之前，她是否累了呢？她的確累了。她不高興，感到厭煩，因為她不喜歡自己的工作，但卻對美好的未來充滿期待。

像她這種狀態的人實在太多了，說不定你也是其中的一個。

心理上的厭倦比工作上的勞累更容易讓人產生疲勞，這是不可爭辯的事實。幾年前，巴麥克博士出了一本《心理學檔案》(*Archives of Psychology*) 的書，證明厭煩情緒才是產生疲勞的根源。他讓學生參與他的實驗，結果，學生一個個昏昏沉沉、緊張不安、疲憊異常，甚至還有人說胃出了問題。這難道是裝出來的嗎？

不是的。學生都接受了新陳代謝的檢查，結果表明，當人感到疲倦時，血壓會降低，氧的消耗量會成倍下降。工作一旦進展順利，情緒就會很快趨於穩定，新陳代謝也就會大大加快。

人們一旦對某些事情產生了極大的熱情，就不會有疲勞感了。我曾在加拿大洛基山度過假，在幾天的遠距離行程中，我一路上在克萊爾河中釣魚，跋山涉水，穿越煩人的灌木叢、荊棘林，而且隨時可能摔倒在地。但即使如此，我也不感到勞累、困倦，什麼原因呢？你知道，我的興趣就是釣魚，一下子釣到 6 條大魚便使我所有的苦惱變為甘甜的興奮了。假如我覺得釣魚一點意思都沒有，結果會是怎樣？翻越一座海拔 7000 英尺的大山對任何人來說都是折磨和受罪吧。

事實上，像登山這種極耗體力的運動，身體不會因勞累而垮下來，而主要是思想和精神的原因。明里阿波利斯的金融巨頭金曼先生有這麼一段經歷，就可以證實這個論點：

1953 年 7 月，為了幫助森林巡邏隊搞好登山訓練，加

拿大政府指令他們的登山協會多派一些登山高手作嚮導，我有幸成為其中一員。我們的嚮導差不多 50 歲了，他帶着我們爬雪山、過小溪，經過 115 個小時的跋涉，那些經過專業培訓的年輕登山隊員都累得趴下了。

很多人連飯都不想吃就睡了，而那些比他們年長許多的嚮導們不但吃了晚飯，還在睡覺的時間談笑風生，這是為什麼？因為他們熱愛這項體育運動。

那些年輕人為什麼會出現這種情況呢？是因為訓練毫無目的性嗎？顯然，任何有這方面常識的人都會認為那是胡說八道，其實最大的敵人是他們對這項運動沒有興趣和熱情。

索達克博士進行過一項充滿樂趣的實驗，用各種方法使幾個年輕人一個星期沒睡覺。他就此寫出一份報告——煩悶心理是產生疲勞的根源。如果你是一個腦力工作者，最可能的原因是工作中的壓力和緊張情緒使你的效率下降了，而不是工作量大的緣故。每天都有很多瑣事，工作沒有效率，信函也沒有處理，赴約又沒有時間，這一切讓你感到很厭煩。就這樣，你沮喪不已，疲憊不堪，拖着沉重的腳步回家，頭也不爭氣、疼得要命。第二天，你卻把這一切處理得非常好，進展神速、效率驚人。回家後覺得一切如此新鮮。這種經歷你肯定有過，我也是。那麼，我們該從中汲取的教訓是什麼呢？工作本身並不會產生疲勞，煩悶情緒才是疲勞的根源。

寫這一章時，我去看了科恩的喜劇作品《展船》，裏面的安迪

船長有這麼一段台詞：「能做我喜愛做的工作，是我一生的好運。」我們對幸福的理解就是，從事自己喜歡的事，自我感覺崇高，不會產生太多的煩惱和厭倦。

奧克拉荷馬石油公司有位女職員，她做的工作非常枯燥，就是在已經印好的合同書上寫一些數據，然後機械地進行統計。這種工作實在沒有什麼創造性可言。她要依靠讚譽、感激、晉級、加工資來挽救自己麼？不。為了讓工作有點樂趣，她將工作做了個改變。即使沒有這些獎勵，她也並不感到無聊和煩惱，她要將自己的枯燥工作變得有趣，並且從中享受到真正的快樂、幸福。

這個故事千真萬確，那位女職員後來成為了我的妻子。

下一個是對工作富有熱情的戈爾登小姐。她寫了這麼一個故事：

我們單位有4個女性，每人負責處理4至5人的信件，有時我實在忙不過來，經常被弄得焦頭爛額。一天，副經理拿來一封很長的書信要我重新打印，我拒絕了他，我說不必重打，潤飾一下就好了。他跟我說：「你不想做，還有別的人。」我氣得夠嗆。可當我重新打字時，想到這份工作來得多麼不容易，就非常平靜了。在那一瞬間，我想使自己成為他們當中最出色的女秘書。我要改變心態，這時我發現，要是工作快樂的話，精神上就沒有壓力，心情很舒暢。要是再將工作看成享受，效率就會成倍增長。通過這樣的改變和自己的努力，我得到了上司的青睞。不久，經理讓我做他的

秘書，理由十分簡單，吃苦耐勞是人生最大的財富。

戈爾登小姐的成功，符合漢斯‧維亨格教授的哲學，他要求我們能夠在痛苦中尋找快樂，去「想像」工作中的快樂並堅持下去，這樣，你就會對不感興趣的工作產生興趣，甚至愛上它。那麼，你的憂愁和煩悶心理也就消失了。

幾年前，霍華德打算把自己的工作變得更有情趣。他的工作十分單調，當與他同齡的那些男孩不是在打棒球，就是和女孩子談情說愛時，他卻被命運安排到餐廳裏洗盤子、擦櫃檯、分送雪糕。他瞧不起自己的工作，但是為了生存，不得不幹下去。他試着「誘導」自己的興趣，他對什麼感興趣呢？他要自己對雪糕的生產過程感興趣。就這樣，不久之後，他成了化學頂尖高手。接下去，他又對營養化學產生了強烈興趣，並樹立理想要主攻食品化學，結果他如願以償，考入了麻省理工學院。紐約的可亞交易所以資助獎學金的方式徵文：怎樣使可可變成最佳巧克力？他就因為這篇命題作文，榮膺金獎。

因為沒有找到合適的工作，他就租了一間地下室當作自己的研究所。不久，新法律的出台馬上帶給他希望，政府文件規定：牛奶公司的產品必須經過細菌數目檢測後才可以上市。他接了牛奶公司很多活，忙不過來時，還聘了兩名幫手。

再過 25 年，現在的年輕人無疑將主導食品營養化學的主要陣地，而老一輩則將變得衰老，然後退休。25 年後，霍華德或許已經成了該領域的導師，他的同學卻可能在領救濟金，或還沉湎在

自暴自棄和哀歎懷才不遇的心境裏。

事實上，每個人若不強迫自己把他認為低賤的工作弄得富有情趣，他就不可能有機遇可言。

薩姆對生產螺絲也很厭倦，準備辭去這份工作，可當時並沒有適合他的好工作，他只得留下來。既然需要幹自己討厭的工作，能不能把工作變得好玩一點呢？於是，他就和另一位工人在工作上較勁，看誰的速度最快、質量最好。不久，技術精湛的薩姆被調入一個技術含量很高的部門，工資也連升了幾級。30年過去了，原本厭煩此項工作的他，如今已是一家工廠的董事長兼總經理。當初如果他沒有那種上進心，沒將枯燥的工作變得好玩而積極工作的話，他可能一輩子也只是個普通的工人。

考登波恩年輕時法語懂得不多，經過一年的拼搏，他淨賺5000美元，並成為當時法國的推銷之王。後來他自豪地說，他的確認為自己擁有這方面的天賦，這一年的工作，比在哈佛大學進修一年所學到的知識有意義得多。

他積累了很多經驗，對法國文化習俗有了進一步的瞭解，因而後來從事歐洲報道便沒有什麼奇怪的了。

他並不懂法語，但卻在法國從事推銷行業，而且躍居一流推銷員的行列，這是因為——

每次去拜訪客戶，我提早把所有法文版的推銷台詞背熟。門鈴一按響，家庭主婦出來開門，我就用我那顯得滑稽

的美國口音說法語，重複我的廣告詞，逗得她們哈哈大笑，我便說：「我是美國人、美國人。」我把廣告詞和法文宣傳單遞給她們，在氣氛漸趨融洽時，我再遞上幻燈片。當然我也不是每次都很有信心，每天出發時，我都要對着鏡子，給自己打打氣。

你想，如果他沒有這麼多幽默滑稽的表演，做任何事都會覺得沒有意思。他的策略就是在自己按下門鈴的那一刻，把自己置身於一個燈光閃耀的舞台上進行表演。由此可見，當你對你的工作投入極大的熱情時，你的回報也就來了，並且非常豐厚。

那些希望獲得成功的美國青年一時間把他當作崇拜的對象，他說：「每天早上第一件事不妨給工作下個賭注，提醒自己半醒狀態的身體，讓自己的每個部位都生機勃勃。提醒自己『就這麼幹，行動起來』！」

就在 1800 年前，羅馬皇帝馬科斯・奧商列在《馬上沉思錄》(Meditations) 中說：「人生是通過思想來創造的。」這句話成了不朽名言。每天用積極向上的思想鼓勵自己，這看起來有點可笑，但心理學告訴我們，這是健康心理所必需的。

我們如果能夠時常提醒自己，花一些時間思考勇氣、幸福、財富、慾望和安寧，由此激勵自己，這將會讓我們在生活和工作中充滿熱情。

正確的策略，能把你心中的厭倦感降到最低。你的上司肯定希

望看到你能很好地接受他給你佈置的任務，還希望看到你出色地完成。而你又何嘗不希望在發薪水的時候再多一點呢！從自己的角度說，不管你的上司怎麼想，你是想在自己的崗位上謀取更大的利益或者成功，是不是？

　　正是因為你有這種想法，如果你將大部分精力都花在工作上了，紮紮實實地在工作中做出成績，那麼你還會擔心沒有出路嗎？進一步說，如果你對工作有了更大的熱情，不但會沒有煩惱，還會幹得很出色，且得到不斷晉升，不斷加薪的機會。就算沒有物質上的獎勵，你在工作中也能將煩悶減到最低，那麼你享受到的就是工作的快樂。

### ● 卡耐基心得 ●

我們對幸福的理解就是，從事自己喜歡的事，自我感覺崇高，不會產生太多的煩惱和厭倦。

# 不再為失眠而憂慮

> 失眠產生的憂慮，其殺傷力遠勝於失眠本身。請盡量
> 放鬆自己的身體，從頭、眼、脖子到全身，
> 把緊張和壓力全都拋下，或許
> 你的失眠症就會消失。

　　人的一生中，有將近三分之一的時間在睡眠中度過，可任何一個人都不明白睡眠的價值，只知道這是順理成章的事情。我們並不知道，每個人究竟需要多長的睡眠時間。

　　你會為失眠而憂慮嗎？國際著名律師安特梅爾一生沒有睡過一天好覺。上大學時，他患了哮喘，無法安睡，因為無法醫治，氣喘和失眠簡直要了他的命。因為睡不着，他只能看書，因此成績很出色，享有「天才」的美稱。當了律師後，失眠症狀仍然沒有轉好，他只有不斷激勵自己。因為信念堅強，他的睡眠時間雖然短，但身體卻很強壯，精力比任何律師都充沛，工作量之多幾乎超出常人的承受能力。

雖然年僅 21 歲，他的年薪卻已到了很多同齡人無法企及的高度——7.5 萬美元。1931 年，他辦了一件案子，這件案子的律師費超過了 100 萬美元。這時的他如日中天，但失眠依然如故：他還在午夜看書讀報，凌晨 5 點時還在寫信。別人才開始工作時，他的工作已完成得差不多了。他一輩子都不知道飽睡的滋味，但他全然沒把這些當回事，要不他早就見上帝去了。眾所周知，他活了很長時間，一直活到 81 歲。

保羅·凱因是一位匈牙利士兵，在一戰中腦部受傷，傷癒後，他不能入睡，世界上所有的催眠術、鎮靜藥都對他不管用。這是一大奇跡，打破了人們對睡眠的認識。

人們對睡眠需求的程度因人而異，差別很大。交響樂指揮大師托斯卡尼尼每天只需要睡 5 小時，而卡爾文·柯立芝總統需要的睡眠時間則是這位大師的 2 倍以上，他每天睡 11 個小時。換言之，柯立芝總統的一生有大約一半的時間花在睡覺上，而托斯卡尼尼則只有五分之一的時間在睡夢中度過。

我的一個學生幾乎被失眠折磨得自殺。失眠產生的憂慮，其殺傷力遠勝於失眠本身。這位學生告訴我：

原來我睡覺很正常，鬧鐘都沒辦法叫醒我，我因而常常遲到，常挨老闆的罵，他還揚言要開除我。

於是，我去請教朋友，他建議我睡前留意鬧鐘的聲音。結果可想而知，那該死的滴答聲纏得我心神不寧，我整夜無法安眠，甚至連入睡都不可能。熬到天亮，我一點兒精神

都沒有了，像害了一場大病。失眠後，我到了崩潰的地步，整夜焦躁不安地在房間裏走動，真想從窗戶上跳下去。

我去找心理醫生，他說：「我沒法幫你，只有你自己能解決。這麼說吧，假如晚上躺在牀上，你就將睡覺這件事情完全忘掉，並對自己說：『睡不着算什麼？不就是一夜不睡覺嗎？』將眼睛閉上，什麼都不要想就夠了。」

我實驗了兩個多星期，也怪，我逐漸能睡着了。不到一個月時間，我恢復了正常。

無法入睡而想自殺並不是失眠導致的，實際上是它的副產品——憂慮導致的。

克萊德曼教授是芝加哥大學著名的失眠研究權威，他說：「失眠並不會置人於死地，而且隨之而來的生理傷害要比無端的心理壓力小得多，心理壓力才是損壞健康的最大敵人。」

他還說：「失眠並不是完全不能入睡，甚至人已進入了睡眠狀態而他根本不明白，可能他在不自知的情況下已熟睡了幾個時辰。」斯賓塞是 19 世紀傑出的思想家，他厭惡吵鬧的環境，為了及早進入睡眠狀態，他戴上了耳塞，甚至吸食鴉片。一次，他和朋友休斯同寢，第二天早上，斯賓塞鬱悶地告訴休斯他一夜未眠。實際上，真正沒有入睡的是休斯博士，因為斯賓塞雷一般的鼾聲鬧得他沒辦法入睡。

情緒安寧是酣睡的首要條件。精神病學權威海斯魯普教授說：「祈禱，從一個醫生的角度來說，是我們獲得平靜的最好辦法。」

「主是我的牧人，他讓我脫離困境，並讓我躺在青草地上，引領我到溪水旁……」麥克唐納女士對我說，心裏很煩或因精神緊張無法入睡時，她就不斷朗誦這首讚美詩，以獲得心靈的平靜。

假如你不相信祈禱對於你有用，那麼，請盡量放鬆自己的身體，從頭、眼、脖子到全身，把緊張和壓力全都拋下，或許你的失眠症就消失了。

另外，游泳、種花、滑冰等體力運動會促使新陳代謝加快，也是一種根治失眠的好辦法。

人在真正疲勞時，就是站着也能睡着。13 歲那年，我同父親一起趕往集市去賣豬，因為沒有趕上車，我們只好走路。一路上的美景數不勝數，我很高興，可路程實在太遠，我筋疲力盡地睡着了。那情景至今仍浮現在我的眼前：父親牽着我一步一步地走，我腦中一片迷糊，對周圍的一切都不感興趣，我幾乎是邊走邊睡到集市的。

真正疲倦時，即使是在戰場上也會入睡。哪怕有人扒開你的眼睛，你也會繼續睡，只是瞳孔會向上翻。福斯特‧甘乃迪博士說：「只要無法安睡時，我就將眼球向上翻，並來回地轉動，這非常有用，會讓我的睡意立刻就來。」

現在應該沒有因睡不着而要自殺的人了吧，以後也不會有這麼蠢的人了吧。

說到自殺，我想起林克博士在《人的再發現》（The Rediscovery of Man）一書中的〈如何克服恐懼和憂愁〉裏，提到與一個想自殺

的人的談話。

林克也明白，勸導是沒有作用的，而且還會使事情變得更糟糕。他對那個人說：「你真想自殺的話，就勇敢地去吧！我不會阻攔你，不過我建議你先跑步，把體力耗盡後累死在地上，這不是很完美嗎？」

那個想自殺的人採納了這個辦法，他跑了一次、二次、三次……每運動一次，他的心就舒暢一些，到第三天晚上，他已經鼾聲如雷地睡着了。從這以後，這位病人加入了體育競技俱樂部，與大家一起鍛煉，身體也漸漸恢復健康，繼續好好地活了下來。

為了不染上失眠症，按照以下五種方法去做可能非常有效：

1、不能入睡時，不要逼自己，不妨起來幹點別的。

2、失眠不會致死，導致體質下降的罪魁禍首是因失眠而產生的精神壓力，以及緊張的情緒。

3、多唱些讚美詩或做祈禱。

4、經常鍛煉身體，放鬆心態。

5、消耗體能，超常的運動能把人帶入睡眠。

### ● 卡耐基心得 ●

情緒安寧是酣睡的首要條件。

責任編輯：梁卓倫

裝幀設計：李漢瑋　游洋

排版：黎品先　時潔

印務：劉漢舉

# 人性的弱點・人性的優點

## 珍 藏 全 集

□
**著者**
戴爾・卡耐基 Dale Carnegie

□
**翻譯**
趙虛年、劉超

□
**出版**
非凡出版
香港北角英皇道 499 號北角工業大廈一樓 B
電話：（852）2137 2338　傳真：（852）2713 8202
電子郵件：info@chunghwabook.com.hk
網址：http://www.chunghwabook.com.hk

□
**發行**
香港聯合書刊物流有限公司
香港新界荃灣德士古道220-248號荃灣工業中心16樓
電話：（852）2150 2100　傳真：（852）2407 3062
電子郵件：info@suplogistics.com.hk

□
**印刷**
美雅印刷製本有限公司
香港觀塘榮業街 6 號 海濱工業大廈 4 樓 A 室

□
**版次**
2015 年 3 月初版
2020 年 11 月第 4 次印刷
© 2015 2020 非凡出版

□
**規格**
大 32 開（208 mm×142 mm）

□
**ISBN**：978-988-8310-27-2